# 固定和产出数据包络分析理论、方法和应用

李勇军　王力争　著

科 学 出 版 社

北 京

## 内 容 简 介

传统的 DEA 理论假设决策单元的产出可以自由地以某种准则向前沿面调整，然而现实中往往存在待评价决策单元的某些产出之和是固定的情况，即一些企业的市场占有率的提升必然导致其他企业市场份额的下降。针对这一问题，作者聚焦固定和产出 DEA 理论和方法的相关研究，取得一系列国际前沿成果。首先，本书将系统介绍固定和产出 DEA 理论产生的背景、难点和基础方法。其次，在基础方法的基础上，拓展存在非期望产出情况下的两阶段系统固定和评价理论和方法。本书在每章提供了丰富的算例及固定和产出 DEA 理论和方法在实际问题中的应用案例。

本书适用于管理学、经济学和运筹学等相关专业的硕士研究生、博士研究生和从事绩效评价理论相关研究的学者。

**图书在版编目（CIP）数据**

固定和产出数据包络分析理论、方法和应用 / 李勇军，王力争著. —北京：科学出版社，2023.12

ISBN 978-7-03-077175-9

Ⅰ. ①固… Ⅱ. ①李… ②王… Ⅲ. ①包络－系统分析－应用－经济绩效－经济评价 Ⅳ. ①F014.9

中国国家版本馆 CIP 数据核字(2023)第 235338 号

责任编辑：李 嘉 / 责任校对：王晓茜
责任印制：张 伟 / 封面设计：有道设计

科 学 出 版 社 出版
北京东黄城根北街 16 号
邮政编码：100717
http://www.sciencep.com
北京华宇信诺印刷有限公司印刷
科学出版社发行 各地新华书店经销
*
2023 年 12 月第 一 版 开本：720 × 1000 1/16
2024 年 8 月第二次印刷 印张：11
字数：221 000

**定价：118.00 元**

（如有印装质量问题，我社负责调换）

# 前言

投入和产出约束下的绩效评价问题越发受到人们的关注。鉴于作者近年来一直从事数据包络分析方面的理论和应用研究，并主持过和正在主持多项关于数据包络分析理论和方法研究的国家自然科学基金项目，以及取得了一系列国际前沿的成果。因此，为了全面介绍该领域的前沿理论和方法，促进该领域的快速发展和指导实践应用，作者撰写本书的想法越来越成熟。

在实际绩效评价中，投入和产出指标固定的情景是十分常见的。例如，总和市场占有率、竞技比赛奖牌总数、碳排放分配、固定预算分摊等，固定和产出数据包络分析的应用场景越发广泛。然而，目前市面上还没有系统介绍固定和产出数据包络分析的教材。近年来，作者在固定和产出数据包络分析领域取得了一系列国际前沿和具有广泛应用前景的成果。然而，这些成果往往分散在国外的期刊中，对于需要用到该方法的学生、教师和政府人员来说，获取的时间和精力成本是巨大的。因此，作者结合自身在数据包络分析理论上的多年研究经验，通过本书的撰写，向读者深入浅出地介绍固定和产出数据包络分析产生的背景、理论发展和相关实践案例，方便读者快速、准确地掌握固定和产出数据包络分析理论，并指导相关人员开展相关的理论和应用研究。为此，经深思熟虑后，作者组织团队撰写了集理论、方法与应用于一体的《固定和产出数据包络分析理论、方法和应用》。

本书的特色主要体现在以下几个方面。

（1）在撰写思想上，本书注重国际前沿的效率评价理论和应用相结合。在向读者介绍前沿理论的同时，也提供了丰富的应用案例，以更好地指导读者将该理论应用于实际的管理实践中。

（2）在内容范围上，作者将研究团队在该领域内取得的国际前沿的方法、思想、理论和应用尽可能全面地展示给读者。让读者在快速地掌握该领域的基本方法的同时，能够系统地了解该领域的研究前沿。方便读者尽快地开展相关的理论和方法研究。

（3）在结构体系上，由于本书具有一定的专业性，需要读者掌握一定的运筹学和编程能力。因此，本书的撰写由简入繁、由易入难，循序渐进，尽可能增强本书的可读性和读者的接受程度。

在本书出版之际，感谢中国科学技术大学管理学院的领导、同事与学生对本书的写作和出版给予的大力支持。鉴于本书涉及的内容很多是作者所在科研团队共同取得的，再次感谢科研团队成员和参与撰写本书的人员，尤其是杨敏博士，在此表示衷心的感谢。同时，特别感谢科学出版社的编辑及同仁们，为保证本书的质量，他们付出了辛勤的劳动。

由于作者学识有限，书中不足之处在所难免，恳请各位老师与同学批评指正。邮箱 lionli@ustc.edu.cn。

李勇军

2022 年 5 月 11 日

# 目　　录

# 第 1 章　数据包络分析简介

## 1.1　DEA 基本理论

数据包络分析（data envelopment analysis，DEA）作为一种非参数评价方法和生产前沿面估计方法，常被用来评价具有多投入、多产出的同质决策单元（decision making unit，简称决策单元）或系统的相对效率。它的诞生是以 Charnes 等（1978）在国际学术期刊 *European Journal of Operations Research* 上发表的学术论文“Measuring the efficiency of decision making units”为标志的。这一理论诞生至今已有四十余年，在这期间它吸引了国内外很多杰出学者的研究焦点，并且取得了丰硕的研究成果，其中代表性的研究成果如 Banker 等（1984）、Andersen 和 Petersen（1993）、Tone（2001）、Liang 等（2008）等的研究。在应用研究领域，DEA 方法也得到较大的扩展和推广。DEA 最早主要用于非营利机构的效率评价，如一些公立学校、医院等。随着学者对 DEA 领域研究的不断深入，DEA 方法被推广应用到各个不同的企业和组织效率评价中，如政府、银行、航空、农业、体育赛事等。

DEA 方法作为一种效率评价工具之所以得到如此广泛的应用，是因为它与其他效率评价工具相比优势明显，其优势主要体现在如下两个方面：第一，决策单元的相对效率是根据在一定约束下最大化产出指标的加权和与投入指标的加权和之比计算出来的，因此它不需要事先知道决策单元投入产出之间的生产函数关系；第二，决策单元投入指标和产出指标的权重参数不需要事先估计，而是根据所构建的 DEA 模型直接求解出来的。这样就在较大程度上减少了主观因素对评价结果造成的影响。

正是由于 DEA 在效率评价上具有上述优势，它的研究受到了许多科研工作者的青睐，从而取得了快速发展。可以说，在 DEA 方法诞生后的这四十多年时间里，它已逐渐发展成为管理科学与系统工程领域一种重要而有效的数学分析工具（盛昭瀚等，1996）。下面简要介绍 DEA 理论的基本概念和主要模型。

## 1.2　DEA 理论的基本概念

1）决策单元

根据《DEA 理论、方法与应用》中（盛昭瀚等，1996）对决策单元的定义，一个决策单元就是一个将一定“输入”转化为一定“输出”的实体。例如，一个企业、一所学校，以及区域政府等都可以看作决策单元。在 DEA 理论中，决策单元一般要求具有同质性。所谓同质性，根据盛昭瀚等（1996）的研究，是指它具有以下三个特征。

（1）它们具有相同的目标和任务。

（2）它们具有相同的外部环境。

（3）它们具有相同的输入、输出指标体系。

目前，也有一些学者开始研究决策单元的非同质性问题（Cook et al.，2013；Imanirad et al.，2013）。他们所研究的非同质性决策单元指的是这些决策单元不具有相同的输入或输出指标，即不满足上述第三个特征。例如，决策单元 1 有 3 个输出指标，而决策单元 2 只有 1 个输出指标。他们的处理方法是按照指标对决策单元进行分组，即将相同指标的决策单元分在一个组。再将各个组效率表达式与约束的加权和作为综合效率值和约束。

2）投入指标（inputs）和产出指标（outputs）

在 DEA 理论中，上文中所提到的输入指标通常又称为投入指标，输出指标通常又称为产出指标。例如，一个企业的总资产和员工数量可以作为企业的投入指标，而企业的利润和市场占有率可以看作企业的产出指标（Yang et al.，2014）。然而，需要指出的是，DEA 中的投入、产出指标不是一成不变的，出于研究目的的需要，即使是同一个决策单元，其投入、产出指标也会不尽相同。例如，在两阶段或网络 DEA 的研究中（Liang et al.，2008；Kao，2009；Kao and Hwang，2008；Cook et al.，2010；Li et al.，2012），同一个决策单元在上一阶段的某些产出指标会成为下一阶段的投入指标。从这个意义上来说，投入、产出也是相对的概念。

事实上，本书介绍的重点在于这样一类指标，它们的总和是一个固定值，其中的固定成本代表的是固定投入指标，还有一类就是固定和产出指标（所有决策单元在该产出值的总和是固定的）。关于这类指标的详细介绍参见 1.3 和 1.4 节，在此不再赘述。

3）生产可能集

我们假定某个决策单元有 $m$ 维投入指标，记为 $x=(x_1,\cdots,x_m)^{\mathrm{T}}$，有 $s$ 维产出指标，记为 $y=(y_1,\cdots,y_s)^{\mathrm{T}}$，那么我们可以用如下集合表示该决策单元所有可能的生产活动构成的生产可能集（production possibility set，PPS）（盛昭瀚等，1996；魏权龄，1996）：

$$T=\{(x, y)|\text{产出 } y \text{ 能用投入 } x \text{ 生产出来}\} \tag{1.1}$$

若有 $n$ 个决策单元，其中 $\mathrm{DMU}_j\,(j=1,2,\cdots,n)$ 在实际生产活动中的投入、产出指标为 $x_j=(x_{1j},\cdots,x_{mj})^{\mathrm{T}}$，$y_j=(y_{1j},\cdots,y_{sj})^{\mathrm{T}}$，显然有 $(x_j,y_j)\in T\ (j=1,2,\cdots,n)$，那么我们称以 $(x_j,y_j)\ (j=1,2,\cdots,n)$ 为元素的集合为参考集，记为

$$\tilde{T}=\left\{(x_j,y_j)\mid j=1,2,\cdots,n\right\} \tag{1.2}$$

一般地，为了实际研究的需要，我们假定上述生产可能集满足下列四个公理。

（1）凸性：对于生产可能集 $T$ 中的任意两个元素 $(x',y')$、$(x'',y'')$ 以及任意的 $\mu\in[0,1]$，有 $\mu(x',y')+(1-\mu)\ (x'',y'')\in T$。该表达式说明两层含义，第一层含义，它说明了用 $\mu x'+(1-\mu)x''$ 的投入可以生产出 $\mu y'+(1-\mu)y''$ 的产出；第二层含义，它说明了生产可能集 $T$ 是个凸集。

（2）锥性：对于任意的 $(x,y)\in T$ 和 $a\geqslant 0$，有 $a(x,y)\in T$。该式表明将生产可能集中投入、产出同时扩大（或缩小）至原来的 $a\geqslant 0$ 倍仍然在生产可能集中。关于这个公理还有两个衍生公理：即收缩性公理[记为（2a）]，当 $0\leqslant a<1$ 时，有 $a(x,y)\in T$；扩张性公理[记为（2b）]，当 $a\geqslant 1$ 时，有 $a(x,y)\in T$。

（3）无效性：对于任意的 $(x,y)\in T$，如果 $x'\geqslant x$，则有 $(x',y)\in T$，如果 $y'\leqslant y$，则有 $(x,y')\in T$。上述式子表明投入增加或产出减少的生产活动一定是可以实现的。

（4）最小性：生产可能集 $T$ 是满足上述三个条件所有集合的交集。

为了更为直观地了解生产可能集，我们接下来分别列举出 CCR（Charnes-Cooper-Rhodes）模型（Charnes et al.，1978）、BCC（Banker-Charnes-Cooper）模型（Banker et al.，1984）、FG（Färe-Grosskopf）模型（Färe and Grosskopf，1985）以及 ST（Seiford and Thrall）模型（Thrall，1989）的生产可能集表达式：

$$T_{\mathrm{CCR}}=\left\{(x,y)\mid\sum_{j=1}^{n}\lambda_j x_j\leqslant x,\sum_{j=1}^{n}\lambda_j y_j\geqslant y,\lambda_j\geqslant 0,j=1,2,\cdots,n\right\} \tag{1.3}$$

$$T_{\mathrm{BCC}}=\left\{(x,y)\mid\sum_{j=1}^{n}\lambda_j x_j\leqslant x,\sum_{j=1}^{n}\lambda_j y_j\geqslant y,\sum_{j=1}^{n}\lambda_j=1,\lambda_j\geqslant 0,j=1,2,\cdots,n\right\} \tag{1.4}$$

$$T_{\mathrm{FG}}=\left\{(x,y)\mid\sum_{j=1}^{n}\lambda_j x_j\leqslant x,\sum_{j=1}^{n}\lambda_j y_j\geqslant y,\sum_{j=1}^{n}\lambda_j\leqslant 1,\lambda_j\geqslant 0,j=1,2,\cdots,n\right\} \tag{1.5}$$

$$T_{\mathrm{ST}}=\left\{(x,y)\mid\sum_{j=1}^{n}\lambda_j x_j\leqslant x,\sum_{j=1}^{n}\lambda_j y_j\geqslant y,\sum_{j=1}^{n}\lambda_j\geqslant 1,\lambda_j\geqslant 0,j=1,2,\cdots,n\right\} \tag{1.6}$$

值得注意的是，上述 4 个生产可能集满足的公理假设是不同的，其中 $T_{\mathrm{CCR}}$ 满足公理（1）～（4）；$T_{\mathrm{BCC}}$ 满足公理（1）、（3）、（4）；$T_{\mathrm{FG}}$ 满足公理（1）、（2a）、（3）和（4）；$T_{\mathrm{ST}}$ 满足公理（1）、（2b）、（3）和（4）。

4）DEA 相对效率与有效生产前沿面

Farrell（1957）在 Debreu（1951）的研究成果的基础上首次提出了效率评价的概念，他将企业效率评价定义为实际产出水平与前沿产出水平之比。此后，Charnes 等（1978）又在 Farrell（1957）的基础上提出了第一个 DEA 相对效率——CCR 相对效率，该效率是通过最大化多个产出的加权和与多个投入的加权和之比在一定的约束下求得的。这里的一定的约束指的是所有决策单元产出的加权和与多个投入的加权和之比不得超过 1。在此之后，研究者又不断提出了新的求解 DEA 相对效率的模型，如 BCC 模型（Banker et al.，1984）、基于松弛值测算（slack-based measure，SBM）模型（Tone，2001）等，具体模型将在下文中详细介绍，在此不再赘述。之所以说 DEA 效率是相对效率，以企业为例，DEA 效率值的大小并不能代表某个企业实际生产能力的大小，而只能衡量该企业生产能力与相应的前沿生产能力之间的差距。一般来讲，某企业（可看作决策单元）的 DEA 效率值是相对于其在有效生产前沿面的投影点而言的。若该决策单元位于生产前沿面上，则其有效投影点就是它本身，此时它的相对效率一般为 1，即为 DEA 有效或弱有效。若该决策单元不在生产前沿面上，则该决策单元的相对效率一般为 DEA 无效。为了更好地理解 DEA 相对效率，接下来，我们就来介绍有效生产前沿面的相关内容。盛昭瀚等（1996）将有效生产前沿面的概念定义如下：若存在 $\omega^* \in \mathbb{R}^m$，$\mu^* \in \mathbb{R}^s$，（$\omega^*$，$-\mu^*$）是生产可能集 $T$ 所构成的多面体某个平面的法向量，而且 $T$ 位于该平面法方向（$\omega^*$，$-\mu^*$）的同侧，那么我们称该面为有效生产前沿面（又叫作 DEA 相对有效生产前沿面）。

上述定义比较抽象，不是很好理解，为此，我们用两个图来分别介绍有效生产前沿面。第一个是双投入-单产出的投入导向型的图，如图 1.1 所示。

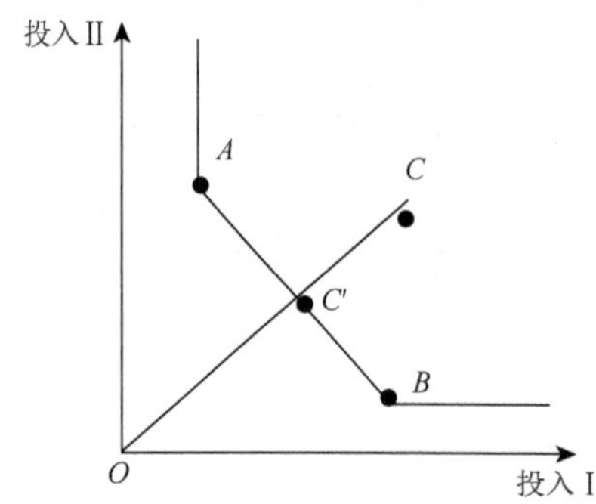


图 1.1　双投入-单产出的投入导向型有效生产前沿面过程

图 1.1 中，有 $A$、$B$、$C$ 三个决策单元，其中决策单元 $A$ 和 $B$ 位于有效生产前沿面上，根据前文所述，它们在有效生产前沿面上的投影点均为它们本身，是 DEA 有效决策单元，效率为 1，而决策单元 $C$ 位于有效生产前沿面之外，则为 DEA 无效。从图 1.1 中可以看出，决策单元 $C$ 在有效生产前沿面上的投影点为 $C'$，那么我们可根据两线段 $OC'$和 $OC$ 的比值 $OC'/OC$ 来计算决策单元 $C$ 的相对效率，显然，其效率值小于 1。

第二个是单投入-双产出的产出导向型的图，如图 1.2 所示。

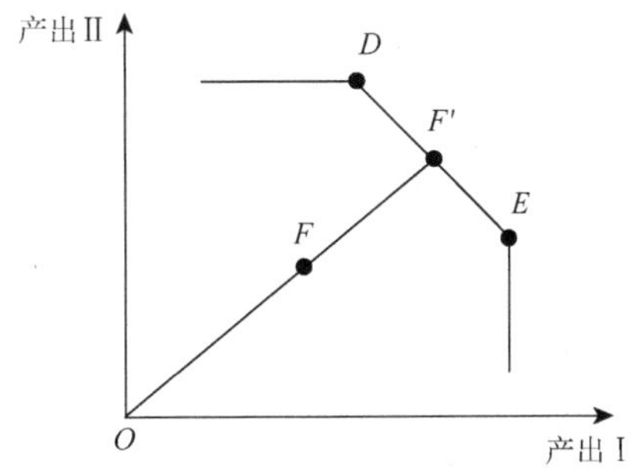


图 1.2　单投入-双产出的产出导向型有效生产前沿面过程

首先比较图 1.1 和图 1.2 的有效生产前沿面，不难发现，图 1.1 中有效生产前沿面位于坐标轴的左下部位，图 1.2 中的有效生产前沿面位于坐标轴的右上部位。原因在于坐标代表的指标不同，图 1.1 的坐标轴表示的是投入指标，那么对于一定量的产出，投入自然是越少越有效，所以有效生产前沿面位于左下部位。相反，图 1.2 的坐标轴表示的是产出指标，所以对于一定量的投入，产出自然是越多越有效，所以有效生产前沿面位于右上部位。与图 1.1 的分析类似，图 1.2 中的决策单元 *D* 和 *E* 位于有效生产前沿面上，为有效生产前沿面，效率为 1。决策单元 *F* 在有效生产前沿面以内，为无效决策单元，其在前沿面上的投影点为 *F'*，其效率可以通过比值 *OF*/*OF'*求得。以上正是 DEA 相对效率的基本分析原理。

## 1.3　DEA 主要模型

本节主要介绍一些 DEA 理论中几个具有代表性的模型。

### 1.3.1　CCR 模型

前面提到 CCR 模型是 DEA 理论的首个模型，是由 Charnes 等在 1978 年提出的。它的出现标志着 DEA 理论的诞生。CCR 模型的最原始模型如下：

$$
\begin{aligned}
&\max \frac{\sum_{r=1}^{s} u_r y_{rk}}{\sum_{i=1}^{m} v_i x_{ik}} \\
&\text{s.t.} \frac{\sum_{r=1}^{s} u_r y_{rj}}{\sum_{i=1}^{m} v_i x_{ij}} \leqslant 1, \quad \forall j \qquad (1.7) \\
&u_r, v_i \geqslant 0, \quad \forall r, i
\end{aligned}
$$

式中，$u_r$、$v_i$分别为相应产出和投入的权重，是该模型的待求解参数；$s$ 为产出指标的数量；$m$ 为投入指标的数量。该 CCR 模型是基于规模收益不变（constant return to scale，CRS）假设建立的。为了方便求解，上述分式规划模型可经过 Charnes-Cooper 变换转化为如下线性规划：

$$
\begin{aligned}
&\max\sum_{r=1}^{s}u_r y_{rk}\\
&\text{s.t.}\sum_{r=1}^{s}u_r y_{rj}-\sum_{i=1}^{m}v_i x_{ij}\leqslant 0,\quad \forall j\\
&\sum_{i=1}^{m}v_i x_{ik}=1\\
&u_r,v_i\geqslant 0,\quad \forall r,i
\end{aligned}
\tag{1.8}
$$

根据强对偶定理，线性模型（1.8）与其对偶模型最优目标函数值是等价的，因此两个模型算得的效率值对等，所以其对偶模型计算决策单元 $k$ 的效率值如下：

$$
\begin{aligned}
&\min\theta_k\\
&\text{s.t.}\sum_{j=1}^{n}\lambda_j x_{ij}\leqslant\theta_k x_{ik},\quad \forall i\\
&\sum_{j=1}^{n}\lambda_j y_{rj}\geqslant y_{rk},\quad \forall r\\
&u_r,v_i\geqslant 0,\quad \forall r,i
\end{aligned}
\tag{1.9}
$$

式中，$\theta_k$ 为决策单元 $k$ 的效率值；$\lambda_j$ 为前沿面上的决策单元的线性组合的权重；$n$ 为 DMU 的数量。从模型（1.9）中可以看出，当计算决策单元 $k$ 的相对效率时，是通过缩小投入（$0\leqslant\theta_k\leqslant 1$）的量向前沿面投影的，见图 1.1，因此，我们称模型（1.9）为投入导向型模型。与之对应的是产出导向型模型，如下：

$$
\begin{aligned}
&\min\varphi_k\\
&\text{s.t.}\sum_{j=1}^{n}\lambda_j x_{ij}\leqslant x_{ik},\quad \forall i\\
&\sum_{j=1}^{n}\lambda_j y_{rj}\geqslant\varphi_k y_{rk},\quad \forall r\\
&u_r,v_i\geqslant 0,\quad \forall r,i
\end{aligned}
\tag{1.10}
$$

式中，$\varphi_k$ 为决策单元 $k$ 的效率值。产出导向型模型是通过扩大产出（$\varphi_k\geqslant 1$）的量向有效生产前沿面投影的。由图 1.2 可知，决策单元离有效生产前沿面越远，越无效，从模型上看，$\varphi_k$ 越大投影到有效生产前沿面需要扩大的产出越多，该决策单元越无效。所以直接用 $\varphi_k$ 表示效率值不合适，一般地，我们将 $\varphi_k$ 的倒数值定义为该决策单元的相对效率。模型（1.10）的对偶模型如下：

$$
\begin{aligned}
&\max \sum_{i=1}^{m} v_i x_{ik} \\
&\text{s.t.} \sum_{r=1}^{s} u_r y_{rj} - \sum_{i=1}^{m} v_i x_{ij} \leqslant 0, \quad \forall j \\
&\sum_{r=1}^{s} u_r y_{ik} = 1 \\
&u_r, v_i \geqslant 0, \quad \forall r, i
\end{aligned} \tag{1.11}
$$

## 1.3.2 BCC 模型

BCC 模型是 DEA 理论中继 CCR 模型后的又一个经典的模型，是由 Banker 等（1984）提出的一种考虑规模收益可变（variable return to scale，VRS）情况下的模型。其包络形式的投入导向型模型如下：

$$
\begin{aligned}
&\min \theta_k \\
&\text{s.t.} \sum_{j=1}^{n} \lambda_j x_{ij} \leqslant \theta_k x_{ik}, \quad \forall i \\
&\sum_{j=1}^{n} \lambda_j y_{rj} \geqslant y_{rk}, \quad \forall r \\
&\sum_{i=1}^{m} \lambda_j = 1 \\
&u_r, v_i \geqslant 0, \quad \forall r, i
\end{aligned} \tag{1.12}
$$

对应的产出导向型模型为

$$
\begin{aligned}
&\min \varphi_k \\
&\text{s.t.} \sum_{j=1}^{n} \lambda_j x_{ij} \leqslant x_{ik}, \quad \forall i \\
&\sum_{j=1}^{n} \lambda_j y_{rj} \geqslant \varphi_k y_{rk}, \quad \forall r \\
&\sum_{i=1}^{m} \lambda_j = 1 \\
&u_r, v_i \geqslant 0, \quad \forall r, i
\end{aligned} \tag{1.13}
$$

分别比较 CCR 模型[模型（1.9）、模型（1.10）]和 BCC 模型[模型（1.12）、模型（1.13）]可知，BCC 模型比 CCR 模型多加了一个约束 $\sum_{i=1}^{m} \lambda_j = 1$，这个约束使 BCC 模型没有满足锥性公理的假设。也正是由于这个约束，生产可能集 $T$ 的形状较 CCR 模型发生了变化。以单投入-单产出为例，CCR 模型和 BCC 模型的生产可能集如图 1.3 和图 1.4 所示。

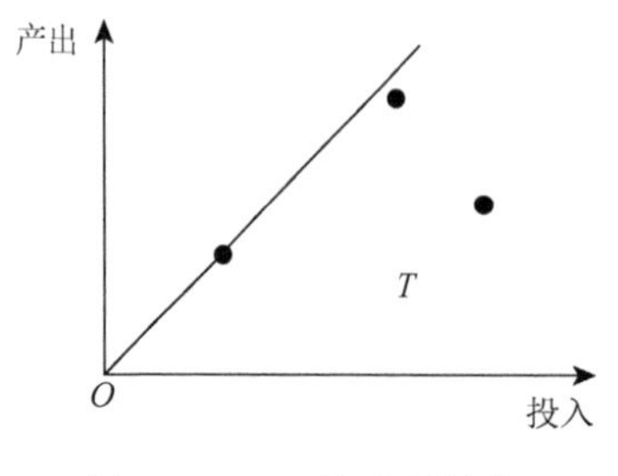


图 1.3　CCR 生产可能集

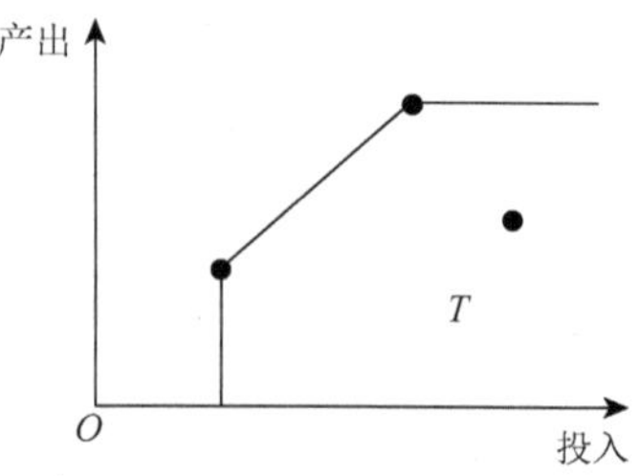


图 1.4　BCC 生产可能集

从图 1.3 可以看出，在单投入-单产出情况下，CCR 模型的生产可能集是其有效生产前沿面的右半部分，该有效生产前沿面为由原点到最外层决策单元所连接的一条射线，线上的点（有效决策单元）斜率都一致，说明在任一规模下的决策单元再增加一定量的投入会生产出相同比例的产出，即规模收益不变。而 BCC 模型的生产可能集则是由几条折线段所包络的右半部分，这个折线段就是 BCC 模型的有效生产前沿面，位于有效生产前沿面上的决策单元，有些是规模收益递增的，有些是规模收益不变的，还有些是规模收益递减的。因此，我们说 BCC 模型是规模收益可变情况下的 DEA 模型。

### 1.3.3　SBM 模型

上述两个经典模型（CCR 和 BCC）均为径向型模型，径向型是指同一决策单元所有投入（或产出）均是按照相同比例缩小（或扩大）投影到有效生产前沿面。Tone（2001）提出了一种非径向 DEA 模型：SBM 模型。模型如下：

$$\min \frac{1-\dfrac{1}{m}\sum_{i=1}^{m} s_i^- / x_{ik}}{1+\dfrac{1}{s}\sum_{r=1}^{s} s_r^+ / y_{rk}}$$

$$\text{s.t.} \sum_{j=1}^{n} \lambda_j x_{ij} + s_i^- = x_{ik}, \quad \forall i \tag{1.14}$$

$$\sum_{j=1}^{n} \lambda_j y_{rj} + s_r^+ = y_{rk}, \quad \forall r$$

$$\lambda_j, s_i^-, s_r^+ \geqslant 0, \quad \forall j,r,i$$

式中，$s_i^-$ 和 $s_r^+$ 分别为投入和产出的调整量。模型（1.14）的目标函数表示的是决

策单元 $k$ 的效率值表达式，它主要是各指标的松弛变量以及决策单元 $k$ 的指标值组成的。将此表达式作为效率值的合理性分析如下，首先，将松弛变量除以对应的指标值（$s_i^-/x_{ik}$ 或 $s_r^+/y_{rk}$）是为了使其无量纲化。又因为 $s_i^-/x_{ik}$（$\forall i$）不大于 1，所以其均值 $\frac{1}{m}\sum_{i=1}^{m} s_i^-/x_{ik}$ 也不大于 1，这就保证了效率值一定为非负值，考虑到效率值在区间[0，1]内，所以分子小于或等于分母。其次，我们还注意到当所有松弛变量均为 0 时，效率为 1，这与 CCR 模型和 BCC 模型对效率值的定义是相符合的。关于非径向 DEA 模型，除了 SBM 模型以外，还有一些其他的模型，如 Pastor 等（1999）、Chen 和 Sherman（2004）、Zhou 等（2007）研究的模型。

### 1.3.4　超效率模型

我们知道传统 DEA 模型（如 CCR 模型、BCC 模型等）将决策单元划分为两类：有效或无效，而有效决策单元，其效率值均为 1，也就是说它们的效率表现是一样的，因此传统 DEA 模型无法对有效决策单元进行完全效率排序，为了解决这一问题，Andersen 和 Petersen 在 1993 年提出了一种称为超效率（super efficiency）的模型。其在 CRS 框架下的模型如下：

$$
\begin{aligned}
& \min \theta_k \\
\text{s.t.}\ & \sum_{\substack{j=1 \\ j\neq k}}^{n} \lambda_j x_{ij} \leqslant \theta_k x_{ik}, \quad \forall i \\
& \sum_{\substack{j=1 \\ j\neq k}}^{n} \lambda_j y_{rj} \geqslant y_{rk}, \quad \forall r \\
& \lambda_j \geqslant 0, \quad j = 1,2,\cdots,n
\end{aligned}
\tag{1.15}
$$

该 CRS 超效率模型与之前的 CCR 模型很相似，唯一不同的是超效率将被评价的决策单元排除在参考集之外，这个模型产生的结果是，对于无效的决策单元，将其从参考集中去掉后对有效生产前沿面没有影响，从而对该决策单元向有效生产前沿面投影没有影响，所以其效率值不变。而对于有效的决策单元，将其从参考集中去掉后有效生产前沿面就会发生变化，而且该决策单元一定不处于有效生产前沿面之内，所以效率值一定大于或等于 1，因此我们就可以根据所有决策单元所得的效率值进行完全效率排序。

尽管超效率模型在 DEA 效率排序方法上有了很大的进步，但是该方法也存在一定的不足之处，主要表现在两个方面：一方面，运用超效率模型评价决策单元时，有效决策单元不是在同一评价平台上评价，因为每次评价的有效生产前沿面不同；另一方面，这种超效率模型有时会出现无可行解的情况，如在 VRS 框架下就可能出现无可行解的情况。目前也有一些研究是解决超效率无可行解问题的，如 Chen（2005）、Cook 等（2009）的研究。本节部分内容也是关于决策单元完全排序的，为了与本章后面的内容进行比较，作者在此对超效率模型进行了简要的介绍。

### 1.3.5 DEA 其他模型

DEA 理论发展到现在，已在各个研究背景假设下提出了许多不同类型的模型，如表 1.1 所示。

**表 1.1 其他 DEA 模型汇总表**

| DEA 模型 | 代表性成果 |
|---|---|
| 交叉效率 DEA 模型 | Sexton 等（1986）；Doyle 和 Green（1994）；Liang 等（2008）；Wu 等（2012）；Cook 和 Zhu（2014） |
| 两阶段和网络 DEA 模型 | Liang 等（2008）；Kao（2009）；Tone 和 Tsutsui（2009）；Kao 和 Hwang（2008）；Cook 等（2010）；Li 等（2012） |
| 非期望产出的 DEA 模型 | Tyteca（1996）；Scheel（2001）；Seiford 和 Zhu（2002）；Färe 等（1989）；Yang 和 Pollitt（2010）；Gomes 和 Lins（2008）；Sueyoshi 和 Goto（2001）；Barros 等（2012） |
| 时间序列 DEA 模型 | Malmquist（1953）；Sueyoshi 和 Goto（2001）；Cooper 等（2006） |
| 随机 DEA 模型 | Huang 和 Li（1996）；Huang 和 Li（2001）；Wu 和 Olson（2008）；Wu 和 Olson（2010）；Wu 和 Lee（2010）；Tsionas 和 Papadakis（2010） |
| 反向有效生产前沿面 DEA 模型 | Amirterimoori（2007）；Azizi 和 Wang（2013） |
| 模糊 DEA 模型 | Kao 和 Liu（2000）；Lertworasirikul 等（2003）；Wu 等（2006）；Saati 和 Memariani（2005）；Liu（2008）；Wang 等（2009）；Wang 和 Li（2010） |
| 整数 DEA 模型 | Sueyoshi（2004）；Lozano 和 Villa（2007）；Wu 等（2010）；Wu 和 Zhou（2015）；Du 等（2012） |

## 1.4 固定和产出决策单元评价的研究意义和研究现状

### 1.4.1 研究意义

我们知道在传统的基于 DEA 方法的研究中，往往假定投入、产出指标是相互独立的（Banker and Natarajan，2011；Li et al.，2013），事实上，在许多 DEA 方法的应用环境中，决策单元投入和产出之间是有关联的，例如，Branda（2013）、

Lamb 和 Tee（2012）在评价金融行业的表现时，就是以风险作为投入，以收益作为产出，从而描绘出了投入（风险）与产出（收益）之间的关系。与上述投入和产出关系不同的是，本书是以固定和产出的形式来描绘产出指标之间的关系的。下面我们首先简要介绍固定和产出的含义，固定和产出就是指所有决策单元的某些产出的和是固定的。之所以要强调固定和产出这一约束条件，是因为这种情况在现实世界中十分常见，却往往容易被忽视。例如，在奥运会中，由于各种体育项目的总和是固定的，且每个项目都会有金牌、银牌、铜牌产生，所以这些以各奖牌为产出的总和也是固定的。然而很多学者在研究奥运会评价（Wu et al.，2009，2010；Zhang et al.，2009；de Mello et al.，2009）时，却没有将固定和产出这一约束条件考虑进去。类似的例子也可在商业中看到。例如，一个特定的行业市场占有率的总和是一个定值（1）等。这样一个现实存在的约束一旦被忽视，自然就会对评价结果的客观性和公正性产生影响，而本书提出了一系列新的评价方法来消除这种因忽视固定和产出约束对评价结果的影响，这也是本书的意义所在。

上述内容是从现实存在的角度来阐述研究产出固定决策单元效率评价的意义，接下来本书从有效生产前沿面投影的角度来阐明固定和产出 DEA 方法的研究意义。前面提到过 DEA 方法是一种基于有效生产前沿面的非参数估计方法。而在运用传统的 DEA 方法（如 CCR 模型、BCC 模型等）评价某决策单元的相对效率时，是通过该决策单元所在生产可能集的位置与其在有效生产前沿面投影点的比值来得到的，如图 1.2 所示，我们在计算决策单元 $F$ 的相对效率时，是根据比值 $OF/OF'$ 来得到其效率的，其中 $F'$是 $F$ 在有效生产前沿面的投影点。此时，$F$ 的产出可以任意扩展直至其投影点 $F'$，然而，当存在固定和约束时，$F$ 在投影时就不可以是任意的了，其在投影时所需要扩大的产出（线段 $FF'$表示的部分）就需要有其他决策单元对应产出的减少来弥补。从而整个有效生产前沿面也会有相应的变化，实际上，此时 $F$ 的投影点已不再是 $F'$了，而是在新的有效生产前沿面上的投影点，更详细的内容请参见第 3 章，在此不再赘述。

综上所述，研究存在固定和产出决策单元的效率评价不仅在现实中有意义，而且也是对 DEA 前沿面理论的一个重要补充。

### 1.4.2　研究现状

正是由于研究固定和产出决策单元的效率评价具有上述重要意义，目前学术界已经有部分学者开始重视这方面的研究。其中最具有代表性的研究成果是 Lins 等（2003）和 Yang 等（2011）的研究。其中 Lins 等（2003）提出了一种称为零和博弈 DEA（zeros sum gains DEA，ZSGDEA）的模型来评价 2000 年悉尼奥运会，零和指的是所有国家在向有效生产前沿面投影时产出（奖牌）的调整量的和为零，即某个国家产出的增加都是由其他国家产出的减少来弥补的。他们提出了两种调整策略：产出等量减少策略和产出比例减少策略。之所以提出后一种策略是为了弥补前一种策略的不足之处，即有可能导致某些产出减少后出现负值的情况。（详细内容参见第 3 章）。ZSGDEA 模型自提出后，也引发了一些学者进行相关的引申研究，如 Gomes 和 Lins（2008）将 ZSGDEA 模型应用到存在非期望产出的决策单元评价中；Chiu 等（2013）提出一种超效率 ZSGDEA 来分析碳排放的效率问题等。可见 ZSGDEA 模型已被推广和广泛应用到各种不同的研究领域中。Yang 等（2011）提出了一种称为固定和产出 DEA（fixed sum output DEA，FSODEA）的模型，指出 ZSGDEA 模型是 FSODEA 模型的特例，即 ZSGDEA 模型是在 FSODEA 模型的基础上增加了一定的约束得到的。例如，在 FSODEA 模型中增加产出等量减少的约束就是等量减少策略下的 ZSGDEA 模型，而在 FSODEA 模型中增加产出比例减少的约束就是产出比例减少策略下的 ZSGDEA 模型。除此以外，FSODEA 模型又基于最少减少量策略来构建用于评价具有固定和产出的决策单元的有效生产前沿面，最少减少量策略是指构建新的有效生产前沿面时，用于弥补某个产出增加所需要的其他决策单元产出的减少量是最少的，换句话说，就是以最小的产出调整量来构建新有效生产前沿面。然后，Yang 等（2011）将该模型应用到 2008 年北京奥运会的效率评价中。与 ZSGDEA 模型类似，FSODEA 模型提出后也有一些学者在此基础上做了一些拓展研究，如 Wu 等（2014）将 FSODEA 模型应用到存在非期望产出的环境效率评价中等。关于 FSODEA 模型和方法更为详细的内容参见本书第 3 章。

## 1.5 本 章 思 考

（1）DEA 是通过对生产前沿面的构建，以决策单元在该生产前沿面上的投影来进行效率评价的方法。技术效率可以进一步分解为纯技术效率（pure technical efficiency，PTE）和规模效率（scale efficiency，SE），那么 DEA 方法是如何通过效率分解，获得规模效率、纯技术效率的？

（2）除了 DEA 之外，你还知道哪些生产前沿面估计的方法，它们与 DEA 有什么不同？

（3）你能举几个现实中决策单元的产出是固定的案例吗？

### 参 考 文 献

盛昭瀚，朱乔，吴广谋. 1996. DEA 理论、方法与应用[M]. 北京：科学出版社.

魏权龄. 1996. 数据包络分析[M]. 北京：科学出版社.

Amirterimoori A. 2007. DEA efficiency analysis：Efficient and anti-efficient frontier[J]. Applied Mathematics and

Computation，186（1）：10-16.

Andersen P，Petersen N C. 1993. A procedure for ranking efficient units in data envelopment analysis[J]. Management Science，39（10）：1261-1264.

Azizi H，Wang Y M. 2013. Improved DEA models for measuring interval efficiencies of decision-making units[J]. Measurement，46（3）：1325-1332.

Banker R D，Charnes A，Cooper W W. 1984. Some models for estimating technical and scale inefficiencies in data envelopment analysis[J]. Management Science，30（9）：1078-1092.

Banker R D，Natarajan R. 2011. Statistical tests based on DEA efficiency scores[A]//Cooper W，Seiford L，Zhu J. Handbook on Data Envelopment Analysis. Boston：Springer：273-295.

Barros C P，Managi S，Matousek R. 2012. The technical efficiency of the Japanese banks：Non-radial directional performance measurement with undesirable output[J]. Omega，40（1）：1-8.

Branda M. 2013. Diversification-consistent data envelopment analysis with general deviation measures[J]. European Journal of Operational Research，226（3）：626-635.

Charnes A，Cooper W W，Rhodes E. 1978. Measuring the efficiency of decision making units[J]. European Journal of Operational Research，2（6）：429-444.

Chen Y. 2005. Measuring super-efficiency in DEA in the presence of infeasibility[J]. European Journal of Operational Research，161（2）：545-551.

Chen Y，Sherman H D. 2004. The benefits of non-radial vs. radial super-efficiency DEA：An application to burden-sharing amongst NATO member nations[J]. Socio-Economic Planning Sciences，38（4）：307-320.

Chiu Y H，Lin J C，Hsu C C，et al. 2013. Sharing the carbon emission reduction responsibility across Chinese provinces：A zero sum gains DEA model[J]. Polish Journal of Environmental Studies，22：653-666.

Cook W D，Harrison J，Imanirad R，et al. 2013. Data envelopment analysis with nonhomogeneous DMUs[J]. Operations Research，61（3）：666-676.

Cook W D，Liang L，Zha Y，et al. 2009. A modified super-efficiency DEA model for infeasibility[J]. Journal of Operational Research Society，60（2）：276-281.

Cook W D，Zhu J. 2014. DEA Cobb-Douglas frontier and cross-efficiency[J]. Journal of the Operational Research Society，65：265-268.

Cook W D，Zhu J，Yang F，et al. 2010. Network DEA：Additive efficiency decomposition[J]. European Journal of Operational Research，207（2）：1122-1129.

Cooper W W，Seiford L M，Tone K. 2006. Introduction to Data Envelopment Analysis and Its Uses：With DEA-Solver Software and References[M]. New York：Springer Science & Business Media.

de Mello J C C B S，Angulo-Meza L，Branco da Silva B P. 2009. A ranking for the Olympic Games with unitary input DEA models[J]. IMA Journal of Management Mathematics，20（2）：201-211.

Debreu G. 1951. The coefficient of resource utilization[J]. Econometrica，19（3）：273-292.

Doyle J，Green R. 1994. Efficiency and cross efficiency in DEA：Derivations，meanings and uses[J]. Journal of the Operations Research Society，45：567-578.

Du J，Chen J M，Chen Y，et al. 2012. Additive super-efficiency in integer-valued data envelopment analysis[J]. European Journal of Operational Research，218（1）：186-192.

Färe R，Grosskopf S. 1985. A nonparametric cost approach to scale efficiency[J]. Journal of Economics，87（4）：594-604.

Färe R，Grosskopf S，Lovell C A K，et al. 1989. Multilateral productivity comparisons when some outputs are undesirable：A nonparametric approach[J]. The Review of Economics and Statistics，71（1）：90-98.

Farrell M J. 1957. The measurement of productive efficiency[J]. Journal of the Royal Statistical Society，Series A（General），120（3）：253-290.

Gomes E G，Lins M P E. 2008. Modelling undesirable outputs with zero sum gains data envelopment analysis models[J]. Journal of the Operational Research Society，59（5）：616-623.

Huang Z M，Li S X. 1996. Dominance stochastic models in data envelopment analysis[J]. European Journal of Operational Research，95（2）：390-403.

Huang Z M，Li S X. 2001. Stochastic DEA models with different types of input-output disturbances[J]. Journal of Productivity Analysis，15（2）：95-113.

Imanirad R，Cook W D，Zhu J. 2013. Partial input to output impacts in DEA：Production considerations and resource sharing among business subunits[J]. Naval Research Logistics，60（3）：190-207.

Kao C A. 2009. Efficiency decomposition in network data envelopment analysis：A relational model[J]. European Journal of Operational Research，192（3）：949-962.

Kao C A，Hwang S N. 2008. Efficiency decomposition in two-stage data envelopment analysis：An application to non-life insurance companies in Taiwan[J]. European Journal of Operational Research，185（1）：418-429.

Kao C A，Liu S T. 2000. Fuzzy efficiency measures in data envelopment analysis[J]. Fuzzy Sets and Systems，113（3）：427-437.

Lamb J D，Tee K H. 2012. Data envelopment analysis models of investment funds[J]. European Journal of Operational Research，216（3）：687-696.

Lertworasirikul S，Fang S C，Joines J A，et al. 2003. Fuzzy data envelopment analysis（DEA）：A possibility approach[J]. Fuzzy Sets and Systems，139（2）：379-394.

Li Y J，Chen Y，Liang L A，et al. 2012. DEA models for extended two-stage network structures[J]. Omega，40（5）：611-618.

Li Y J，Yang M，Chen Y，et al. 2013. Allocating a fixed cost based on data envelopment analysis and satisfaction degree[J]. Omega-The International Journal of Management Science，41（1）：55-60.

Liang L A，Wu J E，Cook W D，et al. 2008. The DEA game cross-efficiency model and its Nash equilibrium[J]. Operations Research，56（5）：1278-1288.

Lins M P E，Gomes E G，Soares de Mello J C C B，et al. 2003. Olympic ranking based on a zero sum gains DEA model[J]. European Journal of Operational Research，148（2）：312-322.

Liu S T. 2008. A fuzzy DEA/AR approach to the selection of flexible manufacturing systems[J]. Computers & Industrial Engineering，54（1）：66-76.

Lozano S，Villa G. 2007. Integer dea models[A]//Zhu J，Cook W D. Modeling Data Irregularities and Structural Complexities in Data Envelopment Analysis. Boston：Springer：271-289.

Malmquist S. 1953. Index numbers and indifference surfaces[J]. Trabajos De Estadistica，4（2）：209-242.

Pastor J T，Ruiz J L，Sirvent I. 1999. An enhanced DEA Russell graph efficiency measure[J]. European Journal of Operational Research，115（3）：596-607.

Saati S，Memariani A. 2005. Reducing weight flexibility in fuzzy DEA[J]. Applied Mathematics and Computation，161（2）：611-622.

Scheel H. 2001. Undesirable outputs in efficiency valuations[J]. European Journal of Operational Research，132（2）：400-410.

Seiford L M，Zhu J. 2002. Modeling undesirable factors in efficiency evaluation[J]. European Journal of Operational Research，142（1）：16-20.

Sexton T R，Silkman R H，Hogan A J. 1986. Data envelopment analysis：Critique and extensions[J]. New Directions for Program Evaluation，(32)：73-105.

Sueyoshi T. 2004. Mixed integer programming approach of extended DEA-discriminant analysis[J]. European Journal of Operational Research，152 (1)：45-55.

Sueyoshi T，Goto M. 2001. Slack-adjusted DEA for time series analysis：Performance measurement of Japanese electric power generation industry in 1984–1993[J]. European Journal of Operational Research，133 (2)：232-259.

Thrall R M. 1989. Classification transitions under expansion of inputs and outputs in data envelopment analysis[J]. Managerial and Decision Economics，10 (2)：159-162.

Tone K. 2001. A slacks-based measure of efficiency in data envelopment analysis[J]. European Journal of Operational Research，130 (3)：498-509.

Tone K，Tsutsui M. 2009. Network DEA：A slack-based measure approach[J]. European Journal of Operational Research，197 (1)：243-252.

Tsionas E G，Papadakis E N. 2010. A Bayesian approach to statistical inference in stochastic DEA[J]. Omega，38 (5)：309-314.

Tyteca D. 1996. On the measurement of the environmental performance of firms-A literature review and a productive efficiency perspective[J]. Journal of Environmental Management，46 (3)：281-308.

Wang M Q，Li Y J. 2010. Enhanced Russell measure in fuzzy DEA[J]. International Journal of Data Analysis Techniques and Strategies，2 (2)：140-154.

Wang Y M，Luo Y，Liang L. 2009. Fuzzy data envelopment analysis based upon fuzzy arithmetic with an application to performance assessment of manufacturing enterprises[J]. Expert Systems with Applications，36 (3)：5205-5211.

Wu D D，Lee C G. 2010. Stochastic DEA with ordinal data applied to a multi-attribute pricing problem[J]. European Journal of Operational Research，207 (3)：1679-1688.

Wu D D，Olson D L. 2010. Enterprise risk management：A DEA VaR approach in vendor selection[J]. International Journal of Production Research，48 (16)：4919-4932.

Wu D S，Olson D L. 2008. A comparison of stochastic dominance and stochastic DEA for vendor evaluation[J]. International Journal of Production Research，46 (8)：2313-2327.

Wu D S，Yang Z J，Liang L. 2006. Efficiency analysis of cross-region bank branches using fuzzy data envelopment analysis[J]. Applied Mathematics and Computation，181 (1)：271-281.

Wu J E，Liang L A，Chen Y. 2009. DEA game cross-efficiency approach to Olympic rankings[J]. Omega，37 (4)：909-918.

Wu J E，Sun J S，Liang L A. 2012. DEA cross-efficiency aggregation method based upon Shannon entropy[J]. International Journal of Production Research，50 (23)：6726-6736.

Wu J E，Zhou Z X，Liang L A. 2010. Measuring the performance of nations at Beijing Summer Olympics using integer-valued DEA model[J]. Journal of Sports Economics，11 (5)：549-566.

Wu J，An Q X，Yao X，et al. 2014. Environmental efficiency evaluation of industry in China based on a new fixed sum undesirable output data envelopment analysis[J]. Journal of Cleaner Production，74：96-104.

Wu J，Zhou Z X. 2015. A mixed-objective integer DEA model[J]. Annals of Operations Research，228 (1)：81-95.

Yang F，Wu D D，Liang L，et al. 2011. Competition strategy and efficiency evaluation for decision making units with fixed-sum outputs[J]. European Journal of Operational Research，212 (3)：560-569.

Yang H L，Pollitt M. 2010. The necessity of distinguishing weak and strong disposability among undesirable outputs in DEA：Environmental performance of Chinese coal-fired power plants[J]. Energy Policy，38 (8)：4440-4444.

Yang M，Li Y J，Chen Y，et al. 2014. An equilibrium efficiency frontier data envelopment analysis approach for evaluating decision making units with fixed outputs[J]. European Journal of Operational Research，239（2）：479-489.

Zhang D，Li X，Meng W，et al. 2009. Measuring the performance of nations at the Olympic Games using DEA models with different preferences[J]. Journal of the Operational Research Society，60（7）：983-990.

Zhou P，Poh K L，Ang B W. 2007. A non-radial DEA approach to measuring environmental performance[J]. European Journal of Operational Research，178（1）：1-9.

# 第 2 章 均衡有效生产前沿面固定和产出 DEA 方法

## 2.1 背景介绍

在现实生活中，我们经常遇到一些决策单元，它们的某个或某些产出的和是固定的。具体来说，在产出和固定的情况下，某个决策单元产出的增加就需要其他决策单元通过减少自身的产出来弥补这个增量。举例来说，一个行业的市场份额的总和是固定的（总和为 1），因此，该行业中的每个企业都试图从其竞争者中争取更多的市场份额。类似的情况也发生在奥运会的评价中（Lozano et al.，2002；Churilov and Flitman，2006；Li et al.，2008；Wu et al.，2009a，2009b），因为奥运会的奖牌总数也是固定的。

关于奥运会的评价，Lins 等（2003）发现某个国家赢得奖牌的数量增加必将减少其他国家赢得奖牌的数量。他们采用两种不同的策略来演示各个参赛国家（可看作决策单元）竞争固定数量的奖牌的情况。其中一种策略称作等量减少策略，即某个决策单元的产出的增加量由其他决策单元产出的等量减少来弥补。然而，他们很快意识到该策略可能会导致一些决策单元出现负产出的情况。因为当某些决策单元的实际产出小于上述等量减少量时，负产出的情况就会出现。这一现象与传统 DEA 方法要求所有指标都必须是正值的事实不符。另一种策略称作比例减少策略，即其他决策单元产出的减少量按照其实际的产出成比例减少。然而，此策略将会导致各决策单元产出的减少量严重依赖于其实际产出。具体来说，一旦已知产出的增加总量，那么其他每个决策单元产出的减少量就可以计算出来，因为该决策单元的产出与其他所有决策单元的产出和的比例可以事先算出来。但是在实际情况中，各决策单元产出的减少量应该由决策单元之间的自由竞争来确定，而不是由决策者主观分配得来。此外，Lins 等（2003）只能处理固定和产出是一维的情况，对于多维的情况必须先将其转化为一维的情况再进行模型的应用。

为了克服 Lins 等（2003）的方法的不足，Yang 等（2011）提出了一种基于最小减少量竞争策略的 FSODEA 模型来评价具有固定和产出的决策单元。依据这种策略，被评价的决策单元只需增加最少的产出量就能达到技术有效。而这个最少的产出量是通过其他决策单元最少的减少量之和来弥补的。他们强调这种竞争策略是各决策单元提高效率最方便的方式，因为它既是自由竞争的结果，又可以找出其潜在的“竞争对手”。然而，这种方法却没考虑到一个问题，那就是所有的决策单元都是基于不同的评价平台进行评价的。具体来说，依据这种策略，每个决策单元参与的是“无记忆”竞争，即上一轮的竞争结果不会记录到下一轮竞争。例如，假设有两个固定和产出决策单元 $A$ 和 $B$。当决策单元 $A$ 被评价时，我们将决策单元 $A$ 和 $B$ 的原始数据代入 Yang 等（2011）的模型（3）中得到决策单元 $A$ 达到有效状态所需要的产出增量。显然，此产出的增量等于决策单元 $B$ 产出的减少量。接下来，当决策单元 $B$ 被评价时，前一轮中无论产出的增量还是减少量都会被忽略，仍然用决策单元 $A$ 和 $B$ 的原始数据来重新得到决策单元 $B$ 的产出增量以及决策单元 $A$ 的产出减少量。结果，决策单元 $A$ 和 $B$ 在运用 FSODEA 模型评价时是基于不同的有效生产前沿面进行评价的。事实上，正是上述这种“无记忆”的竞争导致了决策单元在不同的评价平台进行评价。

为了解决上述问题，本章提出了一种称为均衡有效生产前沿面 DEA（equilibrium efficient frontier DEA，EEFDEA）的方法来实现在一个公共的平台上评价具有固定和产出的决策单元。本方法主要分为两个阶段。阶段 1 基于如下两种策略构建一个用于评价的公共平台（或均衡有效生产前沿面）：一个称为拓展的最小调整策略，目的是确保原来有效的决策单元在调整之后仍是有效的；另一个称为均衡竞争策略，其目的是能够使所有的决策单元达到均衡状态（即公共平台）。基于这个公共平台，阶段 2 用各决策单元原始数据来对其进行评价。

## 2.2 固定和产出 DEA 方法

假设有 $n$ 个决策单元（即 DMU），并且每个 $\text{DMU}_j(j=1,2,\cdots,n)$ 用 $m$ 个投入指标 $x_{ij}(i=1,2,\cdots,m)$ 生产出 $s$ 个可变和产出指标 $y_{rj}(r=1,2,\cdots,s)$ 以及 $l$ 个固定和产出指标 $f_{tj}(t=1,2,\cdots,l)$。顾名思义，可变和产出指标是指那些产出的和是可变的。而固定和产出满足下列约束：$\sum_{j=1}^{n} f_{tj}=F_t,\forall t\in\{1,2,\cdots,l\}$，其中 $F_t$ 是一个常量。那么运用传统 BCC 模型来评价 $\text{DMU}_k(k=1,2,\cdots,n)$ 如下：

$$
\begin{aligned}
& e_k=\max \frac{\sum_{r=1}^{s} u_r y_{rk}+\sum_{t=1}^{l} w_t f_{tk}+\mu_0}{\sum_{i=1}^{m} v_i x_{ik}} \\
& \text{s.t. } \frac{\sum_{r=1}^{s} u_r y_{rj}+\sum_{t=1}^{l} w_t f_{tj}+\mu_0}{\sum_{i=1}^{m} v_i x_{ij}} \leqslant 1, \quad \forall j \\
& u_r, w_t, v_i \geqslant 0, \quad \forall r,t,i
\end{aligned} \tag{2.1}
$$

式中，$u_r$、$w_t$、$v_i$ 分别为第 $r$ 个可变和产出、第 $t$ 个固定和产出以及第 $i$ 个投入的权重。需要注意的是，当 $\mu_0$ 恒等于零时，模型（2.1）转变为 CCR 模型。

模型（2.1）在很多情况下可以用来评价各决策单元的相对效率，但是不适合用来评价具有固定和产出的决策单元。考虑到决策单元之间的某些产出和固定的情况，Yang 等（2011）基于最小减少策略提出如下模型来计算出 $\text{DMU}_k$ 产出的最小增加量：

$$
\begin{aligned}
&\min \sum_{t=1}^{l} w_t \alpha_{tk} \\
&\text{s.t.} \quad \frac{\sum_{r=1}^{s} u_r y_{rk} + \sum_{t=1}^{l} w_t (f_{tk} + \alpha_{tk}) + \mu_0}{\sum_{i=1}^{m} v_i x_{ik}} = 1 \qquad (2.2a) \\
&\frac{\sum_{r=1}^{s} u_r y_{rj} + \sum_{t=1}^{l} w_t (f_{tj} - \delta_{tj}) + \mu_0}{\sum_{i=1}^{m} v_i x_{ij}} \leqslant 1, \quad \forall j, \ j \neq k \qquad (2.2b) \qquad\qquad (2.2) \\
&\sum_{\substack{j=1 \\ j \neq k}}^{n} \delta_{tj} = \alpha_{tk}, \quad 0 \leqslant \delta_{tj} \leqslant f_{tj}, \quad \forall t, \quad \forall j, \ j \neq k \qquad (2.2c) \\
&u_r, w_t, v_i \geqslant 0, \forall r, t, i, \quad \mu_0 \text{ 是自由变量}
\end{aligned}
$$

式中，$\alpha_{tk}$ 为 $\text{DMU}_k$ 为了达到有效状态所需要的产出增量；$\delta_{tj}$ 为 $\text{DMU}_j\ (j \neq k)$ 为了弥补上述决策单元产出增量所需要减少的其他决策单元的产出量。模型（2.2）的目标函数表示最小化 $\text{DMU}_k$ 的产出增量的加权和。约束（2.2a）是为了保障 $\text{DMU}_k$ 的产出增加后达到相对有效。约束（2.2b）是确保其他决策单元在产出减少之后的效率不会超过 1。约束（2.2c）中的等式约束 $\sum_{\substack{j=1 \\ j \neq k}}^{n} \delta_{tj} = \alpha_{tk}$ 是为了保证产出调整前后产出的和保持固定。约束（2.2c）中的不等式约束 $0 \leqslant \delta_{tj} \leqslant f_{tj}$ 是为了使产出的减少量为正值且不超过原来的产出值。

## 2.3　考虑均衡有效生产前沿面的 DEA 模型

本节主要介绍 EEFDEA 方法。其中，2.3.1 节主要介绍我们如何为 2.3.2 节的决策单元评价构建一个公共的评价平台（或均衡前沿面）。2.3.2 节基于 2.3.1 节中构建的公共平台来评价具有固定和产出的决策单元。

### 2.3.1　均衡有效生产前沿面构建

为了保证均衡有效生产前沿面的存在性，我们首先基于拓展的最小调整策略提出模型（2.3）。为了便于理解模型（2.3），我们需要对模型中 $x$、$y$、$f$ 的下标一一解释如下：$x_{ik}$ 表示被评价 $\text{DMU}_k$ 的第 $i$ 个投入；$x_{ij_p}\,(p=1,2)$ 表示 $\text{DMU}_{j_p}\,(j_p \in E_p,\ j_p \neq k, p=1,2)$ 的第 $i$ 个投入。类似地，$y_{rk}$ 和 $f_{tk}$ 分别表示 $\text{DMU}_k$ 的第 $r$ 个可变和产出与第 $t$ 个固定和产出。$y_{rj_p}$ 和 $f_{tj_p}$ 分别表示 $\text{DMU}_{j_p}\,(j_p \in E_p,\ j_p \neq k, p=1,2)$ 的第 $r$ 个可变和产出与第 $t$ 个固定和产出。介绍完上述变量后，我们引入模型（2.3）如下：

$$
\min \sum_{t=1}^{l} w_t \alpha_{tk}
$$

$$
\text{s.t.} \frac{\sum_{r=1}^{s} u_r y_{rk} + \sum_{t=1}^{l} w_t (f_{tk} + \alpha_{tk}) + \mu_0}{\sum_{i=1}^{m} v_i x_{ik}} = 1 \qquad (2.3\text{a})
$$

$$
\frac{\sum_{r=1}^{s} u_r y_{rj_1} + \sum_{t=1}^{l} w_t (f_{tj_1} - \delta_{tj_1}) + \mu_0}{\sum_{i=1}^{m} v_i x_{ij_1}} = 1, \quad \forall j_1 \in E_1, j_1 \neq k \qquad (2.3\text{b}) \qquad (2.3)
$$

$$
\frac{\sum_{r=1}^{s} u_r y_{rj_2} + \sum_{t=1}^{l} w_t (f_{tj_2} - \delta_{tj_2}) + \mu_0}{\sum_{i=1}^{m} v_i x_{ij_2}} \leqslant 1, \quad \forall j_2 \in E_2, j_2 \neq k \qquad (2.3\text{c})
$$

$$
\alpha_{tk} = \sum_{p=1}^{2} \sum_{j_p \in E_p/\{k\}} \delta_{tj_p}, 0 \leqslant \delta_{tj_p} \leqslant f_{tj_p}, \quad \forall t, \forall j_p \neq k, p=1,2 \qquad (2.3\text{d})
$$

$$
u_r, v_i, w_t \geqslant 0, \quad \mu_0 \text{ 是自由变量}
$$

式中，$E_1$ 和 $E_2$ 是两个动态集合，它们的初始值分别为 $E_1=\{j\,|\,\text{DMU}_j$ 在模型（2.1）中是有效的$\}$和 $E_2=\{j\,|\,\text{DMU}_j$ 在模型（2.1）中是无效的$\}$，称它们是“动态集合”的原因将会在下文中给出。其中，约束（2.3a）与约束（2.2a）类似，是确保被评价决策单元效率达到最大（1）。约束（2.3b）是保证原先有效的决策单元在调整之后仍然有效。通过这两个约束能够使被评价的决策单元和之前有效的决策单元都被包含在 $E_1$ 中，也就是说每次调整之后所得到的有效决策单元以及之前已经有效的决策单元都被包含在 $E_1$ 中，当然集合 $E_1$ 增加的元素也就是集合 $E_2$ 减少的元素，这也解释了为什么说 $E_1$ 和 $E_2$ 是两个动态集合。约束（2.3c）保证剩下的决

策单元的效率值不会超过 1。约束（2.3d）中的等式和不等式约束与约束（2.2c）类似。当最后一轮处理完之后，所有的决策单元都将属于集合 $E_1$（即所有的决策单元都到达有效生产前沿面上）。因此，我们说模型（2.3）保证了最终均衡有效生产前沿面的存在性。

此外，由模型（2.3）我们可得到如下定理。

**定理 2.1**　模型（2.3）总是有可行解的。

定理 2.1 的证明见附录一。

模型（2.3）是一个非线性的分式规划模型，不易直接求解，然而，我们可以通过如下变换使其转变为一个线性规划模型［模型（2.4）］。令 $\beta_{tk}=w_t\alpha_{tk}$，$\gamma_{tj_p}=w_t\delta_{tj_p}$ $(\forall t,k,j;p=1,2)$，那么模型（2.3）可写成如下形式：

$$
\begin{aligned}
&\min\sum_{t=1}^{l}\beta_{tk}\\
&\text{s.t. } \sum_{r=1}^{s}u_r y_{rk}+\sum_{t=1}^{l}(w_t f_{tk}+\beta_{tk})-\sum_{i=1}^{m}v_i x_{ik}+\mu_0=0\\
&\sum_{r=1}^{s}u_r y_{rj_1}+\sum_{t=1}^{l}(w_t f_{tj_1}-\beta_{tj_1})-\sum_{i=1}^{m}v_i x_{ij_1}+\mu_0=0,\quad \forall j_1\in E_1, j_1\neq k\\
&\sum_{r=1}^{s}u_r y_{rj_2}+\sum_{t=1}^{l}(w_t f_{tj_2}-\beta_{tj_2})-\sum_{i=1}^{m}v_i x_{ij_2}+\mu_0=0,\quad \forall j_2\in E_2, j_2\neq k\\
&\sum_{i=1}^{m}v_i x_{ij}\geqslant\varepsilon,\quad \forall j\\
&\beta_{tk}=\sum_{p=1}^{2}\sum_{j_p\in E_p/\{k\}}\gamma_{tj_p},\quad 0\leqslant\gamma_{tj_p}\leqslant w_t f_{tj_p}, \forall t, \forall j_p\neq k, p=1,2\\
&u_r, v_i, w_t\geqslant 0,\quad \mu_0\text{ 是自由变量}
\end{aligned}
\tag{2.4}
$$

式中，$\varepsilon$ 为一个任意给定的正常数。假设模型（2.4）的最优解为 $u_r^*$、$v_i^*$、$w_t^*$、$\beta_{tk}^*$、$\gamma_{tj_p}^*$ $(\forall r,i,t,j\neq k,p=1,2)$，那么 $\text{DMU}_{j_p}$ 的最小产出减少量 $\delta_{tj_p}^*$ 和 $\text{DMU}_k$ 的最小产出增加量 $\alpha_{tk}^*$ 分别为 $\delta_{tj_p}^*=\dfrac{\gamma_{tj_p}^*}{w_t^*}(p=1,2)$ 和 $\alpha_{tk}^*=\sum_{p=1}^{2}\sum_{j_p\in E_p/\{k\}}\delta_{tj_p}^*$。特别地，如果 $w_t^*=0$，那么 $\delta_{tj_p}^*=0$，这也与模型（2.4）求最小的目标函数一致。

基于模型（2.4），我们可得到如下定理。

**定理 2.2**　假设根据模型（2.4）求得的 $\text{DMU}_k$ 最小产出增加量为 $\alpha_{tk}^*$，那么可以得出以下结论。

（1）如果 $\text{DMU}_k$ 是无效且不是弱有效的，那么 $\alpha_{tk}^*\neq 0\,(\exists\ t)$。

（2）如果 $\text{DMU}_k$ 是有效的，那么 $\alpha_{tk}^*=0(\forall\ t)$。

定理 2.2 的证明见附录一。

定理 2.2 的结论很容易被接受，因为只有无效的决策单元才需要从其他决策单元中获取产出从而达到有效。如果 $\mathrm{DMU}_k$ 是有效的，那么我们不能确定 $\alpha_{tk}^*$ 是否一定为 0，因为在这种情况下，$\alpha_{tk}^*=0$ 和 $\alpha_{tk}^*\neq 0$ 的情形都有可能出现。

情形 1：$\alpha_{tk}^*=0$，此时 $\mathrm{DMU}_k$ 已经达到稳定状态，因此它不再需要从其他决策单元中获取更多的固定和产出来提高自己的有效程度。

情形 2：$\alpha_{tk}^*\neq 0$，那么 $\mathrm{DMU}_k$ 在增加产出 $\alpha_{tk}^*$ 后，可能是强有效的，也可能是弱有效的。但是，不管 $\mathrm{DMU}_k$ 此时处于何种情况，它都已经达到之前所述的稳定状态了。换句话说，当我们把产出调整后的 $\mathrm{DMU}_k$ 作为候选对象代到模型（2.4）中时，一定会得到 $\alpha_{tk}^*=0$。

类似地，上述关于情形 2（$\alpha_{tk}^*\neq 0$）的结论同样适合无效且非弱有效的决策单元。综上所述，我们可以总结出无论决策单元处于何种状态（无效或者有效），最多只需要一轮优化就可以达到稳定状态。这一结论也保证了所有决策单元都可以通过模型（2.4）最终收敛到一个均衡状态。

**定理 2.3** 如果 $(v_i^*,u_r^*,w_t^*,\mu_0^*,\beta_{tk}^*,\gamma_{tj}^*)$ 是模型（2.4）基于给定正常数 $\varepsilon$ 的一组最优解，那么 $\dfrac{\varepsilon'}{\varepsilon}(v_i^*,u_r^*,w_t^*,\mu_0^*,\beta_{tk}^*,\gamma_{tj}^*)$ $(\forall i,r,t,j\neq k)$ 是同一轮优化中模型（2.4）基于给定正常数 $\varepsilon'$ 的一组最优解。

定理 2.3 的证明过程见附录一。

定理 2.3 说明了在任意给定正常数 $\varepsilon$ 的条件下求解模型（2.4）所得到的 $\alpha_{tk}^*$ 和 $\delta_{tj}^*$ 是模型（2.3）的最优解。理由如下：假设 $(v_i^*,u_r^*,w_t^*,\mu_0^*,\beta_{tk}^*,\gamma_{tj}^*)$ 是模型（2.4）基于某一任意正常数 $\varepsilon$ 的一组最优解，那么根据定理 2.3，$\dfrac{\varepsilon'}{\varepsilon}(v_i^*,u_r^*,w_t^*,\mu_0^*,\beta_{tk}^*,\gamma_{tj}^*)$ 是同一轮中模型（2.4）基于正常数 $\varepsilon'$ 的一组最优解。所以，可得 $\alpha_{tk}^*=\dfrac{\beta_{tk}^*}{w_t^*}=\dfrac{\frac{\varepsilon'}{\varepsilon}\beta_{tk}^*}{\frac{\varepsilon'}{\varepsilon}w_t^*}$ 和 $\delta_{tj}^*=\dfrac{\gamma_{tj}^*}{w_t^*}=\dfrac{\frac{\varepsilon'}{\varepsilon}\gamma_{tj}^*}{\frac{\varepsilon'}{\varepsilon}w_t^*}$，也就是说 $\alpha_{tk}^*$ 和 $\delta_{tj}^*$ 作为模型（2.3）的最优值不受正常数 $\varepsilon$ 取值的影响。综上，段落开头的结论得证。

前面我们已经证明了均衡有效生产前沿面的存在性，接下来，我们将依据均衡竞争策略来介绍决策单元是如何一步步到达均衡有效生产前沿面的。均衡有效生产前沿面的构建需要通过以下四个步骤。

（1）通过模型（2.1）评价所有的决策单元，然后按照效率的升序重新排列这些决策单元并将它们分成两个集合：有效的决策单元集合和无效的决策单元集合。以图 2.1 为例，图中有四个决策单元分别是 $A$、$B$、$C$ 和 $D$。每个决策单元有一个投入和一个固定的产出。根据模型（2.1），决策单元 $A$ 和 $B$ 是有效的，而决策单元 $C$ 和 $D$ 是无效的。那么，所有决策单元被分成两个集合：有效集合 $E_1=\{A,B\}$ 和无效集合 $E_2=\{C,D\}$。记 $e_A$、$e_B$、$e_C$、$e_D$ 分别为决策单元 $A$、$B$、$C$、$D$ 的效率值，那么，我们可以按照升序顺序将其排列为 $e_C < e_D < 1 = e_A = e_B$。

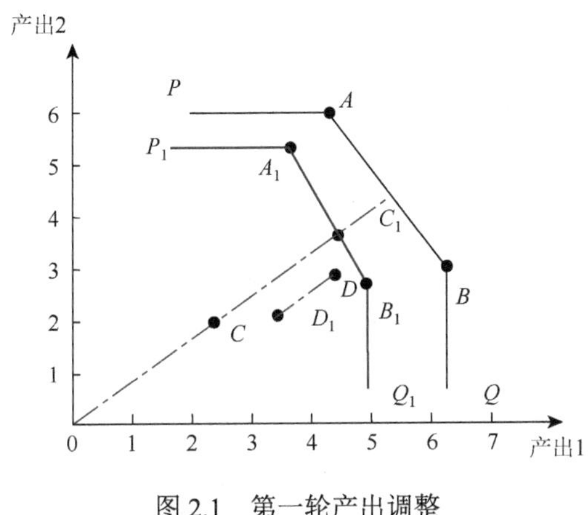


图 2.1　第一轮产出调整

（2）运用模型（2.4）对当前轮最无效的决策单元进行处理。那么该决策单元通过调整产出处理之后变为有效并将其包含在 $E_1$ 中。与 FSODEA 不同的是，每一轮产出的变化是“有记忆”的，换句话说，无论待评价决策单元的产出增量还是其他决策单元产出的减少量，都将被记录下来并且包含在新的决策单元中进入下一轮。举例来说，在第一轮中，决策单元 $C$ 是最无效的，因此首先被当作处理对象运用模型（2.4）进行处理。再看图 2.1，折线段 $PABQ$ 是传统 BCC 模型的有效生产前沿面。当决策单元 $C$ 增加产出 $\alpha_{tC}^*(t=1,2)$ 后移到 $C_1$ 的位置。与此同时，决策单元 $A$、$B$、$D$ 在减少产出 $\delta_{tj}^*(t=1,2,j=A,B,D)$ 后分别移动到 $A_1$、$B_1$ 和 $D_1$ 的位置。相应地，有效生产前沿面 $PABQ$ 也移动到 $P_1A_1B_1Q_1$ 的位置。依据模型（2.3）中的约束（2.3a），原来有效的决策单元 $A$ 和 $B$ 仍为有效的，约束（2.3b）确保了决策单元 $C$ 在增加产出后变为有效。而原先无效的决策单元 $D$ 在减少产出后变得更无效了。结果，决策单元 $C$ 从集合 $E_2$ 进入集合 $E_1$ 中，此时，集合 $E_1$ 包含 3 个元素 $A$、$B$、$C$，而集合 $E_2$ 仅包含一个元素 $D$。所有调整过的决策单元均进入下一轮调整中。

（3）重复步骤（1）和步骤（2），直到所有调整后的决策单元均在同一个有效生产前沿面上，即所有决策单元都成为 $E_1$ 的元素。这个最终的公共前沿面称作均衡有效生产前沿面。继续上面的例子，在图 2.1 的基础上，我们用图 2.2 来展示第二轮（也是最后一轮）调整的过程，这一轮中决策单元 $D$ 是最无效的决策单元，因此可以作为产出提升的对象。与第一轮类似，经过调整之后，决策单元 $D$ 变为有效，因此被包含在集合 $E_1$ 中。与此同时，$E_2$ 变成一个空集。这意味着此后，所有决策单元都变为有效，因此它们都位于新的有效生产前沿面 $P_2A_2B_2Q_2$ 上。到目前为止，均衡有效生产前沿面已经形成，即为前沿面 $P_2A_2B_2Q_2$。

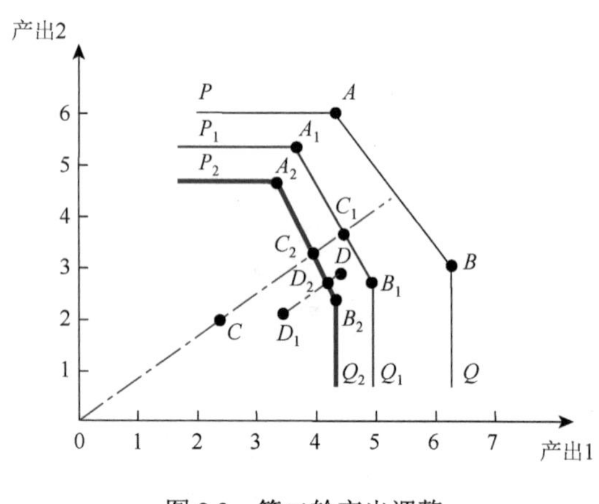


图 2.2　第二轮产出调整

（4）比较决策单元最后一轮调整在均衡有效生产前沿面上的固定和产出与对应决策单元的初始产出，我们可以得出每个决策单元产出的最终调整量。假设一个决策单元的第 $t$ 个最终固定和产出为 $f_{tj}^*$，那么其相应的固定和产出的调整量为 $\Delta_{tj}^* = f_{tj}^* - f_{tj}$，显然，等式 $\sum_{j=1}^{n} \Delta_{tj}^* = 0$ 成立，并且当 $\Delta_{tj}^* > 0$ 时表示相应决策单元的产出增加，当 $\Delta_{tj}^* < 0$ 时表示相应决策单元的产出减少，当 $\Delta_{tj}^* = 0$ 时意味着对应的决策单元的产出保持不变。步骤（4）是必要的，因为 $\Delta_{tj}^*$ 是接下来的 EEFDEA 模型的一个重要元素。详细内容参见 2.3.2 节。

### 2.3.2　基于均衡有效生产前沿面的效率评价

2.3.1 节主要介绍了如何通过调整决策单元的固定和产出来构建一个公共的均衡有效生产前沿面。本节主要介绍如何基于上述构建的均衡有效生产前沿面来评价真实的决策单元。所谓真实就是被评价的决策单元都是具有原始投入和产出的决策单元。评价模型如下：

$$e_k^{\text{EEFDEA}} = \min \frac{\sum_{i=1}^{m} v_i x_{ik} + \mu_0}{\sum_{r=1}^{s} u_r y_{rk} + \sum_{t=1}^{l} w_t f_{tk}}$$

$$\text{s.t.} \frac{\sum_{i=1}^{m} v_i x_{ij} + \mu_0}{\sum_{r=1}^{s} u_r y_{rj} + \sum w_t (f_{tj} + \Delta_{tj}^*)} \geqslant 1, \quad \forall j \tag{2.5}$$

$$u_r, w_t, v_i \geqslant 0, \forall r, t, i; \quad \mu_0 \text{ 是自由变量}$$

在模型（2.5）中，其目标函数是最小化 $\text{DMU}_k$ 的产出导向型效率值。值得注意的是，$\text{DMU}_k$ 被评价时用的是原始数据：投入 $x_{ij}$、可变和产出 $y_{rk}$ 以及固定和产出 $f_{tk}$。模型（2.5）的约束显示调整后的产出导向型效率值不超过 1。这些调整后的决策单元可看作虚拟的决策单元。其指标分别为投入 $x_{ij}$、可变和产出 $y_{rk}$ 以及调整的固定和产出 $f_{tj} + \Delta_{tj}^*$，其中 $\Delta_{tj}^*$ 是由 2.3.1 节中的步骤（1）～（4）得到的。根据步骤（1）～（4），所有这些虚拟的决策单元均属于有效决策单元集合 $E_1$，所以，它们构建了一个用于评价的有效生产前沿面，即为一个公共的均衡有效生产前沿面。之所以用这个前沿面来评价具有固定和产出的决策单元，是因为这个均衡有效生产前沿面满足一个条件，那就是某个决策单元在投影时所需要的固定和产出的增加需要其他决策单元对应产出的减少来弥补。因此，模型（2.5）是基于一个公共的均衡有效生产前沿面来评价所有决策单元的。

模型（2.5）是产出导向型模型。与投入导向型模型相比，我们选择产出导向型模型是基于以下两个原因：①产出导向型模型是沿产出方向向有效生产前沿面投影的，这样的投影会考虑到产出指标和固定这一性质；②产出导向型模型总是可行的，然而投入导向型模型在 VRS 框架下有可能出现无可行解的情况。这一结论可以通过如下推论来证实。

**推论 2.1**　当不等式 $\max\limits_{1\leqslant j\leqslant n} f_{tj} > \max\limits_{1\leqslant j\leqslant n}(f_{tj} + \Delta_{tj}^*)$ 成立时，投入导向型的对偶 VRS 假设下的 EEFDEA 模型将会出现无可行解的情况。

推论 2.1 的证明见附录一。

为了求解模型（2.5），我们仍然根据 Charnes-Cooper 变换（简称 C-C 变换）（Charnes and Cooper，1962）将非线性规划模型转变成线性规划模型：

$$e_k^{\text{EEFDEA}} = \min \sum_{i=1}^{m} \upsilon_i x_{ik} + u_0$$

$$\text{s.t.} \quad \sum_{r=1}^{s} \mu_r y_{rj} + \sum_{t=1}^{l} \omega_t (f_{tj} + \Delta_{tj}^*) - \sum_{i=1}^{m} \upsilon_i x_{ij} - u_0 \leqslant 0, \quad \forall j$$

$$\sum_{r=1}^{s}\mu_r y_{rk}+\sum_{t=1}^{l}\omega_t f_{tk}=1 \tag{2.6}$$

$$\mu_r,\upsilon_i,\omega_t\geqslant 0,\forall r,i,t;\quad u_0\text{ 是自由变量}$$

注：模型经过 Charnes-Cooper 变换后，变量表示方式出现变化，$v_i$、$u_r$、$\mu_0$ 和 $w_t$，相应变为 $\upsilon_i$、$\mu_r$、$u_0$ 和 $\omega_t$。

显然，由模型（2.6）所得到的效率值可能会超过 1，这也可看作一种超效率，因此根据该效率可以对决策单元进行完全排序。

关于模型（2.4）和模型（2.5），我们可得到如下定理。

**定理 2.4**　$\text{DMU}_k$ 在传统 CCR 模型下的效率 $e_k^{\text{CCR}}$ 和 EEFDEA 模型下的效率 $e_k^{\text{EEFDEA-CCR}}$ 的关系存在如下两种情况：

（1）$e_k^{\text{CCR}}\leqslant e_k^{\text{EEFDEA-CCR}}$。

（2）如果 $e_k^{\text{CCR}}=1$，那么 $\begin{cases} e_k^{\text{EEFDEA-CCR}}\geqslant 1, & \text{DMU}_k\text{ 为CCR弱有效} \\ e_k^{\text{EEFDEA-CCR}}>1, & \text{DMU}_k\text{ 为CCR强有效} \end{cases}$。

定理 2.4 的证明见附录一。

类似地，本章提出的方法在 VRS 假设下也成立，相应的效率可以得到，相应的定理也同样成立。

## 2.4　应用——我国家电企业效率评价

本节将通过两个算例来描述本章提出的方法。其中一个是引自 Yang 等（2011）的研究的小算例，另一个是 2012 年中国家电行业的数据。为了更为方便地比较本章的方法与之前的文献中的方法，我们均采用 CRS 假设的模型来计算效率。之所以可以这样选择，是因为本章提出的方法在 CRS 和 VRS 假设下性质是相似的，并且所有定理在两种假设下也都成立。

### 2.4.1　算例结果展示

我们首先考虑 Yang 等（2011）的研究中使用的一个小算例数据，数据包含 6 个决策单元，每个决策单元有一个投入指标和两个产出指标，其中两个产出指标分别是一个可变和产出、一个固定和产出，该数据放在表 2.1 中。

**表 2.1　Yang 等（2011）的研究中的小算例数据**

| 决策单元 | *A* | *B* | *C* | *D* | *E* | *F* |
|---|---|---|---|---|---|---|
| 投入指标 | 1 | 1 | 1 | 1 | 1 | 1 |
| 可变和产出 | 3 | 1 | 3 | 5 | 2 | 5 |
| 固定和产出 | 3 | 4 | 1 | 1 | 2 | 2 |

为了方便比较结果，我们首先将 Yang 等（2011）的结果放在表 2.2 中。该结果是根据 Yang 等（2011）的研究中 CRS 框架下的模型（3）得到的。表 2.2 中显示了每个决策单元的最少产出增加量 $\alpha^*$ 和其他决策单元的最少产出减少量 $\delta^*$。举例来说，表 2.2 中第 4 行表示的是决策单元 $C$ 在 CRS 框架下从决策单元 $A$（0.7515）、决策单元 $B$（1.0551）、决策单元 $D$（0.2462）、决策单元 $E$（0.2213）和决策单元 $F$（0.5562）共获取 2.8303 个单位的产出而达到有效。而且表 2.2 也显示出强有效的决策单元 $A$、$B$ 和 $F$ 经过调整后产出没有增加，这一结论与定理 2.2 是一致的。

**表 2.2　Yang 等（2011）在 CRS 框架下的结果**

| 决策单元 | $\alpha^*$ | $\delta_A^*$ | $\delta_B^*$ | $\delta_C^*$ | $\delta_D^*$ | $\delta_E^*$ | $\delta_F^*$ |
|---|---|---|---|---|---|---|---|
| $A$ | 0 | — | 0 | 0 | 0 | 0 | 0 |
| $B$ | 0 | 0 | — | 0 | 0 | 0 | 0 |
| $C$ | 2.8303 | 0.7515 | 1.0551 | — | 0.2462 | 0.2213 | 0.5562 |
| $D$ | 0.7037 | 0.077 | 0.0795 | 0.0643 | — | 0.0738 | 0.4091 |
| $E$ | 2.2575 | 0.6502 | 0.8597 | 0.0001 | 0.2327 | — | 0.5148 |
| $F$ | 0 | 0 | 0 | 0 | 0 | 0 | — |

表 2.3 描述了各决策单元是如何根据 2.3.1 节中的步骤（1）～（4）一步步到达均衡有效生产前沿面的。其中第二列表示的是各决策单元根据模型（2.1）所得到的传统 CCR 效率值。结果显示决策单元 $A$、$B$、$D$ 和 $F$ 是有效的，而决策单元 $C$ 和 $E$ 是无效的。无效的决策单元 $C$ 和 $E$ 可能需要从其他决策单元获取产出从而到达均衡有效生产前沿面。因此，我们将决策单元 $C$ 和 $E$ 归到无效决策单元集合 $E_2$ 中，其他的决策单元自然属于有效决策单元集合 $E_1$。

**表 2.3　EEFDEA-CCR 方法均衡有效生产前沿面构建过程**

| 决策单元 | 初始 CCR 效率值 | 第一轮调整后的固定和产出 | 第一轮 CCR 效率值 | 最后一轮调整后固定和产出 | 最后一轮 CCR 效率值 |
|---|---|---|---|---|---|
| $A$ | 1 | 2.5 | 1 | 2.2727 | 1 |
| $B$ | 1 | 4 | 1 | 3.5455 | 1 |
| $C$ | 0.6 | 2.5 | 1 | 2.2727 | 1 |
| $D$ | 1 | 1 | 1 | 1 | 1 |
| $E$ | 0.6667 | 2 | 0.7368 | 2.9091 | 1 |
| $F$ | 1 | 1 | 1 | 1 | 1 |

现在，我们依照效率值的升序排列结合模型（2.3）逐一处理无效决策单元 $C$、$E$。表 2.3 的后 4 列表示的是每个决策单元在每一轮中调整的产出和 CCR 效率值。其中第 4 列表明决策单元 $C$ 在第 1 轮处理之后变为有效了。在这种情况下，决策单元 $C$ 将从集合 $E_2$ 转入集合 $E_1$ 中，此后，$E_2$ 中只有唯一一个元素即决策单元 $E$ 了。表 2.3 的最后一列表明经过调整后所有的决策单元都变为强有效了。因此，在第 5 列中的各决策单元固定和产出的调整量 $f_{tj}+\Delta_{tj}^{*}(\forall t,j)$ 是最优的。此时所有调整后的决策单元都到达了一个公共的均衡有效生产前沿面上。

基于上述公共均衡有效生产前沿面，我们用 CRS 框架下的模型（2.5）来评价真实的决策单元，并将此结果呈现在表 2.4 的最后两列。为了便于比较，表 2.4 中除了有上述结果之外，还列出了传统 CCR 模型的结果以及 FSODEA-CCR 模型的结果。

**表 2.4　EEFDEA-CCR 与 CCR 和 FSODEA-CCR 结果比较**

| 决策单元 | CCR 效率 | 排序 | FSODEA-CCR 效率值 | 排序 | EEFDEA-CCR 效率值 | 排序 |
|---|---|---|---|---|---|---|
| $A$ | 1 | 1 | 1 | 1 | 1.1739 | 2 |
| $B$ | 1 | 1 | 1 | 1 | 1.1282 | 3 |
| $C$ | 0.6 | 6 | 0.6180 | 6 | 0.6957 | 6 |
| $D$ | 1 | 1 | 1 | 1 | 1 | 4 |
| $E$ | 0.6667 | 5 | 0.6303 | 5 | 0.7826 | 5 |
| $F$ | 1 | 1 | 1 | 1 | 1.2391 | 1 |

表 2.4 显示了对于有效的决策单元，无论传统 CCR 模型还是 FSODEA-CCR 模型，得出的效率值以及它们的排序均为“1”，然而，EEFDEA-CCR 模型的效率值均不小于 1 并且相应的排序也有所不同。以决策单元 $D$ 和 $F$ 为例，它们的投入和第一个产出均相同，不同的是第二个产出，并且有 $O_D^{\text{2nd}}=1<O_F^{\text{2nd}}=2$ 这样的大小关系。从这点来看，决策单元 $F$ 明显占优决策单元 $D$。然而，从效率的角度来看，无论传统的 CCR 效率值还是 FSODEA-CCR 效率值，结果都是“1”。也就是说，这两个决策单元的效率表现是一样的。这与上述决策单元 $F$ 明显占优决策单元 $D$ 的结论相违背。然而，依据 EEFDEA-CCR 模型，得到的结果却是 $e_D=1<e_F=1.2391$。这一结果不仅能区分它们的效率表现及其排序，而且能得到它们效率值差距的具体值。从这个意义上来说，EEFDEA 方法相对于其他方法来说具有更强的辨别能力。再两两比较，当存在固定和产出决策单元时，用 EEFDEA-CCR 方法评价比传统的 CCR 方法更具有现实意义。FSODEA 方法和 EEFDEA 方法虽然都考虑到固定和产出的情况，但是 EEFDEA 方法比 FSODEA 方法更容易被理解和接受，因为 EEFDEA 方法是在一个公共有效生产前沿面上

评价所有决策单元的，而 FSODEA 方法则是在不同的有效生产前沿面上评价决策单元的。

为了将固定和产出从一维扩展到多维，我们考虑采用表 2.1 中的数据，并将表 2.1 中的两个产出都看作固定和产出，新的数据将在表 2.5 中给出。表 2.6 显示的是根据 Yang 等（2011）的方法在 CRS 框架下算出的最小产出调整量。表 2.7 展示了 DMU 根据本章的方法是如何一步步到达均衡有效生产前沿面的。两个产出的最后调整结果分别显示在表 2.7 的倒数第 2 列和倒数第 3 列中。此后，所有决策单元都调整为 CCR 强有效，也就是说，这些调整的决策单元构建了一个公共的均衡有效生产前沿面。基于这个均衡有效生产前沿面，我们可以用模型（2.5）来评价真实的决策单元。为了便于比较，我们仍然将 EEFDEA-CCR、FSODEA-CCR 和传统 CCR 的效率评价结果放在同一个表中，即表 2.8。比较结果表明 EEFDEA 方法的优势与一维情况类似。

**表 2.5 两个固定和产出的小算例数据**

| 决策单元 | *A* | *B* | *C* | *D* | *E* | *F* |
|---|---|---|---|---|---|---|
| 投入指标 | 1 | 1 | 1 | 1 | 1 | 1 |
| 固定和产出 1 | 3 | 1 | 3 | 5 | 2 | 5 |
| 固定和产出 2 | 3 | 4 | 1 | 1 | 2 | 2 |

**表 2.6 FSODEA-CCR 所得的最小产出调整**

| 决策单元 | 固定和产出 | $\alpha^*$ | $\delta_A^*$ | $\delta_B^*$ | $\delta_C^*$ | $\delta_D^*$ | $\delta_E^*$ | $\delta_F^*$ |
|---|---|---|---|---|---|---|---|---|
| *A* | 1 | 0 | — | 0 | 0 | 0 | 0 | 0 |
| | 2 | 0 | — | 0 | 0 | 0 | 0 | 0 |
| *B* | 1 | 0 | 0 | — | 0 | 0 | 0 | 0 |
| | 2 | 0 | 0 | — | 0 | 0 | 0 | 0 |
| *C* | 1 | 1.0380 | 0.1527 | 0.0543 | — | 0.2388 | 0.0704 | 0.5217 |
| | 2 | 1.1624 | 0.2754 | 0.2498 | — | 0.0941 | 0.1286 | 0.4144 |
| *D* | 1 | 0 | 0 | 0 | 0 | — | 0 | 0 |
| | 2 | 0.3848 | 0.0578 | 0.0594 | 0.0482 | — | 0.0555 | 0.1640 |
| *E* | 1 | 1.3692 | 0.3211 | 0.0843 | 0.1557 | 0.3175 | — | 0.4905 |
| | 2 | 0.6518 | 0.1975 | 0.2181 | 0.0266 | 0.0534 | — | 0.1562 |
| *F* | 1 | 0 | 0 | 0 | 0 | 0 | 0 | — |
| | 2 | 0 | 0 | 0 | 0 | 0 | 0 | — |

表 2.7 EEFDEA-CCR 方法的均衡前沿面构建过程

| 决策单元 | 初始 CCR 效率值 | 第一轮调整后的固定和产出 1 | 第一轮调整后的固定和产出 2 | 第一轮 CCR 效率值 | 最后一轮调整后固定和产出 1 | 最后一轮调整后固定和产出 2 | 最后一轮 CCR 效率值 |
|---|---|---|---|---|---|---|---|
| *A* | 1 | 2.7378 | 2.6967 | 1 | 2.5566 | 2.5549 | 1 |
| *B* | 1 | 1 | 4 | 1 | 0.8179 | 3.6613 | 1 |
| *C* | 0.6 | 4.0533 | 1.7100 | 1 | 3.9535 | 1.6659 | 1 |
| *D* | 1 | 5 | 1 | 1 | 5 | 1 | 1 |
| *E* | 0.6667 | 2 | 2 | 0.7368 | 2.5489 | 2.5598 | 1 |
| *F* | 1 | 4.2090 | 1.5933 | 1 | 4.1230 | 1.5581 | 1 |

表 2.8 EEFDEA-CCR 和 FSODEA-CCR 模型结果比较

| 决策单元 | CCR 效率 | 排序 | FSODEA-CCR 效率值 | 排序 | EEFDEA-CCR 效率值 | 排序 |
|---|---|---|---|---|---|---|
| *A* | 1 | 1 | 1 | 1 | 1.1739 | 2 |
| *B* | 1 | 1 | 1 | 1 | 1.1087 | 3 |
| *C* | 0.6 | 6 | 0.6649 | 6 | 0.6957 | 6 |
| *D* | 1 | 1 | 1 | 1 | 1 | 4 |
| *E* | 0.6667 | 5 | 0.6949 | 5 | 0.7826 | 5 |
| *F* | 1 | 1 | 1 | 1 | 1.2391 | 1 |

### 2.4.2 我国家电行业的效率评价应用

本节将用本章提出的 EEFDEA 方法来评价 2012 年我国家电行业的效率。数据来源于《财富》中国 500 强排行榜，见表 2.9。在该表中有 18 家家电企业的相关数据，其中包括两个投入指标（总资产和员工数量）和两个产出指标（利润和市场占有率）。在本算例中，两个产出都被看作固定和产出，理由是我国家电行业的一年利润以及市场占有率的总和可看成一个恒定的值。

表 2.9 2012 年中国家电行业数据

| 公司名称 | 总资产/万元 | 员工数量/人 | 利润/万元 | 市场占有率/% |
|---|---|---|---|---|
| 广东美的 | 5 955 000 | 66 497 | 369 900 | 12.926 7 |
| 青岛海尔 | 3 972 300 | 59 814 | 269 000 | 10.227 1 |
| 国美 | 3 722 700 | 59 624 | 184 000 | 8.735 1 |
| 珠海格力 | 8 521 200 | 72 671 | 523 700 | 11.595 1 |
| 四川长虹 | 5 165 100 | 60 398 | 40 600 | 7.219 9 |
| 苏宁电器 | 5 978 600 | 7 751 | 482 100 | 13.035 1 |

续表

| 公司名称 | 总资产/万元 | 员工数量/人 | 利润/万元 | 市场占有率/% |
|---|---|---|---|---|
| TCL 公司 | 7 401 400 | 56 190 | 101 300 | 8.445 9 |
| 海信电器 | 1 614 500 | 15 776 | 168 900 | 3.266 |
| 创维数码 | 1 776 200 | 26 000 | 103 900 | 2.978 6 |
| 康佳集团 | 1 690 600 | 19 724 | 2 500 | 2.251 6 |
| 海尔电器 | 1 429 400 | 18 406 | 140 600 | 6.930 3 |
| 海信科龙 | 763 500 | 31 010 | 22 700 | 2.566 9 |
| TCL 多媒体 | 1 956 400 | 26 275 | 36 700 | 3.772 3 |
| 无锡小天鹅 | 914 500 | 1 073 | 45 300 | 1.523 9 |
| 合肥美菱 | 760 300 | 4 048 | 10 700 | 1.250 1 |
| 上海海立 | 711 600 | 3 166 | 17 400 | 1.135 4 |
| 浙江苏泊尔 | 439 200 | 11 371 | 47 600 | 0.989 3 |
| 浙江正泰 | 835 700 | 11 286 | 82 400 | 1.150 7 |

每个企业均用 CRS 框架下的 EEFDEA 方法来评价，评价结果在表 2.10 的最后一列显示。同样地，为了方便比较，我们也将传统 CCR 方法和 FSODEA 方法的结果分别放在表 2.10 的第 2 列和第 3 列中。

从表 2.10 中我们发现，海尔电器基于上述三种方法（即 CCR、FSODEA-CCR 和 EEFDEA-CCR）得出的效率值都不少于其他任何一家企业。然而，在用 CCR 和 FSODEA-CCR 两种方法时，其他三家企业（苏宁电器、海信电器和浙江苏泊尔）与海尔电器拥有同样的效率值，均为“1”。也就是说，根据这两种方法，我们得出的结论是这四家企业在效率上的表现是一样的。然而，根据本章提出的 EEFDEA 方法，这四家企业在效率上的表现是不一样的。它们的效率排序为 $e_{\text{海尔电器}} > e_{\text{苏宁电器}} > e_{\text{海信电器}} > e_{\text{浙江苏泊尔}}$。这是一个完全排序，我们知道在以往的 DEA 文献中，采用超效率方法也可以得到这四个企业的完全排序：$e_{\text{海尔电器}} > e_{\text{苏宁电器}} > e_{\text{海信电器}} > e_{\text{浙江苏泊尔}}$。尽管如此，与 EEFDEA 方法相比较，它既没有做到在公共平台上评价，也没有考虑固定和产出的情况。

表 2.10 中一个有意思的现象是，有些企业如苏宁电器和海信电器的 CCR 效率值和 FSODEA-CCR 效率值均为 1，但是其 EEFDEA-CCR 效率值却大于 1。这意味着即使是 CCR 无效的决策单元所得到的 EEFDEA-CCR 效率值也可以超过 1。当这些原先无效的决策单元位于新的均衡有效生产前沿面之外时，这种情况就会发生。此外，上述四个 CCR 有效的企业的 EEFDEA-CCR 效率值均大于 1，这一结果与定理 2.4 中的结论（2）是一致的。

表 2.10　家电行业评价结果及比较

| 公司名称 | CCR 模型 | | FSODEA-CCR 模型 | | EEFDEA-CCR 模型 | |
|---|---|---|---|---|---|---|
| | CCR 效率 | 排序 | FSODEA-CCR 效率值 | 排序 | EEFDEA-CCR 效率值 | 排序 |
| 广东美的 | 0.6172 | 9 | 0.7075 | 8 | 1.1787 | 6 |
| 青岛海尔 | 0.6676 | 8 | 0.7580 | 7 | 1.2994 | 4 |
| 国美 | 0.4995 | 14 | 0.6596 | 11 | 1.1010 | 7 |
| 珠海格力 | 0.6134 | 10 | 0.6826 | 10 | 0.9045 | 12 |
| 四川长虹 | 0.3055 | 17 | 0.4250 | 17 | 0.6139 | 16 |
| 苏宁电器 | 1 | 1 | 1 | 1 | 1.7697 | 2 |
| TCL 公司 | 0.3143 | 16 | 0.4307 | 16 | 0.5495 | 18 |
| 海信电器 | 1 | 1 | 1 | 1 | 1.4050 | 3 |
| 创维数码 | 0.5649 | 11 | 0.5997 | 12 | 0.9339 | 11 |
| 康佳集团 | 0.2915 | 18 | 0.3450 | 18 | 0.5853 | 17 |
| 海尔电器 | 1 | 1 | 1 | 1 | 2.3393 | 1 |
| 海信科龙 | 0.6934 | 7 | 0.7005 | 9 | 1.0518 | 10 |
| TCL 多媒体 | 0.3977 | 15 | 0.4683 | 15 | 0.8193 | 15 |
| 无锡小天鹅 | 0.8445 | 6 | 0.8457 | 6 | 1.0985 | 8 |
| 合肥美菱 | 0.5290 | 13 | 0.5313 | 14 | 0.8363 | 14 |
| 上海海立 | 0.5489 | 12 | 0.5474 | 13 | 0.8399 | 13 |
| 浙江苏泊尔 | 1 | 1 | 1 | 1 | 1.2871 | 5 |
| 浙江正泰 | 0.9347 | 5 | 0.9388 | 5 | 1.0741 | 9 |

## 2.5　本 章 小 结

本章提出了一种称为 EEFDEA 的方法来评价具有固定和产出的决策单元。这种方法的主要特点是能在一个公共均衡有效生产前沿面上评价各决策单元。我们首先以模型（2.4）的形式提出一种拓展的最小调整策略，它确保原先有效的决策单元仍然有效，从而保证了均衡有效生产前沿面的存在性。其次，提出一种均衡竞争策略，它使所有决策单元最终能够到达均衡有效生产前沿面。基于这个均衡有效生产前沿面，所有具有固定和产出的决策单元能够被 EEFDEA 方法公平地评价。

特别地，我们用了两个例子来演示 EEFDEA 方法，并且将该方法与之前文献的其他方法进行比较。比较结果显示 EEFDEA 方法是唯一能同时满足下面四个条件的方法，它们是：①基于一个公共的有效生产前沿面进行评价；②考虑了固定和产出的情况；③能将固定和产出从一维拓展到多维；④能够对决策单元进行完全效率排序。

从现实的角度出发，我们是按照效率的升序排列来对决策单元进行处理并一步步到达均衡有效生产前沿面的。然而，处理决策单元的顺序直接影响了均衡前沿面的构建和最终的效率评价结果，所以，未来的研究方向是如何能在不需要考虑处理顺序的情况下构建一个唯一的公共有效生产前沿面。除此以外，我们还将下面三个问题列入未来的研究方向：①如何能够简化到达均衡有效生产前沿面的步骤；②如何能够处理负产出和弱处理产出的情况；③如何能够实现多阶段动态评价。

## 2.6　本章思考

（1）Yang 等（2011）提出的固定和产出 DEA 模型的优点和缺点是什么？

（2）均衡固定和产出 DEA 模型是如何实现让不同的决策单元在同一前沿面上比较的？

（3）均衡固定和产出 DEA 模型有何优缺点？在模型的实际应用过程中需要如何规避这些问题？

## 参考文献

Charnes A，Cooper W W. 1962. Programming with linear fractional functionals[J]. Naval Research Logistics Quarterly，9（3/4）：181-186.

Churilov L，Flitman A. 2006. Towards fair ranking of Olympics achievements：The case of Sydney 2000[J]. Computers & Operations Research，33（7）：2057-2082.

Li Y J，Liang L A，Chen Y，et al. 2008. Models for measuring and benchmarking Olympics achievements[J]. Omega，36（6）：933-940.

Lins M P E，Gomes E G，Soares de Mello J C C B，et al. 2003. Olympic ranking based on a zero sum gains DEA model[J]. European Journal of Operational Research，148（2）：312-322.

Lozano S，Villa G，Guerrero F，et al. 2002. Measuring the performance of nations at the Summer Olympics using data envelopment analysis[J]. Journal of the Operational Research Society，53（5）：501-511.

Wu J E，Liang L A，Chen Y. 2009a. DEA game cross-efficiency approach to Olympic rankings[J]. Omega，37（4）：909-918.

Wu J E，Liang L A，Yang F. 2009b. Achievement and benchmarking of countries at the Summer Olympics using cross efficiency evaluation method[J]. European Journal of Operational Research，197（2）：722-730.

Yang F，Wu D D，Liang L，et al. 2011. Competition strategy and efficiency evaluation for decision making units with fixed outputs[J]. European Journal of Operational Research，212（3）：560-569.

# 第 3 章　扩展的均衡有效生产前沿面固定和产出 DEA 方法

## 3.1　理 论 背 景

EEFDEA 方法在评价具有固定和产出的决策单元时，克服了以往运用 DEA 方法评价固定和产出决策单元的缺陷。例如，它能够在一个公共的评价平台（均衡有效生产前沿面）上评价，并且它能给出决策单元效率的一个完全排序。尽管如此，它也存在自身的不足之处，本章就是针对 EEFDEA 存在的缺陷，提出更为一般的 EEFDEA 方法。

在现实生活中，我们经常会遇到一些被评价的决策单元某些产出和固定的情况，如在评价奥运会时，各参赛国所得奖牌的总和是固定的，在这种情况下，运用传统的 DEA 模型进行评价时，会出现一个问题，那就是当各决策单元在向前沿面投影时，无效单元投影所需要增加的产出是自由扩张的，这与决策单元的某些产出和固定相矛盾，为了解决这一问题，许多学者提出了一些评价具有固定和产出决策单元的 DEA 方法、ZSGDEA 方法（Lins et al.，2003）、FSODEA 方法（Yang et al.，2011）以及 EEFDEA 方法（Yang et al.，2014）。如前文所述，第 2 章中提出的 EEFDEA 方法弥补了前面方法的不足之处，如它解决了评价标准不同和不能完全效率排序两个问题。尽管如此，EEFDEA 方法自身也存在不足之处，这个不足之处主要体现在以下三个方面。首先，EEFDEA 方法是在事先给定的一个顺序（即按效率升序）下依次调整决策单元，从而最终调整到一个公共的均衡有效生产前沿面。既然是事先给定的顺序，就会存在较强的主观性，当采用不同的调整顺序时，所得的评价结果又是另一种情况。其次，EEFDEA 方法中的均衡有效生产前沿面是通过各决策单元逐步调整达到的，在这种情况下，当决策单元数量较多尤其是无效的决策单元数量较多时，调整的次数就会很多，这将会大大增加计算量和复杂度。最后，当决策单元存在多维固定和产出时，同一个决策单元的所有固定和产出会出现同时增加或同时减少的情况，这个约束限制较强，因而与现实情况可能不符。

因此，我们需要找到一种方法能同时克服上述三个方面的不足，当然还要保留 EEFDEA 方法的所有优点。这就是本章要介绍的一般形式的 EEFDEA（generalized

EEFDEA，GEEFDEA）方法，它能同时满足上面提出的所有要求。一般形式的 EEFDEA 方法，顾名思义，该 GEEFDEA 模型是在 EEFDEA 模型的基础上提出来的。与 EEFDEA 方法相似，GEEFDEA 方法也分为两个阶段，阶段 1 仍然是均衡有效生产前沿面的构建过程，阶段 2 是基于阶段 1 构建的均衡有效生产前沿面评价决策单元的过程。

## 3.2　GEEFDEA 模型

本节主要介绍新提出的 GEEFDEA 模型，对应于该方法上述两个阶段，GEEFDEA 模型也由两个模型构成，其中第一个模型我们称作均衡实现模型，将其书写如下：

$$
\begin{aligned}
&\min\sum_{j=1}^{n}\sum_{t=1}^{l}w_t\alpha_{tj}\\
&\text{s.t.}\ \frac{\displaystyle\sum_{r=1}^{s}u_r y_{rj}+\sum_{t=1}^{l}w_t(f_{tj}+\delta_{tj})+\mu_0}{\displaystyle\sum_{i=1}^{m}v_i x_{ij}}=1,\quad \forall i,r,t,j\\
&\quad\ \sum_{j=1}^{n}\delta_{tj}=0,\quad \forall t\\
&\quad\ \alpha_{tj}=\max\{\delta_{tj},0\},\quad \forall t,j\\
&\quad\ f_{tj}+\delta_{tj}\geqslant 0,\quad \forall t,j\\
&\quad\ u_r,v_i,w_t\geqslant 0,\quad \delta_{tj},\mu_0\ \text{是自由变量}
\end{aligned}
\tag{3.1}
$$

式中，$\delta_{tj}$ 为 $\text{DMU}_j$ 的第 $t$ 个产出的调整量，$\delta_{tj}$ 无约束就表明它既可能是正数，也可能是负数，还可以是零。它是正数意味着 $\text{DMU}_j$ 需要从其他决策单元中至少获取 $\delta_{tj}$ 个单位而达到均衡状态。它是正数意味着 $\text{DMU}_j$ 需要减少 $\delta_{tj}$ 个单位的产出而达到均衡状态。它是零意味着 $\text{DMU}_j$ 不需要做任何的改变就已经达到均衡状态。

根据模型（3.1），我们可以得到定理 3.1。

**定理 3.1**　模型（3.1）一定有可行解。

定理 3.1 的证明见附录一。

值得注意的是约束 $\alpha_{tj}=\max\{\delta_{tj},0\}(\forall t,j)$ 表明 $\alpha_{tj}$ 是非负的 $\delta_{tj}$。然而正是这个约束的存在导致了模型（3.1）难以求解。因此，我们将模型（3.1）转换为如下模型：

$$
\begin{aligned}
&\min \sum_{j=1}^{n}\sum_{t=1}^{l} w_t \left|\delta_{tj}\right| \\
&\text{s.t. } \frac{\sum_{r=1}^{s} u_r y_{rj} + \sum_{t=1}^{l} w_t (f_{tj} + \delta_{tj}) + \mu_0}{\sum_{i=1}^{m} v_i x_{ij}} = 1, \quad \forall i,r,t,j \\
&\sum_{j=1}^{n} \delta_{tj} = 0, \quad \forall t \\
&f_{tj} + \delta_{tj} \geqslant 0, \quad \forall t,j \\
&u_r, v_i, w_t \geqslant 0, \quad \delta_{tj}, \mu_0 \text{ 是自由变量}
\end{aligned}
\tag{3.2}
$$

模型（3.2）是一个非线性模型，因此需要转化为线性模型。这个转化需要两步，第一步，令 $\delta'_{tj} = w_t \delta_{tj}$，得到模型（3.3）：

$$
\begin{aligned}
&\min \sum_{j=1}^{n}\sum_{t=1}^{l} \left|\delta'_{tj}\right| \\
&\text{s.t. } \sum_{r=1}^{s} u_r y_{rj} - \sum_{i=1}^{m} v_i x_{ij} + \sum_{t=1}^{l} (w_t f_{tj} + \delta'_{tj}) + \mu_0 = 0, \quad \forall i,r,t,j \\
&\sum_{j=1}^{n} \delta'_{tj} = 0, \quad \forall t \\
&\sum_{i=1}^{m} v_i x_{ij} \geqslant C, \quad \forall j \\
&w_t f_{tj} + \delta'_{tj} \geqslant 0, \quad \forall t,j \\
&u_r, v_i, w_t \geqslant 0, \quad \delta'_{tj}, \mu_0 \text{ 是自由变量}
\end{aligned}
\tag{3.3}
$$

式中，$C$ 为一个给定的正常数，其目的是保证模型（3.2）中 $\sum_{i=1}^{m} v_i x_{ij}$ 作为分母必须是正的，从而进一步保证模型（3.3）的目标函数一定为正值，否则该目标函数为零。接下来，是转化的第二步，我们设 $a_j = \frac{1}{2}\left(\left|\delta'_{tj}\right| + \delta'_{tj}\right)$，$b_j = \frac{1}{2}\left(\left|\delta'_{tj}\right| - \delta'_{tj}\right)$，那么可得 $\left|\delta'_{tj}\right| = a_{tj} + b_{tj}$，$\delta'_{tj} = a_{tj} - b_{tj} (a_{tj}, b_{tj} \geqslant 0, \forall t, j)$。因此，模型（3.3）可被转化为模型（3.4）：

$$
\begin{aligned}
&\min \sum_{j=1}^{n}\sum_{t=1}^{l} (a_{tj} + b_{tj}) \\
&\text{s.t. } \sum_{r=1}^{s} u_r y_{rj} - \sum_{i=1}^{m} v_i x_{ij} + \sum_{t=1}^{l} (w_t f_{tj} + a_{tj} - b_{tj}) + \mu_0 = 0, \quad \forall i,r,t,j
\end{aligned}
$$

$$\begin{aligned}
&\sum_{j=1}^{n}(a_{tj}-b_{tj})=0,\quad \forall t \\
&\sum_{i=1}^{m}v_i x_{ij}\geqslant C,\quad \forall j \\
&w_t f_{tj}+a_{tj}-b_{tj}\geqslant 0,\quad \forall t,j \\
&u_r,v_i,w_t,a_{tj},b_{tj}\geqslant 0,\quad \mu_0\ \text{是自由变量}
\end{aligned}\tag{3.4}$$

到目前为止，上述均衡实现模型已被转化为如模型（3.4）所示的线性规划模型，因此求解起来很容易。根据模型（3.4），我们只需一步就可以使所有决策单元都到达均衡有效生产前沿面，而且不需要任何的额外调整，这将大大减少计算的步骤，尤其是在决策单元数量较多时。不需要调整任何顺序，弥补了因主观选择调整顺序的不同而导致不同结果的缺陷。除此以外，该模型没有限制同一个决策单元的固定和产出一定是同为正或同为负，也就是说，同一个决策单元不同固定和产出调整量前面的符号可以不同，这样的结果更符合实际情况，也更符合最小调整量的这个原则。从这个意义上来说，模型（3.4）克服了 EEFDEA 方法中上述三个缺陷。

根据模型（3.4），我们可以得出如下定理。

**定理 3.2**　如果$(v_i^*,u_r^*,w_t^*,\mu_0^*,a_{tj}^*,b_{tj}^*)$是模型（3.4）基于给定正常数 $C$ 的一组最优解，那么，$\dfrac{C'}{C}(v_i^*,u_r^*,w_t^*,\mu_0^*,a_{tj}^*,b_{tj}^*)\ (\forall i,r,t,j\neq k)$是模型（3.4）基于给定正常数 $C'$ 的一组最优解。

定理 3.2 的证明过程与定理 2.3 的证明过程类似，本书不再赘述。

以上是 GEEFDEA 方法的第一阶段，接下来将介绍该方法的第二阶段，即基于模型（3.4）构建的均衡有效生产前沿面来评价具有固定和产出的决策单元。我们给出如下 GEEFDEA 的评价模型：

$$\begin{aligned}
&e_k^{\text{GEEFDEA}}=\min\frac{\sum_{i=1}^{m}v_i x_{ik}+\mu_0}{\sum_{r=1}^{s}u_r y_{rk}+\sum_{t=1}^{l}w_t f_{tk}} \\
&\text{s.t.}\ \frac{\sum_{i=1}^{m}v_i x_{ij}+\mu_0}{\sum_{r=1}^{s}u_r y_{rj}+\sum w_t(f_{tj}+\delta_{tj}^*)}\geqslant 1,\quad \forall j \\
&u_r,w_t,v_i\geqslant 0,\quad \forall r,t,i;\quad \mu_0\ \text{是自由变量}
\end{aligned}\tag{3.5}$$

事实上，GEEFDEA 评价模型与 EEFDEA 的评价模型类似，也是产出导向型的 DEA 评价模型，目标函数也是用各决策单元的原始数据来计算其效率的。不同的是模型（3.5）中的 $\delta_{tj}^*(\forall t, j)$ 是根据模型（2.4）计算出来的最优解。至此，关于一般形式的 EEFDEA 模型就介绍完毕了。

## 3.3　GEEFDEA 模型在奥运会评价上的应用

奥运会是全世界很重要的一项体育赛事，关于对各参赛国表现的评价问题已成为近年来研究的一个热点，而 DEA 方法作为一个重要的评价工具，常被用来评价这项体育赛事。例如，Wu 等（2009a，2009b）运用 DEA 交叉效率的方法评价奥运会，Lins 等（2003）提出一种 ZSGDEA 方法来评价 2000 年悉尼奥运会，在整个评价过程中，该方法能够确保所有奖牌的总和为一个常量。Yang 等（2011）在 ZSGDEA 方法的基础上提出的 FSODEA 方法也用于评价奥运会。而 Lozano 等（2002）、Churilov 和 Flitman（2006）则提出用保证域（assurance region，AR）约束的 DEA 模型进行评价，这里保证域的运用是为了反映金牌、银牌、铜牌的重要程度。考虑到直接运用保证域方法会导致模型无可行解的缺陷，Li 等（2008）在上述两篇文章的基础上又提出了一种背景依存的保证域约束 DEA 模型来评价 1984～2004 年的六届夏季奥运会。

尽管上述方法都可以用来评价奥运会，但却没有一种方法能同时满足以下五个条件：①考虑到所有奖牌的总和是一个常量；②在一个公共均衡有效生产前沿面上评价；③能同时对三种奖牌进行评价而不需要事先将奖牌由三维降到一维；④能给出各参赛国效率表现的完全排序；⑤能根据各参赛国对不同类型奖牌的重视程度，在约束中加入约束限制（constraints and restrictions，CAR）。上述方法只能部分满足其中的某一个或某两个条件。例如，Wu 等（2009a，2009b）的方法只满足条件④。Lins 等（2003）和 Yang 等（2011）的方法只满足条件①。Lozano 等（2002）、Churilov 和 Flitman（2006）的方法只满足条件③和部分满足条件⑤。Li 等（2008）的方法只满足条件③和条件⑤。而本章提出的 GEEFDEA 方法结合 CAR（简称 CAR-GEEFDEA）恰巧能同时满足上述所有条件，从这个意义上来说，CAR-GEEFDEA 方法是目前在奥运会评价方法中能满足条件最多的一种，从而我们认为用该方法来评价奥运会是比较适合的。因此本章就运用这种 CAR-GEEFDEA 模型来评价 2012 年伦敦夏季奥运会。CAR 就是在考虑各个参赛国可能对金牌、银牌、铜牌的重视程度不同的情况下，采用一种权重的比例区间的形式来代替确定的权重比例。举例来说，我们可在本章的 GEEFDEA 评价模型（3.5）中均加入如下形式的 CAR：$w_2 \leqslant w_1 \leqslant 2w_2$，$w_3 \leqslant w_2 \leqslant 2w_3$。其中 $w_1$、$w_2$、$w_3$ 分别表示金牌、银牌、铜牌的权重。第一个约束表示一枚金牌至少相当于一枚银牌而至多相当于两枚银牌。同理，第二个约束表示一枚银牌至少相当于一枚铜牌而至多相当于两枚铜牌。不可否认，上述比例区间也是我们人为给定的，不可避免地存在一定的主观性，但是相对于给定的确定的权重比例来说，其主观性已经大大降低了。

接下来，我们根据上述 CAR-GEEFDEA 方法对 2012 年伦敦奥运会进行评价，首先我们将至少获得一枚奖牌的参赛国家确定为被评价对象（或决策单元），这届奥运会符合要求的共有 83 个国家。参照 Lins 等（2003）对投入指标的选定方式，我们也将各国的投入指标定为该国的国内生产总值（gross domestic product，GDP）和人口数量。产出指标自然为各国所获得的金牌、银牌、铜牌的数量，显然，它们均是固定和产出。具体投入、产出指标数据见表 3.1 中的第 2～6 列。考虑到决策单元数量较多，我们采用 VRS 框架下的 GEEFDEA 模型来求解，从而使效率值的差距不至于太大。各国的效率值及其排序结果可参见表 3.1 中的最后两列。从结果中我们可以看出，在所有的国家中，效率表现最好的是牙买加，其 CAR-GEEFDEA 的效率值最高，为 1.9993。事实上，这个结果与实际情况是比较符合的，因为牙买加与其他大多数国家相比，GDP 和人口数量都相对较少，GDP 为 148.07 亿美元，在 83 个国家中排在第 75 位，人口数量为 2 709 300 人，在 83 个国家中排在第 70 位，但是它获得了 4 枚金牌、4 枚银牌和 4 枚铜牌。金牌数排在第 18 位。银牌数和铜牌数排得比较靠前，所以综合来说，牙买加用较少的投入赢得了较大的产出，因此效率表现最好是合理的。相反，在所有的国家中，表现最差的国家是沙特阿拉伯，其效率值为 0.0529。这一结果也比较符合实际情况，因为该国仅赢得 1 枚铜牌，在所有国家中是获得奖牌数最少的国家之一，再将其与其他获得同样奖牌的国家相比，其 GDP 为 5775.95 亿美元，几倍于甚至几十倍于其他几个国家，其人口数量为 28 082 541 人，人口数量较多。综上所述，沙特阿拉伯效率表现最差是合理的。另外，我们从表 3.1 中还可以看出，金牌、银牌、铜牌数均排名第一的美国，其效率值为 0.9447，排名第 16 位，它之所以没有排得很靠前，主要是因为美国的 GDP（150 940.30 亿美元）远远高于其他国家，且人口数量（311 591 917 人）也是相当多的，仅次于中国和印度。与其有着类似表现的是中国，效率值为 0.8090，排名第 24 位。虽然金牌、银牌、铜牌数均排名第二，但中国人口数量（1 344 130 000 人）和 GDP（72 981.47 亿美元）分别排在世界第一位和第二位。通过对上述几个参赛国家的分析，我们可以得出结论，运用该 CAR-GEEFDEA 方法评价奥运会所得的结果是合理的。

**表 3.1　CAR-GEEFDEA 模型评价 2012 年伦敦奥运会**

| 国家 | GDP/亿美元 | 人口/人 | 金牌/枚 | 银牌/枚 | 铜牌/枚 | 效率值 | 排序 |
| --- | --- | --- | --- | --- | --- | --- | --- |
| 美国 | 150 940.30 | 311 591 917 | 46 | 29 | 29 | 0.944 7 | 16 |
| 中国 | 72 981.47 | 1 344 130 000 | 38 | 27 | 23 | 0.809 0 | 24 |
| 英国 | 24 175.70 | 62 641 000 | 29 | 17 | 19 | 1.338 0 | 10 |

续表

| 国家 | GDP/亿美元 | 人口/人 | 金牌/枚 | 银牌/枚 | 铜牌/枚 | 效率值 | 排序 |
|---|---|---|---|---|---|---|---|
| 俄罗斯 | 18 504.01 | 141 930 000 | 24 | 26 | 32 | 1.471 6 | 7 |
| 韩国 | 11 162.47 | 49 779 000 | 13 | 8 | 7 | 0.943 1 | 17 |
| 德国 | 35 770.31 | 81 726 000 | 11 | 19 | 14 | 0.819 4 | 23 |
| 法国 | 27 763.24 | 65 436 552 | 11 | 11 | 12 | 0.689 2 | 29 |
| 意大利 | 21 987.30 | 60 770 000 | 8 | 9 | 11 | 0.616 0 | 30 |
| 匈牙利 | 1 403.03 | 9 971 000 | 8 | 4 | 5 | 1.689 6 | 4 |
| 澳大利亚 | 14 882.21 | 8 419 000 | 7 | 16 | 12 | 1.430 9 | 8 |
| 日本 | 58 694.71 | 127 817 277 | 7 | 14 | 17 | 0.575 2 | 34 |
| 哈萨克斯坦 | 1 783.12 | 16 558 459 | 7 | 1 | 5 | 1.162 7 | 13 |
| 荷兰 | 8 404.33 | 16 696 000 | 6 | 6 | 8 | 1.027 0 | 15 |
| 乌克兰 | 1 649.60 | 45 706 100 | 6 | 5 | 9 | 1.712 1 | 3 |
| 新西兰 | 1 618.51 | 4 405 200 | 6 | 2 | 5 | 1.574 3 | 6 |
| 古巴 | 682.34 | 11 253 665 | 5 | 3 | 6 | 1.765 3 | 2 |
| 伊朗 | 4 824.45 | 74 798 599 | 4 | 5 | 3 | 0.591 5 | 32 |
| 牙买加 | 148.07 | 2 709 300 | 4 | 4 | 4 | 1.999 3 | 1 |
| 捷克 | 2 152.65 | 10 546 000 | 4 | 3 | 3 | 0.906 4 | 18 |
| 朝鲜 | 400 | 24 451 285 | 4 | 0 | 2 | 0.870 7 | 19 |
| 西班牙 | 14 935.13 | 46 235 000 | 3 | 10 | 4 | 0.502 2 | 42 |
| 巴西 | 24 929.08 | 196 655 014 | 3 | 5 | 9 | 0.278 9 | 57 |
| 南非 | 4 080.74 | 50 586 757 | 3 | 2 | 1 | 0.337 5 | 51 |
| 埃塞俄比亚 | 312.56 | 84 734 262 | 3 | 1 | 3 | 0.739 8 | 27 |
| 克罗地亚 | 638.42 | 4 407 000 | 3 | 1 | 2 | 0.836 8 | 22 |
| 白俄罗斯 | 554.83 | 9 473 000 | 2 | 5 | 5 | 1.604 3 | 5 |
| 罗马尼亚 | 1 897.76 | 21 390 000 | 2 | 5 | 2 | 0.775 9 | 25 |
| 肯尼亚 | 347.96 | 41 609 728 | 2 | 4 | 5 | 1.368 9 | 9 |
| 丹麦 | 3 332.38 | 5 574 000 | 2 | 4 | 3 | 0.849 9 | 21 |
| 阿塞拜疆 | 623.21 | 9 168 000 | 2 | 2 | 6 | 1.302 8 | 11 |
| 波兰 | 5 138.21 | 38 216 000 | 2 | 2 | 6 | 0.501 8 | 43 |
| 土耳其 | 7 780.89 | 73 639 596 | 2 | 2 | 1 | 0.181 8 | 70 |
| 瑞士 | 6 360.59 | 7 907 000 | 2 | 2 | 0 | 0.296 8 | 54 |
| 立陶宛 | 427.18 | 3 203 000 | 2 | 1 | 2 | 0.770 0 | 26 |
| 挪威 | 4 836.50 | 4 952 000 | 2 | 1 | 1 | 0.367 4 | 49 |

续表

| 国家 | GDP/亿美元 | 人口/人 | 金牌/枚 | 银牌/枚 | 铜牌/枚 | 效率值 | 排序 |
|---|---|---|---|---|---|---|---|
| 加拿大 | 17 368.69 | 34 482 779 | 1 | 5 | 12 | 0.531 3 | 38 |
| 瑞典 | 5 382.37 | 9 453 000 | 1 | 4 | 3 | 0.559 8 | 37 |
| 哥伦比亚 | 3 284.22 | 46 927 125 | 1 | 3 | 4 | 0.508 8 | 39 |
| 格鲁吉亚 | 143.47 | 4 486 000 | 1 | 3 | 3 | 1.186 4 | 12 |
| 墨西哥 | 11 547.84 | 114 793 341 | 1 | 3 | 3 | 0.184 7 | 69 |
| 爱尔兰 | 2 176.69 | 4 487 000 | 1 | 1 | 3 | 0.561 3 | 36 |
| 阿根廷 | 4 476.44 | 40 764 561 | 1 | 1 | 2 | 0.216 6 | 62 |
| 塞尔维亚 | 450.64 | 7 261 000 | 1 | 1 | 2 | 0.564 7 | 35 |
| 斯洛文尼亚 | 495.88 | 2 052 000 | 1 | 1 | 2 | 0.705 5 | 28 |
| 突尼斯 | 463.60 | 10 673 800 | 1 | 1 | 1 | 0.413 9 | 48 |
| 多米尼加 | 567 | 67 675 | 1 | 1 | 0 | 0.577 1 | 33 |
| 特立尼达和多巴哥 | 227.07 | 1 346 350 | 1 | 0 | 3 | 0.862 3 | 20 |
| 乌兹别克斯坦 | 453.53 | 29 341 200 | 1 | 0 | 3 | 0.506 1 | 40 |
| 拉脱维亚 | 282.52 | 2 220 000 | 1 | 0 | 1 | 0.358 6 | 50 |
| 阿尔及利亚 | 1 907.09 | 35 980 193 | 1 | 0 | 0 | 0.106 5 | 77 |
| 巴哈马 | 80.74 | 347 176 | 1 | 0 | 0 | 0.423 7 | 47 |
| 格林纳达 | 8.22 | 104 890 | 1 | 0 | 0 | 0.482 0 | 44 |
| 乌干达 | 168.10 | 34 509 205 | 1 | 0 | 0 | 0.214 3 | 63 |
| 委内瑞拉 | 3 158.41 | 29 278 000 | 1 | 0 | 0 | 0.086 7 | 81 |
| 印度 | 16 761.43 | 1 241 491 960 | 0 | 2 | 4 | 0.102 0 | 79 |
| 蒙古国 | 85.06 | 2 800 114 | 0 | 2 | 3 | 1.085 2 | 14 |
| 泰国 | 3 456.49 | 69 518 555 | 0 | 2 | 1 | 0.178 7 | 71 |
| 埃及 | 2 357.19 | 82 536 770 | 0 | 2 | 0 | 0.157 6 | 73 |
| 斯洛伐克 | 960.89 | 5 440 000 | 0 | 1 | 3 | 0.505 9 | 41 |
| 亚美尼亚 | 101.06 | 3 100 236 | 0 | 1 | 2 | 0.604 7 | 31 |
| 比利时 | 5 133.96 | 11 008 000 | 0 | 1 | 2 | 0.208 0 | 66 |
| 芬兰 | 2 665.53 | 5 387 000 | 0 | 1 | 2 | 0.306 7 | 52 |
| 保加尼亚 | 535.14 | 7 476 000 | 0 | 1 | 1 | 0.272 2 | 58 |
| 爱沙尼亚 | 222.25 | 1 340 000 | 0 | 1 | 1 | 0.432 6 | 46 |
| 印度尼西亚 | 8 456.80 | 242 325 638 | 0 | 1 | 1 | 0.063 2 | 82 |
| 马来西亚 | 278.68 | 28 859 154 | 0 | 1 | 1 | 0.271 8 | 59 |

续表

| 国家 | GDP/亿美元 | 人口/人 | 金牌/枚 | 银牌/枚 | 铜牌/枚 | 效率值 | 排序 |
| --- | --- | --- | --- | --- | --- | --- | --- |
| 波多黎各 | 678.70 | 3 706 690 | 0 | 1 | 1 | 0.287 5 | 55 |
| 博茨瓦纳 | 175.70 | 2 030 738 | 0 | 1 | 0 | 0.189 2 | 68 |
| 塞浦路斯 | 249.49 | 1 116 564 | 0 | 1 | 0 | 0.228 4 | 61 |
| 加蓬 | 161.76 | 1 534 262 | 0 | 1 | 0 | 0.212 5 | 65 |
| 危地马拉 | 468.97 | 14 757 316 | 0 | 1 | 0 | 0.139 1 | 75 |
| 黑山 | 45.36 | 632 261 | 0 | 1 | 0 | 0.285 2 | 56 |
| 葡萄牙 | 2 388.80 | 10 637 000 | 0 | 1 | 0 | 0.089 1 | 80 |
| 希腊 | 3 030.65 | 11 304 000 | 0 | 0 | 2 | 0.164 1 | 72 |
| 摩尔多瓦 | 70.03 | 3 559 000 | 0 | 0 | 2 | 0.467 9 | 45 |
| 卡塔尔 | 1 738.47 | 1 870 041 | 0 | 0 | 2 | 0.303 8 | 53 |
| 新加坡 | 2 598.49 | 5 183 700 | 0 | 0 | 2 | 0.207 6 | 67 |
| 阿富汗 | 181.81 | 35 320 445 | 0 | 0 | 1 | 0.148 8 | 74 |
| 巴林 | 261.08 | 1 323 535 | 0 | 0 | 1 | 0.214 1 | 64 |
| 摩洛哥 | 992.41 | 32 272 974 | 0 | 0 | 1 | 0.103 7 | 78 |
| 沙特阿拉伯 | 5 775.95 | 28 082 541 | 0 | 0 | 1 | 0.052 9 | 83 |
| 塔吉克斯坦 | 65.23 | 6 976 958 | 0 | 0 | 1 | 0.239 9 | 60 |
| 科威特 | 1 766.67 | 2 818 042 | 0 | 0 | 1 | 0.132 9 | 76 |

## 3.4 本章小结

本章主要提出了一种更为一般的均衡有效生产前沿面方法来评价具有固定和产出的决策单元。这里所说的“一般性”是相对第 2 章的 EEFDEA 方法而言的，主要体现在以下几个方面：首先体现在构建均衡有效生产前沿面的步骤上，本章的 GEEFDEA 方法只需一步就可构建出均衡有效生产前沿面。而第 2 章的 EEFDEA 方法则需要多步才能完成；其次体现在产出调整量符号的约束上，本章的 GEEFDEA 方法放松了对同一个决策单元产出调整量符号的约束，即同一个决策单元不同产出的调整量符号可以不同，而第 2 章的 EEFDEA 方法则要求同一个决策单元不同产出的调整量符号必须相同（同为非正或同为非负）；再次体现在决策单元产出调整的顺序上，本章的 GEEFDEA 方法不需要事先确定顺序即可完成调整，而第 2 章的 EEFDEA 方法则需要事先确定调整顺序，如第 2 章中我们是按照决策单元的 CCR（或 BCC）效率值的升序来作为调整顺序的，然而不同的顺序会导致不同的评价结果；最后体现在优点保持上，即本章的 GEEFDEA 方法保持了第 2 章 EEFDEA 方法的所有优点，如该方法保证了评价标准的一致性以及评价结果的完全排序性等。

在将本章方法与其他方法相比较时，Yang 等（2011）的研究中的小算例再次被用来作为评价对象。从比较结果可以看出，本章方法的优势明显。然后运用本章的方法来评价 2012 年伦敦奥运会。考虑到金牌、银牌、铜牌的重要性不同，我们在模型中加入了背景依存的保证域的约束。与之前将金牌、银牌、铜牌数值按照一个确切的比例合并成一个数值的方法相比，本章的 CAR-GEEFDEA 方法的评价结果更符合实际情况。

尽管本章介绍的 GEEFDEA 方法在某些方面有了较大改进，但还是存在一些不足之处，如根据本章介绍的方法得出的均衡有效生产前沿面不是唯一的，因此，未来的研究要致力于如何能够唯一确定一个均衡有效生产前沿面，从而使评价结果更为客观、公平。

## 3.5 本 章 思 考

（1）GEEFDEA 模型有哪些优缺点？

（2）思考一下 GEEFDEA 模型在现实中的应用场景是怎样的；思考在存在固定和产出的其他场景下，进行效率评价的实施步骤。

### 参 考 文 献

Churilov L，Flitman A. 2006. Towards fair ranking of Olympics achievements：The case of Sydney 2000[J]. Computers & Operations Research，33（7）：2057-2082.

Li Y J，Liang L，Chen Y，et al. 2008. Models for measuring and benchmarking olympics achievements[J]. Omega，36（6）：933-940.

Lins M P E，Gomes E G，Soares de Mello J C C B，et al. 2003. Olympic ranking based on a zero sum gains DEA model[J]. European Journal of Operational Research，148（2）：312-322.

Lozano S，Villa G，Guerrero F，et al. 2002. Measuring the performance of nations at the Summer Olympics using data envelopment analysis[J]. Journal of the Operational Research Society，53（5）：501-511.

Wu J E，Liang L A，Chen Y. 2009a. DEA game cross-efficiency approach to Olympic rankings[J]. Omega，37（4）：909-918.

Wu J E，Liang L A，Yang F. 2009b. Achievement and benchmarking of countries at the Summer Olympics using cross efficiency evaluation method[J]. European Journal of Operational Research，197（2）：722-730.

Yang F，Wu D D，Liang L，et al. 2011. Competition strategy and efficiency evaluation for decision making units with fixed-sum outputs[J]. European Journal of Operational Research，212（3）：560-569.

Yang M，Li Y J，Chen Y，et al. 2014. An equilibrium efficiency frontier data envelopment analysis approach for evaluating decision making units with fixed-sum outputs[J]. European Journal of Operational Research，239（2）：479-489.

# 第4章　固定和产出DEA效率排名区间和占优关系

## 4.1　理论背景

如前所述，DEA方法是由Charnes等（1978）首次提出来的，是一种非参数方法，用于评价具有多个投入和多个产出的决策单元的效率。传统的DEA模型需满足投入指标或产出指标的独立性假设（Banker et al.，1984），即一个决策单元的产出数量的变化并不会影响其他决策单元的产出数量。然而，在很多现实应用场景中，决策单元的投入指标或产出指标之间并不满足该假设，它们彼此之间不相互独立，如有些决策单元存在某个或者某些产出指标的和是固定值的情况。所以，使用传统的DEA模型评价这些固定和产出决策单元的效率存在一定的不足。

如何评价具有固定和产出的决策单元的效率是DEA领域中的一个热门且具有挑战性的问题。针对此问题，一些学者通过构建满足固定和约束的公共均衡有效生产前沿面来对这些固定和产出决策单元进行效率评价。然而，均衡有效生产前沿面可能不唯一，这些前沿面会导致每个决策单元的效率和排名存在很大的差异，这使得评价结果不够客观。尽管有学者尝试通过增加次要目标规划来使前沿面达到唯一，然而，在许多应用场景中，对于如何产生附加约束没有明确的原则，且即使引入了此类约束，也很难证实所得的均衡有效生产前沿面的唯一性。而且这些方法仅基于单个可行的均衡有效生产前沿面来评价决策单元，忽略了其他的可行均衡有效生产前沿面及其在效率评价中的意义。

这些发现带来了一个新的研究问题：是否有可能基于所有可行的均衡有效生产前沿面来评价所有的决策单元？这个研究问题十分具有挑战性，因为可能存在无数可行的均衡有效生产前沿面，而且这些前沿面没有办法一一列举出来。此外，由于基于GEEFDEA方法的均衡有效生产前沿面可能不是唯一的，所以决策单元的相关效率评价结果在不同的均衡有效生产前沿面下可能存在很大的差异。

在传统的DEA理论研究中，存在着类似的情况：在应用DEA模型进行评价时，某个决策单元相对于其他决策单元的排名在采用不同的（投入和产出）权重时可能会发生变化。因而，为了得到一个决策单元相对于其他决策单元的客观排名，在评价每个决策单元时必须考虑所有可能的权重。为了解决这个问题，Salo和Punkka（2011）提出了一种新颖的方法，该方法考虑所有可能的权重来计算每个决策单元的效率区间和排名区间，并确定所有决策单元两两之间的占优关系。Alcaraz等（2013）

提出了一套交叉效率评价方法，该方法考虑了所有可能的权重并求得了每个决策单元对应的排名区间。Li 等（2020）将 Salo 和 Punkka（2011）提出的方法扩展到了两阶段网络结构 DEA 当中，计算两阶段系统中决策单元的排名区间。但是，在固定和产出的情况下，如何考虑所有可能的权重来计算每个决策单元对应的效率区间和排名区间以及所有决策单元之间的占优关系这个问题仍有待解决。

均衡有效生产前沿面是由权重与固定和产出的调整量共同决定的。换句话说，在计算排名区间以及其他评价结果时，我们应该考虑所有可能的权重以及固定和产出的所有可能的调整量。Salo 和 Punkka（2011）的方法不是基于具有固定和产出的决策单元提出的，他们仅考虑了所有可能的权重，而不是同时考虑所有可能的权重以及固定和产出的所有可能的调整量。这种局限启发了本章的研究主题，即考虑所有可行的均衡有效生产前沿面，计算每个固定和产出决策单元的效率区间、排名区间，以及所有决策单元两两之间的占优关系。与 Li 等（2020）将 Salo 和 Punkka（2011）的方法扩展到了两阶段的网络结构 DEA 相比，本章构建了一些新方法，而不只是扩展以前的方法。

在本章中，我们开发了几种模型来解决上述问题，应用这些模型可获得具有鲁棒性的评价结果，包括所有固定和产出决策单元的效率区间、排名区间以及它们之间的占优关系。本章的主要贡献在于解决了均衡有效生产前沿面不唯一所导致的评价结果不全面以及不客观的问题，针对这个问题提出了相应的评价方法与一系列模型。我们用数值算例说明了该方法，并表明它比以前的 DEA 方法提供了更多的信息。例如，我们观察到在固定和产出条件下，决策单元之间存在一些有趣的占优关系，而在没有固定和产出条件时这些关系则不存在。

## 4.2　排名区间和占优理论介绍

### 4.2.1　排名区间

基于 Yang 等（2015）提出的方法所构建的均衡有效生产前沿面可能不是唯一的（Fang，2016；Zhu et al.，2017），我们假设模型（4.1）中目标函数的最优值为 $\text{opti}^*$，然后，将所有的均衡有效生产前沿面由以下方程组来表示：

$$\sum_{j=1}^{n}\sum_{t=1}^{l} w_t \,|\, \delta_{tj} \,| = \text{opti}^*$$

$$\frac{\sum_{r=1}^{s} u_r y_{rj} + \sum_{t=1}^{l} w_t (f_{tj} + \delta_{tj})}{\sum_{i=1}^{m} v_i x_{ij}} = 1, \quad \forall j$$

$$\sum_{j=1}^{n}\delta_{tj}=0,\quad \forall t$$

$$f_{tj}+\delta_{tj}\geqslant 0,\quad \forall t,j \tag{4.1}$$

$$u_r,v_i,w_t\geqslant 0,\quad \delta_{tj}\text{ 是自由变量}$$

为了方便起见，我们引入符号 $u=(u_1,\cdots,u_s)^{\mathrm{T}}$ ，$w=(w_1,\cdots,w_l)^{\mathrm{T}}$ ，$v=(v_1,\cdots,v_m)^{\mathrm{T}}$ ，以及 $\delta=\delta_{tj},\forall t,j$ 。$u_r$ 、 $w_t$ 以及 $v_i$ 分别代表非固定和产出 $y_{rj}$ $(r=1,2,\cdots,s;\ j=1,2,\cdots,n)$、固定和产出 $f_{tj}$ $(t=1,2,\cdots,l)$ 和投入 $x_{ij}(i=1,2,\cdots,m)$的权重。

之前的文献已经证明均衡有效生产前沿面不是唯一的，这意味着在模型（4.1）中选择 $\delta_{tj}^{*}(\forall t,j)$ 时具有很大的灵活性。Zhu 等（2017）提出了一系列用于计算决策单元 $j$ 的固定和产出调整量 $\delta_{tj}^{*}(\forall t,j)$ 的最小值和最大值的模型。他们的数值示例表明存在多个解 $\delta_{tj}^{*}(\forall t,j)$ 以及多个均衡有效生产前沿面。$\delta_{tj}$ 为 $\mathrm{DMU}_j$ 的第 $t$ 个固定和产出的调整量。然后，模型（4.1）的可行解集可以表示为

$$S=\{(u,v,w,\delta)\,|\,u,v,w,\delta\text{满足模型（4.1）的约束}\}$$

由于集合 $S$ 包含所有可行的均衡有效生产前沿面，因此我们可以在集合 $S$ 上计算所有决策单元的效率区间、排名区间和它们之间两两的占优关系来对所有决策单元的表现进行评价，而不用考虑到底存在多少个可行的均衡有效生产前沿面。

**定义 4.1** 决策单元 $k$ 的排名区间 $[r_k^{\min},\ r_k^{\max}]$ 的前沿面值定义如下：

$$r_k^{\min}=\min_{(u,v,w,\delta)\in S} r_k>(u,v,w,\delta)\,,\quad r_k^{\max}=\max_{(u,v,w,\delta)\in S} r_k\geqslant(u,v,w,\delta)$$

式中

$$r_k>(u,v,w,\delta)=1+|R_k>(u,v,w,\delta)|,\quad r_k\geqslant(u,v,w,\delta)=1+|R_k\geqslant(u,v,w,\delta)|$$

$$R_k>(u,v,w,\delta)=\{p\in\{1,2,\cdots,n\}\,|\,E_p(u,v,w,\delta)>E_k(u,v,w,\delta),(u,v,w,\delta)\in S\}$$

$$R_k\geqslant(u,v,w,\delta)=\{p\in\{1,2,\cdots,n\}\setminus\{k\}\,|\,E_p(u,v,w,\delta)\geqslant E_k(u,v,w,\delta),(u,v,w,\delta)\in S\}$$

$|R|$表示集合 $R$ 中元素的数量。$R_k>(u,v,w,\delta)$ 包含其他所有效率比决策单元 $k$ 严格大的决策单元，而 $R_k\geqslant(u,v,w,\delta)$ 则包含其他所有效率不比决策单元 $k$ 小的决策单元。$r_k>(u,v,w,\delta)$ 与 $r_k\geqslant(u,v,w,\delta)$ 之间的区别是，如果决策单元 $k$ 和决策单元 $p$ 是所有决策单元中效率最高的两个决策单元，则前者会将它们都排在第一名，而后者则会将它们都排在第二名。

### 4.2.2 占优关系

**定义 4.2** 决策单元 $k$ 占优决策单元 $g$（表示为 $\mathrm{DMU}_k>\mathrm{DMU}_g$），当且仅当：对所有 $(u,v,w,\delta)\in S$，$E_k(u,v,w,\delta)\geqslant E_g(u,v,w,\delta)$ ；对某些 $(u,v,w,\delta)\in S$，$E_k(u,v,w,\delta)>E_g(u,v,w,\delta)$ 。

此定义意味着，如果决策单元 $k$ 占优决策单元 $g$ ，则在任何可行的均衡有效

生产前沿面下，决策单元 $k$ 的效率都必然不低于决策单元 $g$ 的效率，并且，它的效率必须在一些前沿面下严格更高。例如，Salo 和 Punkka（2011）所说的，决策单元之间的这种占优关系是非自反的、不对称的且可传递的。

## 4.3　均衡有效生产前沿面下的效率、排名区间和占优关系

Yang 等（2015）所提出的 GEEFDEA 方法主要由两个模型组成，第一个模型主要用于构建均衡有效生产前沿面，模型形式如下：

$$
\begin{aligned}
&\min \sum_{j=1}^{n}\sum_{t=1}^{l} w_t \left|\delta_{tj}\right| \\
&\text{s.t.}\ \frac{\sum_{r=1}^{s} u_r y_{rj} + \sum_{t=1}^{l} w_t (f_{tj} + \delta_{tj}) + \mu_0}{\sum_{i=1}^{m} v_i x_{ij}} = 1, \quad \forall i, r, t, j \\
&\sum_{j=1}^{n} \delta_{tj} = 0, \quad \forall t \\
&f_{tj} + \delta_{tj} \geqslant 0, \quad \forall t, j \\
&u_r, v_i, w_t \geqslant 0, \quad \delta_{tj}, \mu_0 \text{ 是自由变量}
\end{aligned}
\tag{4.2}
$$

式中，所有决策单元之间固定和产出调整量需满足约束条件：$\sum_{j=1}^{n}\delta_{tj} = 0, \forall t$，而非固定和产出可自由调整。模型（4.2）是非线性的，该模型可以转换为线性模型，转换后的线性形式如下：

$$
\begin{aligned}
&\min \sum_{j=1}^{n}\sum_{t=1}^{l} (a_{tj} + b_{tj}) \\
&\text{s.t.}\ \sum_{r=1}^{s} u_r y_{rj} - \sum_{i=1}^{m} v_i x_{ij} + \sum_{t=1}^{l} (w_t f_{tj} + a_{tj} - b_{tj}) + \mu_0 = 0, \quad \forall i, r, t, j \\
&\sum_{j=1}^{n} (a_{tj} - b_{tj}) = 0, \quad \forall t \\
&\sum_{i=1}^{m} v_i x_{ij} \geqslant C, \quad \forall j \\
&w_t f_{tj} + a_{tj} - b_{tj} \geqslant 0, \quad \forall t, j \\
&u_r, v_i, w_t, a_{tj}, b_{tj} \geqslant 0, \quad \mu_0 \text{ 是自由变量}
\end{aligned}
\tag{4.3}
$$

式中，令 $\delta'_{tj}=w_t\delta_{tj}$，$a_{tj}=\frac{1}{2}(|\delta'_{tj}|+\delta'_{tj})$，$b_{tj}=\frac{1}{2}(|\delta'_{tj}|-\delta'_{tj})$。模型（4.3）的目标函数是所有决策单元均到达均衡有效生产前沿面时所需的最小调整量。$\delta_{tj}$ 的最优解为 $\delta^*_{tj}$，$t=1,2,\cdots,l, j=1,2,\cdots,n$，代表每个决策单元 $j$ 的固定和产出 $f_{tj}$ 的调整量，所有调整后的决策单元具有公共的均衡有效生产前沿面。

第二个模型是基于均衡有效生产前沿面的效率评价模型，用于计算每个决策单元在均衡有效生产前沿面下的效率得分。模型形式如下：

$$
\begin{aligned}
&e_k^{\text{GEEFDEA}}=\min\frac{\sum_{i=1}^{m}v_ix_{ik}+\mu_0}{\sum_{r=1}^{s}u_ry_{rk}+\sum_{t=1}^{l}w_tf_{tk}}\\
&\text{s.t.}\frac{\sum_{i=1}^{m}v_ix_{ij}+\mu_0}{\sum_{r=1}^{s}u_ry_{rj}+\sum_{t=1}^{l}w_t(f_{tj}+\delta^*_{tj})}\geqslant 1,\quad \forall j\\
&u_r,v_i,w_t\geqslant 0,\quad \mu_0\ \text{是自由变量}
\end{aligned}
\tag{4.4}
$$

约束条件 $\frac{\sum_{i=1}^{m}v_ix_{ij}+\mu_0}{\sum_{r=1}^{s}u_ry_{rj}+\sum_{t=1}^{l}w_t(f_{tj}+\delta^*_{tj})}\geqslant 1$，$\forall j$ 使得所有的决策单元在公共均衡有效生产前沿面下被评价。

### 4.3.1　效率区间

**定义 4.3**　参考 Podinovski（2001）的研究，决策单元 $k$ 的效率可以被定义为

$$
E_k(u,v,w,\delta)=\frac{\sum_{r=1}^{s}u_ry_{rk}+\sum_{t=1}^{l}w_tf_{tk}}{\sum_{i=1}^{m}v_ix_{ik}},\quad (u,v,w,\delta)\in S
$$

因为可能存在多个均衡有效生产前沿面，所以基于 Yang 等（2015）的均衡有效生产前沿面的效率评价模型，每个决策单元的效率可能会根据所参考的均衡有效生产前沿面的不同而发生变化。在这里，我们通过调整前沿面来计算每个决策单元的最小和最大效率值，如下：

$$
\begin{aligned}
&\max/\min \frac{\sum_{r=1}^{s} u_r y_{rk} + \sum_{t=1}^{l} w_t f_{tk}}{\sum_{i=1}^{m} v_i x_{ik}} \\
&\text{s.t.} \sum_{j=1}^{n} \sum_{t=1}^{l} w_t \, |\, \delta_{tj} \,| = \text{opti}^* \\
&\frac{\sum_{r=1}^{s} u_r y_{rj} + \sum_{t=1}^{l} w_t (f_{tj} + \delta_{tj})}{\sum_{i=1}^{m} v_i x_{ij}} = 1, \quad \forall j \\
&\sum_{j=1}^{n} \delta_{tj} = 0, \quad \forall t \\
&f_{tj} + \delta_{tj} \geqslant 0, \quad \forall t, j \\
&u_r, v_i, w_t \geqslant 0, \quad \delta_{tj} \text{ 是自由变量}
\end{aligned}
\tag{4.5}
$$

模型（4.5）中的目标函数旨在求得决策单元 $k$ 在考虑到所有可行的均衡有效生产前沿面的情况下可取得的最小和最大效率。可以看到，模型（4.5）的约束条件正是模型（4.1）。如定理 4.1 所述，模型（4.5）始终具有可行解（有关详细证明请参见附录一）。

**定理 4.1**　模型（4.5）总是可行的。

定理 4.1 的证明见附录一。

模型（4.5）是非线性的，为了将其转换为线性模型，首先我们令 $\delta'_{tj} = w_t \delta_{tj}$，得到模型：

$$
\begin{aligned}
&\max/\min \frac{\sum_{r=1}^{s} u_r y_{rk} + \sum_{t=1}^{l} w_t f_{tk}}{\sum_{i=1}^{m} v_i x_{ik}} \\
&\text{s.t.} \sum_{j=1}^{n} \sum_{t=1}^{l} |\, \delta'_{tj} \,| = \text{opti}^* \\
&\frac{\sum_{r=1}^{s} u_r y_{rj} + \sum_{t=1}^{l} (w_t f_{tj} + \delta'_{tj})}{\sum_{i=1}^{m} v_i x_{ij}} = 1, \quad \forall j \\
&\sum_{j=1}^{n} \delta'_{tj} = 0, \quad \forall t \\
&w_t f_{tj} + \delta'_{tj} \geqslant 0, \quad \forall t, j \\
&u_r, v_i, w_t \geqslant 0, \quad \delta'_{tj} \text{ 是自由变量}
\end{aligned}
\tag{4.6}
$$

其次，令 $a_j = \frac{1}{2}(\left|\delta'_{tj}\right| + \delta'_{tj})$，$b_j = \frac{1}{2}(\left|\delta'_{tj}\right| - \delta'_{tj})$（Si et al.，2013），将模型（4.6）转换为

$$
\begin{aligned}
&\max/\min \frac{\sum_{r=1}^{s} u_r y_{rk} + \sum_{t=1}^{l} w_t f_{tk}}{\sum_{i=1}^{m} v_i x_{ik}} \\
&\text{s.t.} \ \sum_{j=1}^{n}\sum_{t=1}^{l}(a_{tj} + b_{tj}) = \text{opti}^* \\
&\frac{\sum_{r=1}^{s} u_r y_{rj} + \sum_{t=1}^{l}(w_t f_{tj} + a_{tj} - b_{tj})}{\sum_{i=1}^{m} v_i x_{ij}} = 1, \forall j \\
&\sum_{j=1}^{n}(a_{tj} - b_{tj}) = 0, \forall t \\
&w_t f_{tj} + a_{tj} - b_{tj} \geqslant 0, \forall t, j \\
&u_r, v_i, w_t, a_{tj}, b_{tj} \geqslant 0
\end{aligned} \tag{4.7}
$$

最后，我们对模型（4.7）进行 Charnes-Cooper 变换（Charnes and Cooper，1962），令

$$
\frac{1}{\sum_{i=1}^{m} v_i x_{ik}} = d,\quad v_i = dv_i,\quad u_r = du_r,\quad w_t = dw_t,\quad a_{tj} = da_{tj},\quad b_{tj} = db_{tj}
$$

将模型（4.7）转换为

$$
\begin{aligned}
&\max/\min \sum_{r=1}^{s} u_r y_{rk} + \sum_{t=1}^{l} w_t f_{tk} \\
&\text{s.t.} \ \sum_{j=1}^{n}\sum_{t=1}^{l}(a_{tj} + b_{tj}) = d \cdot \text{opti}^* \\
&\sum_{r=1}^{s} u_r y_{rj} - \sum_{i=1}^{m} v_i x_{ij} + \sum_{t=1}^{l}(w_t f_{tj} + a_{tj} - b_{tj}) = 0, \quad \forall j \\
&\sum_{j=1}^{n}(a_{tj} - b_{tj}) = 0, \quad \forall t \\
&w_t f_{tj} + a_{tj} - b_{tj} \geqslant 0, \quad \forall t, j \\
&\sum_{i=1}^{m} v_i x_{ik} = 1 \\
&u_r, v_i, w_t, a_{tj}, b_{tj} \geqslant 0
\end{aligned} \tag{4.8}
$$

**定义 4.4**　分别用 $e_k^{\max}$ 与 $e_k^{\min}$ 来表示决策单元 $k$ 的最好效率和最差效率，则在考虑所有可行的均衡有效生产前沿面的情况下，定义决策单元 $k$ 的效率区间为 $[e_k^{\min}, e_k^{\max}]$。

另外，对于效率区间的性质，我们有以下定理（有关详细证明请参见附录一）。

**定理 4.2**　每个决策单元 $k$ 的效率在区间 $[e_k^{\min}, e_k^{\max}]$ 内都是连续的。

由定理 4.1 可知，决策单元 $k$ 的效率不是唯一的，因此其相对于其他决策单元的效率排名可能有很大的波动。但是，如果两个决策单元的效率区间不重叠，则可以确定它们之间的相对排名。例如，如果决策单元 1 的效率区间为[0.5,0.8]，而决策单元 2 的效率区间为[0.9,1.0]，则决策单元 2 的排名应该高于决策单元 1。但是，在许多情况下，决策单元的效率区间可能会重叠，在这种情况下，可以通过 4.3.2 节中所提出的方法来计算它们的排名。我们还注意到，在基于模型（4.5）的效率评价中，其约束条件与模型（4.1）相同，因此决策单元是基于所有可行的均衡有效生产前沿面进行评价的。

### 4.3.2　排名区间

本节提出了一系列模型来计算每个决策单元的排名区间。基于 Salo 和 Punkka（2011）的研究，我们在 4.2.1 节给出了排名区间的定义（见定义 4.1）。

我们提出以下模型来计算决策单元 $k$ 可取得的最好（最高）的排名 $r_k^{\min}$：

$$
\begin{aligned}
& r_k^{\min} = \min[1 + \sum_{p \neq k} z_p] \\
& \text{s.t.} \ \sum_{j=1}^{n}\sum_{t=1}^{l} w_t |\delta_{tj}| = \text{opti}^* \\
& \frac{\sum_{r=1}^{s} u_r y_{rj} + \sum_{t=1}^{l} w_t (f_{tj} + \delta_{tj})}{\sum_{i=1}^{m} v_i x_{ij}} = 1, \quad \forall j \\
& \sum_{j=1}^{n} \delta_{tj} = 0, \quad \forall t \qquad\qquad (4.9) \\
& f_{tj} + \delta_{tj} \geqslant 0, \quad \forall t, j \\
& \frac{\sum_{r=1}^{s} u_r y_{rp} + \sum_{t=1}^{l} w_t f_{tp} - H z_p}{\sum_{i=1}^{m} v_i x_{ip}} \leqslant \frac{\sum_{r=1}^{s} u_r y_{rk} + \sum_{t=1}^{l} w_t f_{tk}}{\sum_{i=1}^{m} v_i x_{ik}}, \quad \forall p \in \{1, 2, \cdots, n\} \setminus \{k\} \\
& z_p \in \{0, 1\}, \quad \forall p \in \{1, 2, \cdots, n\} \setminus \{k\} \\
& u_r, v_i, w_t \geqslant 0, \quad \delta_{tj} \text{ 是自由变量}
\end{aligned}
$$

在模型（4.9）中，前四组的约束与模型（4.1）相同，从而确保在评价过程中考虑了所有可行的均衡有效生产前沿面。第六组约束（其中，$H$ 是一个很大的正常数）将决策单元 $k$ 视为基准，并分别判断决策单元 $k$ 的效率是否严格小于其他每个决策单元的效率，即判断是否 $E_k(u,v,w,\delta) < E_p(u,v,w,\delta), p\in\{1,2,\cdots,n\}\setminus\{k\}$。如果 $E_k(u,v,w,\delta) < E_p(u,v,w,\delta)$，则需令 $z_p=1$，否则模型（4.9）没有可行解。在这种情况下，每个满足 $E_k(u,v,w,\delta) < E_p(u,v,w,\delta), p\in\{1,2,\cdots,n\}\setminus\{k\}$ 条件的决策单元 $p$ 都比决策单元 $k$ 排名要好。因此，模型（4.9）的最优解即为决策单元 $k$ 的最佳效率排名。

同样地，我们可以通过解决以下最优化问题来计算决策单元 $k$ 可取得的最差（最低）排名 $r_k^{\max}$：

$$
\begin{aligned}
& r_k^{\max} = \max[1+\sum_{p\neq k} z_p] \\
& \text{s.t.}\ \sum_{j=1}^{n}\sum_{t=1}^{l} w_t \mid \delta_{tj} \mid = \text{opti}^* \\
& \frac{\sum_{r=1}^{s} u_r y_{rj} + \sum_{t=1}^{l} w_t (f_{tj}+\delta_{tj})}{\sum_{i=1}^{m} v_i x_{ij}} = 1, \quad \forall j \\
& \sum_{j=1}^{n} \delta_{tj} = 0, \quad \forall t \\
& f_{tj}+\delta_{tj} \geqslant 0, \quad \forall t,j \\
& \frac{\sum_{r=1}^{s} u_r y_{rp} + \sum_{t=1}^{l} w_t f_{tp} + H(1-z_p)}{\sum_{i=1}^{m} v_i x_{ip}} \geqslant \frac{\sum_{r=1}^{s} u_r y_{rk} + \sum_{t=1}^{l} w_t f_{tk}}{\sum_{i=1}^{m} v_i x_{ik}}, \quad \forall p\in\{1,2,\cdots,n\}\setminus\{k\} \\
& z_p \in \{0,1\}, \quad \forall p\in\{1,2,\cdots,n\}\setminus\{k\} \\
& u_r, v_i, w_t \geqslant 0, \quad \delta_{tj}\ \text{是自由变量}
\end{aligned}
\tag{4.10}
$$

在模型（4.10）中，第六组约束再次将决策单元 $k$ 视为基准，并分别判断决策单元 $k$ 的效率是否小于或等于其他每个决策单元的效率，即判断是否 $E_k(u,v,w,\delta) \leqslant E_p(u,v,w,\delta),\ \ p\in\{1,2,\cdots,n\}\setminus\{k\}$，若使该不等式成立，则需满足 $z_p=1$，否则模型（4.10）将出现无可行解的情况。任何满足条件 $E_k(u,v,w,\delta) \leqslant E_p(u,v,w,\delta)$, $p\in\{1,2,\cdots,n\}\setminus\{k\}$ 的决策单元 $p$ 都应具有比决策单元 $k$ 更高的排名，因此，模型（4.10）的最优解即为决策单元 $k$ 的最差效率排名。

由于模型（4.9）和模型（4.10）是非线性模型，因此它们很难计算最优解。以模型（4.9）为例，我们将这两个非线性模型转换为线性模型。首先，我们对模型（4.9）执行与对模型（4.5）所执行的相同的一系列线性变换，并用 $C^*$ 表示 opti*，后者是模型（4.1）中目标函数的最优解。然后，我们得到以下模型：

$$
\begin{aligned}
& r_k^{\min} = \min[1 + \sum_{p \neq k} z_p] \\
& \text{s.t.} \ \sum_{j=1}^{n}\sum_{t=1}^{l}(a_{tj} + b_{tj}) - dC^* = 0 \\
& \sum_{r=1}^{s} u_r y_{rj} - \sum_{i=1}^{m} v_i x_{ij} + \sum_{t=1}^{l}(w_t f_{tj} + a_{tj} - b_{tj}) = 0, \quad \forall j \\
& \sum_{j=1}^{n}(a_{tj} - b_{tj}) = 0, \quad \forall t \\
& w_t f_{tj} + a_{tj} - b_{tj} \geqslant 0, \quad \forall t, j \\
& \frac{\sum_{r=1}^{s} u_r y_{rp} + \sum_{t=1}^{l} w_t f_{tp} - Hz_p}{\sum_{i=1}^{m} v_i x_{ip}} \leqslant \sum_{r=1}^{s} u_r y_{rk} + \sum_{t=1}^{l} w_t f_{tk}, \quad \forall p \in \{1,2,\cdots,n\} \setminus \{k\} \\
& \sum_{i=1}^{m} v_i x_{ik} = 1 \\
& z_p \in \{0,1\}, \quad \forall p \in \{1,2,\cdots,n\} \setminus \{k\} \\
& u_r, v_i, w_t, d, a_{tj}, b_{tj} \geqslant 0
\end{aligned}
\tag{4.11}
$$

可以看到，模型（4.11）中第六个约束仍然是非线性的。在与这种情形类似的情况下，Salo 和 Punkka（2011）通过令 $E_k(u,v,w,\delta) = 1$（等价于 $\sum_{r=1}^{s} u_r y_{rk} = 1$），并将其他决策单元的效率值与 1 进行比较，从而将模型线性化。对应于我们的模型，若采取相同的线性转换方法，我们应该令 $E_k(u,v,w,\delta) = 1$（等价于 $\sum_{r=1}^{s} u_r y_{rk} + \sum_{t=1}^{l} w_t f_{tk} = 1$）。但是，我们无法令 $E_k(u,v,w,\delta) = 1$，因为它可能与第二组约束相矛盾。因此，如果要将模型（4.11）转换为线性模型，我们需要引入代表决策单元 $k$ 效率的松弛变量 $h$，即 $E_k(u,v,w,\delta) = h$，并使 $\sum_{r=1}^{s} u_r y_{rk} + \sum_{t=1}^{l} w_t f_{tk} = h$。接下来，我们将其他决策单元的效率与 $h$ 一一进行比较。根据定理 4.2，我们知道 $h$ 属于区间 $[e_k^{\min}, e_k^{\max}]$。因此，我们将模型（4.11）转换如下：

$$
\begin{aligned}
& r_k^{\min}(h) = \min[1 + \sum_{p \neq k} z_p] \\
& \text{s.t.} \ \sum_{j=1}^{n}\sum_{t=1}^{l}(a_{tj} + b_{tj}) - dC^* = 0
\end{aligned}
$$

$$\sum_{r=1}^{s}u_r y_{rj}-\sum_{i=1}^{m}v_i x_{ij}+\sum_{t=1}^{l}(w_t f_{tj}+a_{tj}-b_{tj})=0,\quad \forall j$$
$$\sum_{j=1}^{n}(a_{tj}-b_{tj})=0,\quad \forall t$$
$$w_t f_{tj}+a_{tj}-b_{tj}\geqslant 0,\quad \forall t,j$$
$$\sum_{r=1}^{s}u_r y_{rp}-h\sum_{i=1}^{m}v_i x_{ip}+\sum_{t=1}^{l}w_t f_{tp}-Hz_p\leqslant 0,\quad \forall p\in\{1,2,\cdots,n\}\setminus\{k\} \tag{4.12}$$
$$\sum_{i=1}^{m}v_i x_{ik}=1$$
$$\sum_{r=1}^{s}u_r y_{rk}+\sum_{t=1}^{l}w_t f_{tk}=h$$
$$z_p\in\{0,1\},\quad \forall p\in\{1,2,\cdots,n\}\setminus\{k\}$$
$$u_r,v_i,w_t,d,a_{tj},b_{tj}\geqslant 0$$

通过将 $h$ 作为一个参数，我们可以将模型（4.12）视为线性模型，其中 $h\in[e_k^{\min},\ e_k^{\max}]$，并提出了一种启发式搜索算法来计算决策单元 $k$ 的最优排名 $r_k^{\min}=\min\{r_k^{\min}(h)\,|\,h\in[e_k^{\min},\ e_k^{\max}]\}$，具体如下。

令 $h=e_k^{\max}-k\varepsilon$，其中 $\varepsilon$ 代表启发式搜索算法的步长，并且 $k=0,1,2,\cdots,[k^{\max}]+1$。在这里，$[k^{\max}]$ 是 $e_k^{\min}-e_k^{\max}$ 除以步长 $\varepsilon$ 所得到的最大的整数值。这里应当指出，$\varepsilon$ 的值越小，该算法所计算得到的结果就越准确。在求解模型（4.12）的迭代过程中，我们将 $k$ 从其初始值 0 逐渐增加到 $[k^{\max}]+1$，即按步长 $\varepsilon$ 使 $h$ 逐步从最小效率值取到最大效率值，并计算每个 $h$ 所对应的 $r_k^{\min}$，在遍历了每个 $k$ 值之后，我们就求得了最佳排名为 $r_k^{\min}=\min\{r_k^{\min}(h)\,|\,h\in[e_k^{\min},\ e_k^{\max}]\}$。

使用启发式搜索算法的原因是区间 $[e_k^{\min},\ e_k^{\max}]$ 中的点的个数是无限的，因此我们无法列出所有点来进行计算。此外，该算法在计算上易于实现且方便操作。为了衡量算法的可靠性和步长 $\varepsilon$ 的取值对结果的影响，我们将 $\varepsilon$ 值设置为几个不同的数量级，并比较它们在小算例上的计算结果（4.3.4 节）。同样地，可以将模型（4.10）转换为如下线性模型：

$$r_k^{\max}(h)=\max[1+\sum_{p\neq k}z_p]$$
$$\text{s.t.}\ \sum_{j=1}^{n}\sum_{t=1}^{l}(a_{tj}+b_{tj})-dC^*=0$$
$$\sum_{r=1}^{s}u_r y_{rj}-\sum_{i=1}^{m}v_i x_{ij}+\sum_{t=1}^{l}(w_t f_{tj}+a_{tj}-b_{tj})=0,\quad \forall j$$
$$\sum_{j=1}^{n}(a_{tj}-b_{tj})=0,\quad \forall t$$
$$w_t f_{tj}+a_{tj}-b_{tj}\geqslant 0,\quad \forall t,j$$

$$
\begin{aligned}
& -\sum_{r=1}^{s} u_r y_{rp} + h\sum_{i=1}^{m} v_i x_{ip} - \sum_{t=1}^{l} w_t f_{tp} + Hz_p \leqslant H, \quad \forall p \in \{1,2,\cdots,n\} \setminus \{k\} \\
& \sum_{i=1}^{m} v_i x_{ik} = 1 \\
& \sum_{r=1}^{s} u_r y_{rk} + \sum_{t=1}^{l} w_t f_{tk} = h \\
& z_p \in \{0,1\}, \quad \forall p \in \{1,2,\cdots,n\} \setminus \{k\} \\
& u_r, v_i, w_t, d, a_{tj}, b_{tj} \geqslant 0
\end{aligned} \tag{4.13}
$$

模型（4.13）是带参数的线性模型，参数 $h \in [e_k^{\min}，e_k^{\max}]$，决策单元 $k$ 的最差排名为 $r_k^{\max} = \max\{r_k^{\max}(h) \mid h \in [e_k^{\min}，e_k^{\max}]\}$。综上，我们可以求得每个决策单元在所有可行的均衡有效生产前沿面下的最优排名（ $r_k^{\min}$ ）与最差排名（ $r_k^{\max}$ ）。

### 4.3.3　占优关系

本节将探讨决策单元之间的占优关系。首先我们对 4.2.2 节的效率占优的定义进行扩展（Salo and Punkka，2011）。

我们通过计算决策单元 $k$ 与决策单元 $g$ 效率之间的比率来探索定义 4.2 中的占优关系：

$$
D_{k,g}(u,v,w,\delta) = \frac{E_k(u,v,w,\delta)}{E_g(u,v,w,\delta)}, \quad (u,v,w,\delta) \in S
$$

由于集合 $S$ 中有许多可行的均衡有效生产前沿面，我们可以计算 $D_{k,g}(u,v,w,\delta)$ 的最大值和最小值，分别表示为 $\overline{D}_{k,g}$ 和 $\underline{D}_{k,g}$，如下所示：

$$
\begin{aligned}
& \max/\min \left[ \sum_{r=1}^{s} u_r y_{rk} + \sum_{t=1}^{l} w_t f_{tk} \right] / h \\
& \text{s.t.} \sum_{j=1}^{n} \sum_{t=1}^{l} (a_{tj} + b_{tj}) - dC^* = 0 \\
& \sum_{r=1}^{s} u_r y_{rj} - \sum_{i=1}^{m} v_i x_{ij} + \sum_{t=1}^{l} (w_t f_{tj} + a_{tj} - b_{tj}) = 0, \quad \forall j \\
& \sum_{j=1}^{n} (a_{tj} - b_{tj}) = 0, \quad \forall t \\
& w_t f_{tj} + a_{tj} - b_{tj} \geqslant 0, \quad \forall t, j \\
& \sum_{r=1}^{s} u_r y_{rg} - h\sum_{i=1}^{m} v_i x_{ig} + \sum_{t=1}^{l} w_t f_{tg} = 0 \\
& \sum_{i=1}^{m} v_i x_{ik} = 1 \\
& u_r, v_i, w_t, d, a_{tj}, b_{tj} \geqslant 0
\end{aligned} \tag{4.14}
$$

在模型(4.14)中，将决策单元 $g$ 作为基准，令 $E_g(u,v,w,\delta)=h$，且 $h\in[e_k^{\min}, e_k^{\max}]$。因此，模型（4.14）可视为带参数 $h$ 的线性模型并且我们可以使用与模型（4.12）同样的算法来求 $\overline{D}_{k,g}$ 和 $\underline{D}_{k,g}$。例如，如果 $\overline{D}_{k,g}=1.33$，$\underline{D}_{k,g}=1.18$，则表示决策单元 $k$ 的效率最多可比决策单元 $g$ 高 33%，且最少也要比决策单元 $g$ 高 18%。特别地，如果 $\overline{D}_{k,g}>1$ 或者 $\underline{D}_{k,g}=1$ 且 $\overline{D}_{k,g}=1.33$，则决策单元 $k$ 占优决策单元 $g$；否则，决策单元 $k$ 对决策单元 $g$ 不占优。

### 4.3.4 数值算例

本节使用一个小算例来对上述模型进行进一步说明，并将这些模型与 CCR 和 GEEFDEA 方法进行比较。首先我们来回顾一下 Yang 等（2011）使用的数据集，该数据集包括 6 个具有固定和产出的决策单元，见表 2.1。我们使用该数据集是为了便于对本章提出的方法与以前文献中的方法所得到的结果进行比较。例如，Yang 等（2015）也使用了这个数据集来说明他们所提出的 GEEFDEA 方法。此外，这个数据集虽然小，但是它的评价结果中却包含了丰富的值得我们分析的信息，是一个十分具有代表性的小型数据集。

正如我们前面提到的，为了衡量启发式搜索算法的可靠性以及 $\varepsilon$ 的值（即算法的步长）对算法结果的影响，我们首先将 $\varepsilon$ 值设置为 0.01、0.001 和 0.0001，发现在这三种情况下，小数据集中每个决策单元排名区间是不发生变化的。表 4.2 的第二列表示的是每个决策单元的效率区间，最后三列是每个决策单元对应于三个不同的值的排名区间。从表 4.1 中可以看出，当 $\varepsilon$ 的值为 0.01 时，该算法获得的结果就已足够准确。随着步长的减小，结果仍然保持稳定。由于该算法易于操作，并且其准确性和可靠性可以满足我们的需求，因此我们最终决定采用此算法来求解我们提出的模型。注意，在接下来的两个数值示例中，$\varepsilon$ 的值均设置为 0.01。

**表 4.1 不同 $\varepsilon$ 下的结果比较**

| 决策单元 | 效率区间 | 排名区间 | | |
|---|---|---|---|---|
| | | $\varepsilon=0.01$ | $\varepsilon=0.001$ | $\varepsilon=0.0001$ |
| $A$ | [1.108，1.385] | [2，3] | [2，3] | [2，3] |
| $B$ | [0.877，1.846] | [1，4] | [1，4] | [1，4] |
| $C$ | [0.462，0.769] | [5，6] | [5，6] | [5，6] |
| $D$ | [0.462，1.169] | [2，6] | [2，6] | [2，6] |
| $E$ | [0.739，0.923] | [3，6] | [3，6] | [3，6] |
| $F$ | [0.923，1.339] | [1，4] | [1，4] | [1，4] |

表 4.2 中对应的是小算例基于 CCR 模型、GEEFDEA 模型和本章提出的模型所计算得到的结果。表 4.2 的第二列显示，基于 CCR 模型，决策单元 $A$、$B$、$D$ 和 $F$ 是有效的，并且具有相同的排名。第三列则给出了 GEEFDEA 模型的结果，结果表明存在一些效率值大于 1 的有效决策单元，它们的排名顺序为 $F>A>D>B$。但是，在存在许多可行的均衡有效生产前沿面的情况下，GEEFDEA 模型也只能选择其中的一个可行的均衡有效生产前沿面来计算得到的决策单元的效率得分和排名，而决策单元的效率得分和排名在不同的均衡有效生产前沿面下可能会存在很大的差异（Fang，2016；Zhu et al.，2017）。

**表 4.2　基于三种模型的结果**

| 决策单元 | CCR 模型 | | GEEFDEA 模型 | | 本章提出的模型 | | |
|---|---|---|---|---|---|---|---|
| | 效率 | 排名 | 效率 | 排名 | 效率区间 | 排名区间 | 被占优情况 |
| $A$ | 1.000 | 1 | 1.143 | 2 | [1.108，1.385] | [2，3] | — |
| $B$ | 1.000 | 1 | 1.000 | 4 | [0.877，1.846] | [1，4] | — |
| $C$ | 0.600 | 6 | 0.730 | 6 | [0.462，0.769] | [5，6] | $A$、$B$、$D$、$F$ |
| $D$ | 1.000 | 1 | 1.079 | 3 | [0.462，1.169] | [2，6] | $F$ |
| $E$ | 0.667 | 5 | 0.762 | 5 | [0.739，0.923] | [3，6] | $A$、$B$、$F$ |
| $F$ | 1.000 | 1 | 1.286 | 1 | [0.923，1.339] | [1，4] | — |

表 4.2 的最后一列考虑了所有可行的均衡有效生产前沿面，根据本章提出的模型得到了每个决策单元对应的效率区间、排名区间和与其他决策单元之间的占优关系。首先，我们可以看到，基于 GEEFDEA 模型所得到的每个决策单元的效率值均包括在基于模型（4.5）所得到的每个决策单元对应的效率区间之内。例如，基于 GEEFDEA 模型得到决策单元 $A$ 的效率得分为 1.143，该效率值处于模型（4.5）所给出的决策单元 $A$ 的效率区间[1.108，1.385]内。

其次，从图 4.1 中，我们可注意到 GEEFDEA 方法所得到的每个决策单元的排名也是根据本章所提出模型得到的每个决策单元效率区间的特例。例如，在 GEEFDEA 方法中，决策单元 $A$ 的排名为 2，包含在决策单元 $A$ 的相应的排名区间[2，3]内。

最后，图 4.2 绘出了决策单元在本章所提出模型下相互之间的占优关系。具体来说，在决策单元 $D$ 和决策单元 $F$ 都是 CCR 有效的情况下，决策单元 $F$ 仍然占优决策单元 $D$。然而，尽管决策单元 $F$ 在 GEEFDEA 方法下排名最高，但它仍然不能占优决策单元 $A$ 和决策单元 $B$。

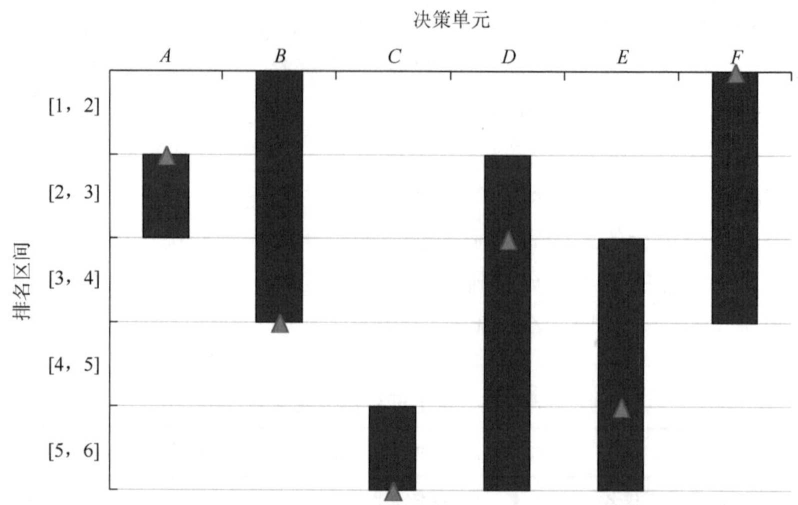


图 4.1　GEEFDEA 方法和本章所提出方法的排名结果比较

三角形代表基于 GEEFDEA 方法的每个决策单元的排名顺序，而深灰色柱形的长度则表示基于本章提出的模型的每个决策单元对应的排名区间

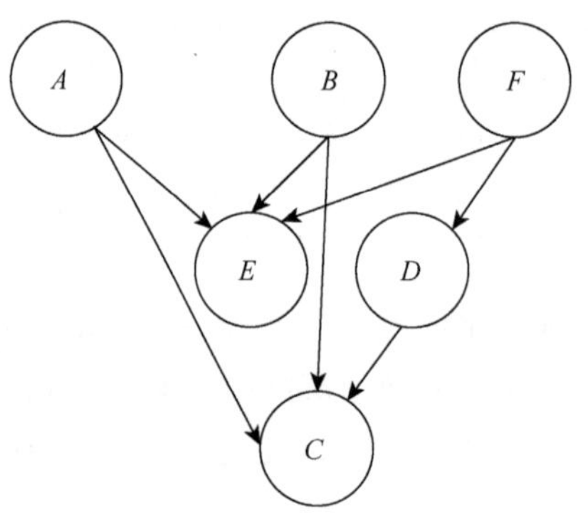


图 4.2　决策单元之间的效率占优关系

一个有趣的发现是，根据我们提出的方法，决策单元 $C$ 被决策单元 $B$ 占优，然而在 Salo 和 Punkka（2011）提出的方法下是不存在这种占优关系的。具体来说，已知决策单元 $B$ 和决策单元 $C$ 的产出分别为（1，4）和（3，1），因此，根据 Salo 和 Punkka（2011）提出的方法，两个决策单元之间不存在占优关系，每个决策单元都无法占优另一个。然而，根据本章的方法得到的结果，我们发现决策单元 $C$ 被决策单元 $B$ 占优。因此，在对具有固定和产出的决策单元进行效率评价时，与 Salo 和 Punkka（2011）的方法相比，我们的方法可以在决策单元之间建立更多的占优关系，传达给决策者更丰富的信息。

为了显示多个均衡有效生产前沿面的存在，我们以表 2.1 中的数据为例来绘制固定和产出决策单元的效率评价过程。在这里，我们只绘制了所有均衡有效生产前沿面中的三个，分别对应于图 4.3 中的虚线、点划线和点线。其中，虚线是 Yang 等（2015）在小算例评价中使用 GEEFDEA 方法所获得的均衡有效生产前沿面。实线代表原始均衡有效生产前沿面，由分段线 *BAFD* 来表示。

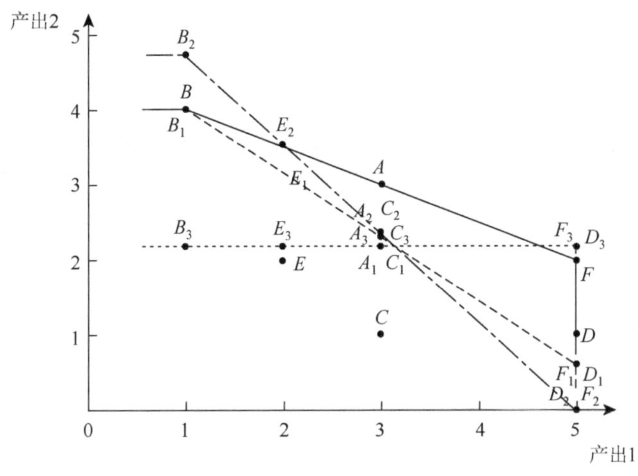


图 4.3　基于多个前沿面的评价过程

图 4.3 显示，在不同的均衡有效生产前沿面下，决策单元的效率表现差异很大。例如，在虚线所表示的均衡有效生产前沿面下，决策单元 *B* 的效率为 1，因为它恰好在均衡有效生产前沿面上。而在点划线或点线所表示的均衡有效生产前沿面下，其效率均小于 1。与此相对应，在不同的均衡有效生产前沿面下进行评价时，决策单元的排名也将发生变化。例如，在点划线或虚线所表示的均衡有效生产前沿面下，决策单元 *A* 的效率大于决策单元 *B*（距离前沿面外侧的距离越大，效率值越大）。但是，在点线所表示的均衡有效生产前沿面下，决策单元 *A* 的效率小于决策单元 *B* 的效率。这一发现表明，决策单元的效率区间和排名区间是客观存在的。此外，在固定和产出的背景下，决策单元之间的占优关系为决策单元的表现评价提供了更多有价值的信息。

## 4.4　应用——我国家电企业效率评价

本节将本章前面提出的方法应用于 Yang 等（2014）的家电行业数据集当中。该数据集（具体数据见表 2.9）包括 18 个家电行业公司，有两个投入指标（总资产和员工人数）与两个固定和产出指标（利润和市场占有率）。固定和产出的指标设置意味着利润和市场占有率是不变的（Yang et al.，2014）。家电行业是一个增长缓慢且定价能力有限的成熟行业，该行业一年的总利润及其市场占有率是恒定的，这也意味着行业中企业成长的唯一途径是从竞争对手那里获得市场占有率和利润。因此，利润和市场占有率都是固定和产出。

为了方便起见，我们按上述顺序将这 18 家公司分别称为 F1～F18。表 4.3 中显示了基于 CCR 模型、GEEFDEA 模型和本章提出的模型，这些公司分别对应的效率结果。

**表 4.3　基于三种不同方法的评价结果**

| 决策单元 | CCR 模型 | | GEEFDEA 模型 | | 本章提出的模型 | | |
|---|---|---|---|---|---|---|---|
| | 效率 | 排名 | 效率 | 排名 | 效率区间 | 排名区间 | 被占优情况 |
| F1 | 0.617 | 9 | 1.139 | 5 | [1.071，1.257] | [4，9] | F6，F11 |
| F2 | 0.668 | 8 | 1.234 | 4 | [0.936，1.380] | [2，10] | F11 |
| F3 | 0.500 | 14 | 1.102 | 6 | [0.642，1.258] | [4，13] | F2，F11 |
| F4 | 0.613 | 10 | 0.763 | 14 | [0.730，1.499] | [5，16] | F6，F8，F11，F14 |
| F5 | 0.306 | 17 | 0.724 | 15 | [0.140，0.749] | [14，17] | F1，F2，F3，F6，F8，F11，F13，F14，F15，F16 |
| F6 | 1.000 | 1 | 1.977 | 2 | [1.169，12.938] | [1，6] | — |
| F7 | 0.314 | 16 | 0.655 | 18 | [0.277，0.828] | [10，18] | F1，F2，F3，F4，F6，F8，F11，F14，F15，F16 |
| F8 | 1.000 | 1 | 1.098 | 7 | [1.084，2.227] | [1，8] | F6 |
| F9 | 0.565 | 11 | 0.811 | 13 | [0.631，1.184] | [8，15] | F1，F2，F6，F8，F11 |
| F10 | 0.292 | 18 | 0.690 | 16 | [0.026，0.714] | [15，18] | F1，F2，F3，F4，F5，F6，F7，F8，F9，F11，F13，F14，F15，F16 |
| F11 | 1.000 | 1 | 2.442 | 1 | [1.589，2.599] | [1，4] | — |
| F12 | 0.693 | 7 | 1.029 | 8 | [0.152，1.802] | [2，18] | F11 |
| F13 | 0.398 | 15 | 0.959 | 11 | [0.291，1.034] | [9，15] | F1，F2，F3，F6，F8，F11 |
| F14 | 0.845 | 6 | 1.291 | 3 | [0.893，8.782] | [2，11] | F6 |
| F15 | 0.530 | 13 | 1.005 | 9 | [0.285，1.702] | [5，15] | F6，F11，F14 |
| F16 | 0.549 | 12 | 1.000 | 10 | [0.495，1.976] | [4，14] | F6，F11，F14 |
| F17 | 1.000 | 1 | 0.871 | 12 | [0.480，2.193] | [1，18] | — |
| F18 | 0.935 | 5 | 0.684 | 17 | [0.562，1.995] | [3，16] | F6，F8，F11 |

从表 4.3 第二列可看出其中四个决策单元（F6、F8、F11 和 F17）是 CCR 有效的，而其他决策单元是 CCR 无效的。表 4.3 的第三列显示，F11 是在 GEEFDEA 模型下所有决策单元中表现最好的。在最后一列中可看到 F6、F11 和 F17 是不被任何其他决策单元占优的，而 CCR 有效的 F8 却被 F6 占优。有趣的是，三种方法都将 F10 视为表现最差的决策单元之一，F10 被除 F12、F17、F18 之外其他所有的决策单元所占优。

此外，我们还发现，基于 GEEFDEA 方法所得到的每个决策单元的效率都包含在基于本章提出的方法所得到的对应的效率区间当中。与效率结果类似，每个决策单元的排名结果在两种方法之间也存在类似的情况。以上的这些结果可以归因于以下事实：GEEFDEA 方法仅基于一个可行的均衡有效生产前沿面来对决策单元进行评价，忽略了其他同样可行的均衡有效生产前沿面。

决策单元的排名区间和相互之间的占优关系表明 F6、F11 和 F17 之间不存在占优关系，这说明决策单元在不同的均衡有效生产前沿面上的表现可能完全不同。从表 4.3 中可以看到，在 GEEFDEA 方法下每个公司的排名都包含在考虑所有可行的均衡有效生产前沿面所计算出的相应的排名区间当中。即使有些决策单元在 CCR 模型中有效，但是当在某些均衡有效生产前沿面下进行评价时，其表现可能并不是那么好。例如，CCR 有效的且不被任何决策单元占优的 F17，它的排名最差排到了第 18 位，即倒数第一位。与此同时，在某些均衡有效生产前沿面下，它的排名最高可以达到第一位。相比之下，F11 的排名在某些时候可以取到最好，而且最差也永远不会低于第 4 位。因此，尽管 F6、F11 和 F17 都不被其他任何决策单元占优，但是基于排名区间的信息可以看出，F11 比 F6 和 F17 总体表现更好。

表 4.3 显示，尽管 F2、F12 和 F14 均是 CCR 无效的，但是在某些可行的均衡有效生产前沿面下，它们的排名最高可以达到第 2 位。另一个发现是，根据 CCR 模型，F1 排在了第 9 位，而根据本章提出的方法，F1 排名最差是第 9 位，而最高可以达到第 4 位，这说明使用 CCR 模型进行评价所得到的结果是片面的。从图 4.4 中还可以发现，某些排名区间的范围较大，这表明在不同的均衡有效生产前沿面下，评价结果可能会有很大差异。因此，当对存在固定和产出的决策单元进行评价时，考虑所有可行的均衡有效生产前沿面是十分必要的。尽管均衡有效生产前沿面不是唯一的，并且存在排名区间，但是在某些决策单元之间还是存在严格的占优关系的。此外，占优关系和排名区间可以帮助决策者识别最佳的决策单元，如 F11，它具有最佳的排名区间并且不被任何的决策单元占优。

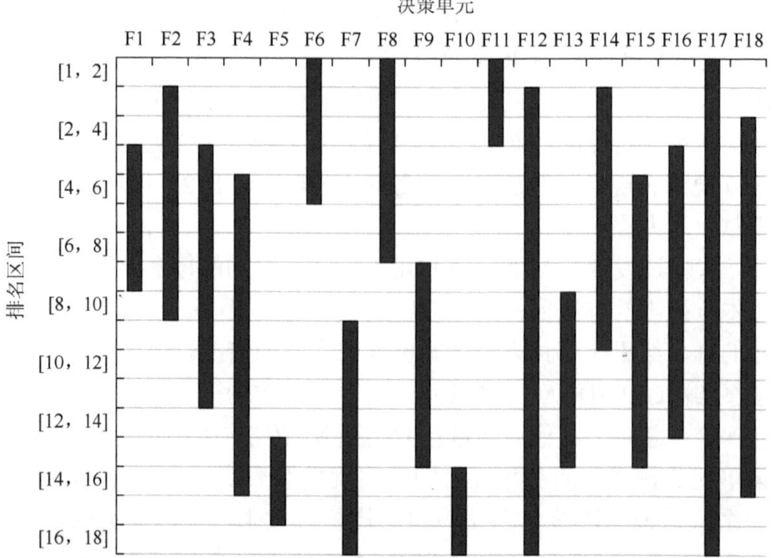


图 4.4　18 个家电行业公司的排名区间

## 4.5　本 章 小 结

本章构建了一系列模型来计算固定和产出决策单元的效率区间、排名区间以及占优关系。与以前的方法相比，本章所提出的模型得到的结果是基于所有可行的均衡有效生产前沿面求得的，而不只是单个均衡有效生产前沿面。我们将本章提出的方法与以前的方法进行了比较，并使用 Yang 等（2011）的数据集对方法进行了进一步说明。比较的结果表明与 CCR 模型和 GEEFDEA 模型相比，我们的方法可以提供更多重要的信息。我们还使用本章提出的方法对中国家电行业公司在 2012 年的效率表现进行了更全面的评价，为我们的方法的有效性提供了证据。

在本章的研究过程中，我们还没有考虑到非期望的固定和产出，如有害工业废气和噪声等。在未来，我们可以进一步探讨具有非期望固定和产出情况下 GEEFDEA 模型所构建的均衡有效生产前沿面的不唯一性。进而，我们可以就如何计算非期望固定和产出决策单元的效率区间、排名区间以及占优关系开展相关的研究。此外，未来的另一个研究方向是将本章所提出的模型中规模报酬不变的假设扩展为规模报酬可变的假设。

## 4.6　本 章 思 考

（1）本章提出的固定和产出 DEA 框架的主要目的是什么？

（2）本章提出的排序方法是如何实现考虑所有可能的均衡有效生产前沿面的？

（3）思考一下，本章的模型在现实中的应用场景是怎样的？

## 参考文献


Alcaraz J，Ramón N，Ruiz J L，et al. 2013. Ranking ranges in cross-efficiency evaluations[J]. European Journal of Operational Research，226（3）：516-521.

Banker R D，Charnes A，Cooper W W. 1984. Some models for estimating technical and scale inefficiencies in data envelopment analysis[J]. Management Science，30（9）：1078-1092.

Charnes A，Cooper W W，Rhodes E. 1978. Measuring the efficiency of decision making units[J]. European Journal of Operational Research，2（6）：429-444.

Charnes A，Cooper W W. 1962. Programming with linear fractional functionals[J]. Naval Research Logistics Quarterly，9（3/4）：181-186.

Fang L. 2016. A new approach for achievement of the equilibrium efficient frontier with fixed-sum outputs[J]. Journal of the Operational Research Society，67（3）：412-420.

Li Y J，Shi X A，Emrouznejad A，et al. 2020. Ranking intervals for two-stage production systems[J]. Journal of the Operational Research Society，71（2）：209-224.

Podinovski V V. 2001. DEA models for the explicit maximisation of relative efficiency[J]. European Journal of Operational Research，131（3）：572-586.

Salo A，Punkka A. 2011. Ranking intervals and dominance relations for ratio-based efficiency analysis[J]. Management Science，57（1）：200-214.

Si X L，Liang L，Jia G Z，et al. 2013. Proportional sharing and DEA in allocating the fixed cost[J]. Applied Mathematics and Computation，219（12）：6580-6590.

Yang F，Wu D D，Liang L，et al. 2011. Competition strategy and efficiency evaluation for decision making units with fixed-sum outputs[J]. European Journal of Operational Research，212（3）：560-569.

Yang M，Li Y J，Chen Y，et al. 2014. An equilibrium efficiency frontier data envelopment analysis approach for evaluating decision-making units with fixed-sum outputs[J]. European Journal of Operational Research，239（2）：479-489.

Yang M，Li Y J，Liang L. 2015. A generalized equilibrium efficient frontier data envelopment analysis approach for evaluating DMUs with fixed-sum outputs[J]. European Journal of Operational Research，246（1）：209-217.

Zhu Q，Wu J，Song M，et al. 2017. A unique equilibrium efficient frontier with fixed-sum outputs in data envelopment analysis[J]. Journal of the Operational Research Society，68（12）：1483-1490.

# 第5章 同时存在非期望和固定和产出的DEA方法

## 5.1 理论背景

前面几章介绍了基于均衡有效生产前沿面 DEA 的固定和产出决策单元效率评价研究，上述产出是指好的产出，又称为期望产出（desirable output），如利润、市场占有率以及奥运会奖牌等。然而，在现实生产过程中，还有一类产出的出现不是人们预期想得到的，但在生产过程中又不得不产生的，我们称它为坏的产出或非期望产出（undesirable output）。例如，工业生产过程中所排放出的有害气体，如二氧化硫、二氧化氮、一氧化碳等。非期望产出的概念是由 Koopmans（1951）最早提出来的。Färe 等（1989）在此基础上首次将非期望产出的研究延伸到 DEA 领域中来。他们提出了一种双曲测度模型，目的是评价美国 30 家造纸厂的环境效率。自此之后，基于 DEA 理论的非期望产出的研究吸引了全世界众多优秀学者的关注。例如，Scheel（2001）通过比较非期望产出在不同 DEA 方法中的作用来研究该产出对有效生产前沿面的影响。Seiford 和 Zhu（2002）根据传统 DEA 模型分类不变性的性质展示了传统的 DEA 模型可以通过增加期望产出和减少非期望产出的方式提高决策单元的效率表现，并且在此过程中保持了模型的线性和凸性。Färe 等（2004）认为非期望产出总是伴随着期望产出一起被生产出来的，所以二者之间一定存在某些特定的联系，二者的联系主要体现在两个方面：空连接性（null-joint）和弱可处理性（weak disposability）。其中空连接性是指我们不能在生产期望产出的同时消除非期望产出的生产。若想消除非期望产出，唯一的方法就是不生产，这一性质说明期望产出不能离开非期望产出而独立存在。弱可处理性表明期望产出和非期望产出按同比例缩小仍处于原来的生产可能集中。近年来，关于非期望产出 DEA 方法的研究也十分热门。例如，Yang 和 Pollitt（2010）运用非期望产出 DEA 模型评价煤炭发电厂的环境效率。他们还强调了区分非期望产出弱可处理性与强可处理性的必要性。Barros 等（2012）提出一种非径向的非期望产出 DEA 模型用于评价日本银行的技术效率。此外，还有一些其他的关于非期望产出 DEA 的研究，如 Lozano 等（2013）、Liang 等（2009）、Mandal（2010）的研究。

上述内容主要介绍基于 DEA 理论的非期望产出的研究背景和相关文献回顾，上述文献没有考虑非期望产出的和是固定的情况，事实上，在非期望产出的研究背景中，产出和是固定的情况是十分常见的，例如，通常情况下，每个国家或地区工业废气的排放量（非期望产出）是有限制的，因此我们一般可以假定某个国家废气的排放量的总和是固定的，所以在评价某个地区的环境效率时，考虑非期望产出的和固定这一约束是有必要的。目前有极少数的文献在运用非期望产出 DEA 模型评价环境效率时考虑了产出的和固定的约束。其中，Gomes 和 Lins（2008）提出一种用于处理非期望产出的 ZSGDEA 方法来评价各国二氧化碳排放的环境效率。Wu 等（2014）提出了一种新的固定非期望产出 DEA 模型来评价中国各省市的工业环境效率。然而在第 4 章我们多次提到过，ZSGDEA 模型和 FSODEA 模型虽然在评价过程中都考虑了产出和固定这个约束，但是二者都存在同样的不足之处，那就是二者都是基于不同的有效生产前沿面来评价的，这样的评价结果是不具有可比性的。此外，对于存在非期望产出的上述两个模型来说，还有一个不足之处，那就是二者的非期望产出模型可能会出现无可行解的情况，具体分析参见后面定理 5.1 的分析内容，在此不再赘述。为了弥补上述不足，本章提出了一种基于一般均衡前沿面的 GEEFDEA 模型来评价具有非期望固定和产出的决策单元的效率。

本章的主要内容安排如下：5.1 节通过对基于 DEA 理论的非期望产出模型进行背景介绍和相关文献回顾，引出本章的研究问题，那就是非期望固定和产出 DEA 的研究问题；5.2 节详细介绍一般非期望固定和产出 GEEFDEA 模型；5.3 节通过一个小算例来演示本章提出的模型；5.4 节运用本章提出的模型来评价我国 30 个省区市的工业环境效率；5.5 节是本章小结；5.6 节是本章思考。

## 5.2　一般非期望固定和产出 GEEFDEA 模型

我们假设有 $n$ 个待评价的决策单元，每个决策单元有 $m$ 种投入指标 $x_{ij}(i=1,2,\cdots,m)$、$s$ 种期望产出指标 $y_{rj}(r=1,2,\cdots,s)$ 以及 $l$ 种非期望产出指标 $f_{tj}^{u}(t=1,2,\cdots,l)$。其中非期望产出指标均为固定和产出指标，即有 $\sum_{j=1}^{n} f_{tj}^{u}=F_{t}^{u}$ $(t=1,2,\cdots,l)$，其中 $F_{t}^{u}$ 为第 $t$ 个非期望产出的和，是一个常量。那么我们可将非期望产出的 GEEFDEA 模型构建如下：

$$\min \sum_{j=1}^{n}\sum_{t=1}^{l} w_{t}\alpha_{tj}$$

$$\text{s.t.}\ \frac{\sum_{r=1}^{s} u_{r} y_{rj}+\mu_{0}}{\sum_{i=1}^{m} v_{i} x_{ij}+\sum_{t=1}^{l} w_{t}(f_{tj}^{u}+\delta_{tj}^{u})}=1,\quad \forall\, j$$

$$\begin{aligned}&\sum_{j=1}^{n}\delta_{tj}^{u}=0,\quad \forall t\\&\alpha_{tj}=\max\{\delta_{tj}^{u},0\},\quad \forall t,j\\&f_{tj}^{u}+\delta_{tj}^{u}\geqslant 0,\quad \forall t,j\\&u_r,v_i,w_t\geqslant 0,\quad \delta_{tj}^{u},\mu_0\text{ 是自由变量}\end{aligned}\tag{5.1}$$

模型（5.1）与期望固定和产出的 GEEFDEA 模型很相似，但却有着本质的区别，期望固定和产出的 GEEFDEA 模型中的固定和产出是期望产出，对于决策者来说，对于一定量的投入，期望产出自然是越多越有效，因此该产出的加权和位于效率表达式的分子上，而模型（5.1）中的固定和产出是非期望产出，对于一定量的投入，非期望产出越少越有效，所以该产出的加权和位于效率表达式的分母上。模型（5.1）的其余约束与期望固定和产出的 GEEFDEA 模型相同。根据模型（5.1）可得到如下定理。

**定理 5.1**　模型（5.1）一定有可行解。

定理的证明见附录一。

定理 5.1 证明了非期望固定和产出 GEEFDEA 模型一定有可行解，事实上，若是将非期望固定和产出决策单元前沿面构建模型拓展到前面的 EEFDEA 模型以及 FSODEA 和 ZSGDEA 模型，定理 5.1 的类似结论却不成立。以 EEFDEA 模型为例，由于该模型在构建均衡有效生产前沿面时是按照给定的顺序逐个调整到有效生产前沿面的，但是对于有些无效决策单元来说，满足不了 EEFDEA 模型的第一个约束，即

$$\frac{\sum_{r=1}^{s}u_r y_{rk}+\mu_0}{\sum_{i=1}^{m}v_i x_{ik}+\sum_{t=1}^{l}w_t(f_{tk}^{u}+\beta_{tk}^{u})}=1,\quad \beta_{tk}^{u}\geqslant 0$$

因为对于一些无效的决策单元来说，一定有下式成立，即

$$\frac{\sum_{r=1}^{s}u_r y_{rk}+\mu_0}{\sum_{i=1}^{m}v_i x_{ik}+\sum_{t=1}^{l}w_t f_{tk}^{u}}<1$$

所以在此基础上，在不等式左边式子的分母上再加上一个非负值 $\sum_{t=1}^{l}\beta_{tk}^{u}$，一定不会使左边式子的值增大，即该式仍然小于 1，所以满足不了前面提到的第一个约束。类似的分析也同样适合 FSODEA 模型和 ZSGDEA 模型。但是对于模型（5.1）却不会出现上述问题。因为模型（5.1）约束中的 $\delta_{tj}^{u}$ 是无约束的，

它既可以为正，也可以为负，还可以是 0，正因为如此，才充分体现了 GEEFDEA 模型的一般性。

参照期望固定和产出的 GEEFDEA 模型的变换步骤，我们首先将模型（5.1）等价转换为模型（5.2）：

$$
\begin{aligned}
&\min \sum_{j=1}^{n}\sum_{t=1}^{l} w_t \left|\delta_{tj}^{u}\right| \\
&\text{s.t.}\ \frac{\sum_{r=1}^{s} u_r y_{rj} + \mu_0}{\sum_{i=1}^{m} v_i x_{ij} + \sum_{t=1}^{l} w_t (f_{tj}^{u} + \delta_{tj}^{u})} = 1,\quad \forall j \\
&\sum_{j=1}^{n} \delta_{tj} = 0,\quad \forall t \\
&f_{tj}^{u} + \delta_{tj}^{u} \geqslant 0,\quad \forall t, j \\
&u_r, v_i, w_t \geqslant 0,\quad \delta_{tj}^{u}, \mu_0\ \text{是自由变量}
\end{aligned}
\tag{5.2}
$$

再令 $\delta_{tj}^{\prime u} = w_t \delta_{tj}^{u}$，将模型（5.2）的约束条件转化为线性约束，如下：

$$
\begin{aligned}
&\min \sum_{j=1}^{n}\sum_{t=1}^{l} \left|\delta_{tj}^{\prime u}\right| \\
&\text{s.t.}\ \sum_{r=1}^{s} u_r y_{rj} - \sum_{i=1}^{m} v_i x_{ij} - \sum_{t=1}^{l} (w_t f_{tj}^{u} + \delta_{tj}^{\prime u}) + \mu_0 = 0,\quad \forall j \\
&\sum_{j=1}^{n} \delta_{tj}^{\prime u} = 0,\quad \forall t \\
&\sum_{i=1}^{m} v_i x_{ij} + \sum_{t=1}^{l} (w_t f_{tj}^{u} + \delta_{tj}^{\prime u}) \geqslant C,\quad \forall j \\
&w_t f_{tj}^{u} + \delta_{tj}^{\prime u} \geqslant 0,\quad \forall t, j \\
&u_r, v_i, w_t \geqslant 0,\quad \delta_{tj}^{\prime u}, \mu_0\ \text{是自由变量}
\end{aligned}
\tag{5.3}
$$

需要指出的是约束 $\sum_{i=1}^{m} v_i x_{ij} + \sum_{t=1}^{l} (w_t f_{tj}^{u} + \delta_{tj}^{\prime u}) \geqslant C$ 是为了保证变换过程中分母不等于 0，又因为分母一定为非负值，所以 $C$ 取正常数。实际上，我们可通过下面的定理 5.2 看出 $C$ 的取值不影响最终的评价结果。接下来我们将模型（5.3）的目标函数也转化为线性的，以方便求解。令

$$
a_{tj} = \frac{1}{2}\left(\left|\delta_{tj}^{\prime u}\right| + \delta_{tj}^{\prime u}\right),\quad b_{tj} = \frac{1}{2}\left(\left|\delta_{tj}^{\prime u}\right| - \delta_{tj}^{\prime u}\right)
$$

显然，$a_{tj} \geqslant 0$，$b_{tj} \geqslant 0$，且有 $\left|\delta_{tj}^{\prime u}\right| = a_{tj} + b_{tj}$，$\delta_{tj}^{\prime u} = a_{tj} - b_{tj}$ 对于任意的 $t$、$j$ 成立。

至此，模型（5.3）可转化如下：

$$
\begin{aligned}
&\min \sum_{j=1}^{n}\sum_{t=1}^{l}(a_{tj}+b_{tj}) \\
&\text{s.t. } \sum_{r=1}^{s}u_r y_{rj}-\sum_{i=1}^{m}v_i x_{ij}-\sum_{t=1}^{l}(w_t f_{tj}+a_{tj}-b_{tj})+\mu_0=0, \quad \forall j \\
&\sum_{j=1}^{n}(a_{tj}-b_{tj})=0, \quad \forall t \\
&\sum_{i=1}^{m}v_i x_{ij}+\sum_{t=1}^{l}(w_t f_{tj}+a_{tj}-b_{tj})\geqslant C, \quad \forall j \\
&w_t f_{tj}+a_{tj}-b_{tj}\geqslant 0, \quad \forall t, j \\
&u_r, v_i, w_t, a_{tj}, b_{tj}\geqslant 0, \quad \mu_0 \text{ 是自由变量}
\end{aligned}
\tag{5.4}
$$

至此，我们将含有非期望固定和产出的均衡有效生产前沿面实现模型转化为如模型（5.4）所示的线性规划问题。该模型包含了 GEEFDEA 模型在构建均衡有效生产前沿面方面的所有优势，主要包括能够不需要事先给定各决策单元的固定和产出的调整顺序，只需一步就可到达均衡有效生产前沿面，能同时处理多维非期望产出固定调整问题等。综上所述，本章提出的方法在解决具有非期望固定和产出的决策单元效率评价问题上优势明显。

根据模型（5.4）可得如下定理。

**定理 5.2**　如果$(v_i^*,u_r^*,w_t^*,\mu_0^*,a_{tj}^*,b_{tj}^*)$是模型（5.4）基于给定正常数 $C$ 的一组最优解，那么$\dfrac{C'}{C}(v_i^*,u_r^*,w_t^*,\mu_0^*,a_{tj}^*,b_{tj}^*)$ $(\forall i,r,t,j\neq k)$是模型（5.4）基于给定正常数 $C'$ 的一组最优解。

定理 5.2 的证明过程与期望固定和产出的 GEEFDEA 模型的定理证明过程类似，在此就不赘述了。

上述模型介绍了非期望产出 GEEFDEA 的构建模型，接下来我们介绍非期望产出 GEEFDEA 的评价模型。根据之前介绍的期望产出 GEEFDEA 的评价模型，我们得知当时采用的评价模型为产出导向型模型，原因是我们是通过调整产出构建均衡有效生产前沿面的，而且是基于这样的有效生产前沿面来评价所有决策单元的，所以当我们在向均衡有效生产前沿面投影计算效率时，也应该沿着产出的方向进行投影，而产出导向型模型才可以向产出方向投影。而对于非期望产出来说，其性质更像是投入，表现在模型中也是如此，所以当我们采用通过调整非期望固定和产出构建的均衡有效生产前沿面来评价时，是沿着非期望产出的方向投影，根据其投入的性质，我们采用的非期望产出 GEEFDEA 的评价模型是投入导向型模型，如下：

$$e_k^{\text{U\_GEEFDEA}} = \max \frac{\sum_{r=1}^{s} u_r y_{rk} + \mu_0}{\sum_{i=1}^{m} v_i x_{ik} + \sum_{t=1}^{l} w_t f_{tk}^u}$$

$$\text{s.t.} \ \frac{\sum_{r=1}^{s} u_r y_{rj} + \mu_0}{\sum_{i=1}^{m} v_i x_{ij} + \sum_{t=1}^{l} w_t (f_{tj}^u + \delta_{tj}^{u*})} \leqslant 1, \quad \forall j \tag{5.5}$$

$$u_r, w_t, v_i \geqslant 0, \quad \forall r,t,i; \quad \mu_0 \text{ 是自由变量}$$

将模型（5.5）按 Charnes-Cooper 变换（Charnes and Cooper，1962）转化为如下线性规划模型：

$$e_k^{\text{U\_GEEFDEA}} = \max \sum_{r=1}^{s} \mu_r y_{rk} + u_0$$

$$\text{s.t.} \sum_{r=1}^{s} \mu_r y_{rj} - \sum_{i=1}^{m} \upsilon_i x_{ij} - \sum_{t=1}^{l} \omega_t (f_{tj}^u + \delta_{tj}^{u*}) + u_0 \leqslant 0, \quad \forall j \tag{5.6}$$

$$\sum_{i=1}^{m} \upsilon_i x_{ik} + \sum_{t=1}^{l} \omega_t f_{tk}^u = 1$$

$$\mu_r, \omega_t, \upsilon_i \geqslant 0, \quad \forall r,t,i; \quad u_0 \text{ 是自由变量}$$

模型（5.5）和模型（5.6）中的 $\delta_{tj}^{u*}$ 是通过前沿面构建模型算得的非期望固定和产出调整量。至此，非期望固定和产出 GEEFDEA 模型构建完毕。

## 5.3　Chen-Delmas 非期望固定和产出 DEA 模型

本节将介绍 Chen 和 Delmas（2012）提出的环境效率评价模型。Chen 和 Delmas（2012）的环境效率评价模型不需要假设企业可以通过减少不良产出并按比例增加预期产出来提高效率，因为这种假设在许多情况下可能是不现实的。

假设有 $K$ 个决策单元，每个决策单元消耗 $M$ 种投入 $x_{km}$ $(k=1,2,\cdots,K,$ $m=1,2,\cdots,M)$，产出 $N$ 种期望产出 $y_{kn}(n=1,2,\cdots,N)$ 以及 $P$ 种非期望产出 $u_{kp}(p=1,2,\cdots,P)$。模型（5.7）是 Chen 和 Delmas（2012）所提出的环境效率评价模型。在模型（5.7）中，变量 $x_{om}$、$y_{on}$和$u_{op}$ 分别表示待评价决策单元 $o$ 的投入、期望产出和非期望产出。变量 $g_n^y$ 和 $g_p^u$ 分别代表可以对期望产出和非期望产出所做的改进量。参数 $z_k$ 是每个决策单元 $k(k=1,2,\cdots,K)$ 所对应的权重。表达式 $\sum_{k=1}^{K} z_k x_{km}$ 表示的是所有决策单元的第 $m$ 个投入的加权和，且 $\sum_{k=1}^{K} z_k y_{kn}$ 和 $\sum_{k=1}^{K} z_k u_{kp}$ 依次表示所有决策单元的第 $n$ 个期望产出和第 $p$ 个非期望产出的加权和。

$$
\begin{aligned}
& E_0 = \max \frac{1}{N+P}\left\{\sum_{n=1}^{N}\frac{g_n^y}{y_{on}} + \sum_{p=1}^{P}\frac{g_p^u}{u_{op}}\right\} \\
& \text{s.t. } \sum_{k=1}^{K} z_k x_{km} \leqslant x_{om}, \quad m = 1,2,\cdots,M \\
& \sum_{k=1}^{K} z_k y_{kn} \geqslant y_{on} + g_n^y, \quad n = 1,2,\cdots,N \\
& \sum_{k=1}^{K} z_k u_{kp} \leqslant u_{op} - g_p^u, \quad p = 1,2,\cdots,P \\
& z_k, g_n^y, g_p \geqslant 0
\end{aligned} \tag{5.7}
$$

模型（5.7）的目标函数也称为无效分数，是被评价的决策单元为了到达有效生产前沿面而需要改进的平均幅度，表示决策单元距有效生产前沿面的距离。如果确定了这个平均幅度，则每个决策单元可以据此选择自己进行改进的方向以到达有效生产前沿面。换句话说，被评价的决策单元不必按比例去增加期望产出或减少非期望产出，而可以根据自己的需要参考平均幅度来决定各产出调整量。从理论上讲，目标函数值或无效得分可以取从零到无穷大的值。如果目标函数值为零，则表示决策单元处于有效生产前沿面上，没有再改进的空间了。如果它不为零，则目标函数值越大，决策单元到达前沿面所需的改进就越大，这表明决策单元的效率较低。这与传统 DEA 效率所代表的含义恰恰相反。例如，如果决策单元的目标函数值为 0.6，则意味着决策单元需要将期望产出平均提高 60%并将非期望输出平均降低 60%才能到达有效生产前沿面。应该注意的是，该模型不仅可以表示决策单元无效得分，而且可以建议改进幅度以达到有效。

为了更好地理解评价模型，我们给出了该模型的对偶形式如下：

$$
\begin{aligned}
& E_0 = \min \sum_{m=1}^{M} w_m x_{om} - \sum_{n=1}^{N} u_n y_{on} + \sum_{p=1}^{P} v_p u_{op} \\
& \text{s.t.} \sum_{m=1}^{M} w_m x_{km} - \sum_{n=1}^{N} u_n y_{kn} + \sum_{p=1}^{P} v_p u_{kp} \geqslant 0, \quad k = 1,2,\cdots,K \\
& u_n \geqslant \frac{1}{(N+P)y_{on}}, \quad n = 1,2,\cdots,N \\
& v_p \geqslant \frac{1}{(N+P)u_{op}}, \quad p = 1,2,\cdots,P \\
& w_m \geqslant 0, u_n \geqslant 0, v_p \geqslant 0, \quad m = 1,2,\cdots,M; n = 1,2,\cdots,N; p = 1,2,\cdots,P
\end{aligned} \tag{5.8}
$$

式中，$w_m$、$u_n$和$v_p$ 分别为决策单元的投入、期望产出和非期望产出对应的权重。从模型（5.8）中，我们可以清楚地观察到由于第一个约束的存在，所有决策单元的效率得分均不小于 0。与模型（5.7）相同，模型（5.8）的目标函数值越大，表示被评价的决策单元越无效。从模型（5.8）中可以看出，对于非期望产出，该模型并没有考虑其和为固定的情况。即在构建前沿面时，没有考虑所有决策单元的非期望产出之间的约束关系。然而，正如第 1 章所提到的，现实生活中非期望固定和产出现象十分常见，因此有必要将模型（5.8）扩展应用到对非期望固定和产出决策单元的效率评价当中。我们考虑将 Yang 等（2015）方法的第一个模型与 Chen 和 Delmas（2012）的环境效率评价模型相结合，考虑决策单元的非期望固定和产出调整量之间的约束关系。

我们提出一种新的方法用于评价具有非期望固定和产出的决策单元的环境效率。由于这些决策单元的非期望产出的和是固定的，因此我们在构建前沿面时应该考虑它们的非期望固定和产出调整量之间的约束关系，即所有决策单元的调整量总和为 0。与 Yang 等（2015）的方法类似，我们首先构建一个用于生成公共的均衡有效生产前沿面的模型。假设有 $K$ 个决策单元，每个决策单元消耗 $M$ 种投入 $x_{km}(k=1,2,\cdots,K;\ m=1,2,\cdots,M)$，产出 $N$ 种期望产出 $y_{kn}(n=1,2,\cdots,N)$ 和 $Q$ 种非期望产出 $f_{kp}(q=1,2,\cdots,Q)$，生成公共均衡有效生产前沿面的模型如下：

$$
\begin{aligned}
&\min\sum_{k=1}^{K}\sum_{q=1}^{Q}h_q\,|\,\delta_{kq}\,| \\
&\text{s.t.}\sum_{m=1}^{M}w_m x_{km}-\sum_{n=1}^{N}u_n y_{kn}+\sum_{q=1}^{Q}h_q(f_{kq}+\delta_{kq})=0,\quad \forall k \\
&\sum_{k=1}^{K}\delta_{kq}=0,\quad \forall q \\
&f_{kq}+\delta_{kq}\geqslant 0,\quad \forall q,k \\
&\sum_{m=1}^{M}w_m x_{km}\geqslant C,\quad \forall k \\
&u_n,w_m,h_q\geqslant 0,\quad \delta_{kq}\text{是自由变量}
\end{aligned}
\tag{5.9}
$$

式中，$w_m$、$u_n$和$h_q$ 分别为决策单元的投入、期望产出和非期望产出对应的权重；$\delta_{kq}$ 为决策单元 $k$ 的第 $q$ 个非期望固定和产出的调整量，所有决策单元之间非期望固定和产出调整量需满足约束条件：$\sum_{k=1}^{K}\delta_{kq}=0,\forall q$，期望产出可自由调整。模型（5.9）是非线性的，参考 Yang 等（2015）的方法，我们可以将该模型转换为线性模型。首先，令 $\delta'_{kq}=h_q\delta_{kq}$，得到模型：

$$
\begin{aligned}
&\min\sum_{k=1}^{K}\sum_{q=1}^{Q}|\,\delta'_{kq}\,| \\
&\text{s.t.}\sum_{m=1}^{M}w_m x_{km}-\sum_{n=1}^{N}u_n y_{kn}+\sum_{q=1}^{Q}(h_q f_{kq}+\delta'_{kq})=0,\quad \forall k
\end{aligned}
$$

$$\begin{aligned}&\sum_{k=1}^{K}\delta'_{kq}=0,\quad \forall q\\&h_q f_{kq}+\delta'_{kq}\geqslant 0,\quad \forall q,k\\&\sum_{m=1}^{M}w_m x_{km}\geqslant C,\quad \forall k\\&u_n,w_m,h_q\geqslant 0,\quad \delta'_{kq}\text{ 是自由变量}\end{aligned}\tag{5.10}$$

其次，令 $a_{kq}=\frac{1}{2}(|\delta'_{kq}|+\delta'_{kq})$，$b_{kq}=\frac{1}{2}(|\delta'_{kq}|-\delta'_{kq})$（Si et al.，2013），将模型（5.10）转换为

$$\begin{aligned}&\min\sum_{k=1}^{K}\sum_{q=1}^{Q}(a_{kq}+b_{kq})\\&\text{s.t.}\sum_{m=1}^{M}w_m x_{km}-\sum_{n=1}^{N}u_n y_{kn}+\sum_{q=1}^{Q}(h_q f_{kq}+a_{kq}-b_{kq})=0,\quad \forall k\\&\sum_{k=1}^{K}(a_{kq}-b_{kq})=0,\quad \forall q\\&h_q f_{kq}+a_{kq}-b_{kq}\geqslant 0,\quad \forall q,k\\&w_m x_{km}\geqslant C,\quad \forall k\\&u_n,w_m,h_q,a_{kq},b_{kq}\geqslant 0\end{aligned}\tag{5.11}$$

模型（5.11）是第一个模型，该模型生成了公共的均衡有效生产前沿面，并可以得到每个决策单元的非期望固定和产出的调整量 $\delta_{kq}$。接下来，我们结合 Chen 和 Delmas（2012）的环境效率评价模型来构建本章方法的第二个模型，用于评价决策单元在公共均衡有效生产前沿面下的环境效率表现，模型形式如下：

$$\begin{aligned}&E_0=\min\sum_{m=1}^{M}w_m x_{om}-\sum_{n=1}^{N}u_n y_{on}+\sum_{q=1}^{Q}h_q f_{oq}\\&\text{s.t.}\sum_{m=1}^{M}w_m x_{km}-\sum_{n=1}^{N}u_n y_{kn}+\sum_{q=1}^{Q}h_q(f_{kq}+\delta^*_{kq})\geqslant 0,\quad \forall k\\&\sum_{m=1}^{M}w_m x_{om}-\sum_{n=1}^{N}u_n y_{on}+\sum_{q=1}^{Q}h_q f_{oq}\geqslant 0\\&u_n\geqslant\frac{1}{(N+Q)y_{on}},\quad \forall n\\&h_q\geqslant\frac{1}{(N+Q)f_{oq}},\quad \forall q\\&w_m,u_n,h_q\geqslant 0\end{aligned}\tag{5.12}$$

式中，$\delta^*_{kq}$ 为模型（5.11）中得到的每个决策单元的非期望固定和产出的调整量的

最优解。目标函数是被评价的决策单元 $o$ 的环境无效得分，并且所有决策单元的环境无效得分均不小于 0。模型（5.12）的对偶模型的目标函数值表示被评价的决策单元距均衡有效生产前沿面的距离，是其到达均衡有效生产前沿面需要改进的平均幅度。对于其对偶模型来说，目标函数值越小，被评价的决策单元的环境效率表现越好，如果目标函数值为零，则表示决策单元处于均衡有效生产前沿面上，不需要再进行改进。同样地，与其对偶模型类似，模型（5.12）的目标函数值越大，表示被评价的决策单元的环境效率较低。

## 5.4　应用——我国 30 个省区市碳排放环境效率评价

我国明确规定，在“十二五”期间，碳排放强度已被视为省级的强制性约束指标。这是继能源强度（即能源消耗/GDP）在“十一五”时期被列为强制性约束指标之后的又一项环境政策。为了更好地发展经济、保护环境和合理控制碳排放，我们首先需要知道各省区市的碳排放现状，并对其碳排放相关的环境效率进行评价。

二氧化碳是非期望固定和产出，本节把在 5.3 节中提出的非期望固定和产出决策单元的环境效率评价方法应用到对中国各省区市碳排放的环境效率评价当中。本节选取了 2012 年我国 30 个省区市的二氧化碳排放数据进行分析研究（由于数据的可获得性和数据缺失问题，不包含香港、澳门、台湾和西藏的数据）。在进行评价之前非常重要的一步是对评价指标的选取，指标选择得合理与否对最终的评价结果影响非常大。我们综合考虑了之前研究学者的指标选择来选取相应的评价指标。有些学者选取了资金、人口以及能源消耗作为投入，选取了 GDP、二氧化碳排放作为产出；也有学者选取了人口、GDP 以及能源消耗作为投入，并将二氧化碳排放作为产出。

在本节中，我们设定二氧化碳排放总量是固定的，即二氧化碳排放量是一个非期望固定和产出。考虑到各指标的属性以及相关的研究，我们选择能源消耗和人口作为投入，二氧化碳排放量作为非期望固定和产出，地区生产总值为期望产出。相应指标的选择理由如下。

（1）能源消耗：能源消耗是产生各种经济价值的前提，我们消耗能源来进行生产生活，因此我们将能源消耗选为投入指标。

（2）人口：人口代表着劳动力，可以创造很多经济价值，如果只有能源消耗而没有劳动力，生产生活就无法正常进行，二者缺一不可，因此我们将人口选为投入指标。

（3）地区生产总值：GDP 作为国家经济发展水平和经济实力的象征，是体现一个国家消耗资源获得产出能力的重要体现。因此，我们将反映 GDP 的地区生产总值选为期望产出。

（4）二氧化碳排放量：毋庸置疑，二氧化碳作为破坏全球气候环境、造成温室效应的主要元凶，是非期望产出。此外，整个国家的二氧化碳排放总量是固定的，因此我们将二氧化碳排放量选为非期望固定和产出。

本节选取了 2012 年中国 30 个省区市的二氧化碳排放量数据进行实证研究。我们使用的数据具体如表 5.1 所示。

**表 5.1　30 个省区市的二氧化碳排放量数据表**

| 省区市 | 能源消耗/（$10^4$t） | 人口/万人 | 地区生产总值/亿元 | 二氧化碳排放量/（$10^4$t） |
|---|---|---|---|---|
| 北京 | 3 437.84 | 2 069 | 17 879.40 | 13 193.179 |
| 天津 | 6 875.20 | 1 413 | 12 893.88 | 6 072.871 |
| 河北 | 32 951.74 | 7 288 | 26 575.01 | 15 469.609 |
| 山西 | 34 588.39 | 3 611 | 12 112.83 | 5 300.091 |
| 内蒙古 | 36 744.86 | 2 490 | 15 880.58 | 11 129.792 |
| 辽宁 | 25 283.63 | 4 389 | 24 846.43 | 13 469.539 |
| 吉林 | 12 082.84 | 2 750 | 11 939.24 | 3 565.808 |
| 黑龙江 | 16 165.16 | 3 834 | 13 691.58 | 7 796.248 |
| 上海 | 7 977.93 | 2 380 | 20 181.72 | 17 031.467 |
| 江苏 | 30 823.13 | 7 920 | 54 058.22 | 28 072.691 |
| 浙江 | 17 154.67 | 5 477 | 34 665.33 | 19 520.856 |
| 安徽 | 15 150.28 | 5 988 | 17 212.05 | 21 252.307 |
| 福建 | 9 627.04 | 3 748 | 19 701.78 | 2 054.861 |
| 江西 | 7 320.26 | 4 504 | 12 948.88 | 6 471.794 |
| 山东 | 46 571.73 | 9 685 | 50 013.24 | 5 897.616 |
| 河南 | 26 323.94 | 9 406 | 29 599.31 | 22 715.503 |
| 湖北 | 16 776.02 | 5 779 | 22 250.45 | 2 957.932 |
| 湖南 | 13 028.79 | 6 639 | 22 154.23 | 11 261.490 |
| 广东 | 22 261.99 | 10 594 | 57 067.92 | 16 961.105 |
| 广西 | 8 740.18 | 4 682 | 13 035.10 | 5 100.193 |
| 海南 | 1 909.30 | 887 | 2 855.54 | 2 850.284 |
| 重庆 | 6 820.98 | 2 945 | 11 409.60 | 9 016.315 |
| 四川 | 12 376.47 | 8 076 | 23 872.80 | 4 338.999 |
| 贵州 | 13 333.26 | 3 484 | 6 852.20 | 4 208.529 |
| 云南 | 9 854.32 | 4 659 | 10 309.47 | 5 758.143 |

续表

| 省区市 | 能源消耗/（$10^4$t） | 人口/万人 | 地区生产总值/亿元 | 二氧化碳排放量/（$10^4$t） |
| --- | --- | --- | --- | --- |
| 陕西 | 18 107.93 | 3 753 | 14 453.68 | 9 555.632 |
| 甘肃 | 8 122.49 | 2 578 | 5 650.20 | 4 504.875 |
| 青海 | 2 044.55 | 573 | 1 893.54 | 633.748 |
| 宁夏 | 8 499.60 | 647 | 2 341.29 | 2 024.397 |
| 新疆 | 14 724.8 | 2 233 | 7 505.31 | 4 107.840 |

我们首先对 2012 年 30 个省区市的二氧化碳排放量数据进行了一些统计分析。表 5.2 列出了 30 个省区市相关指标的描述性统计数据，其中包含能源消耗、人口、二氧化碳排放量和地区生产总值的平均值、标准差、最大值和最小值。

**表 5.2　2012 年 30 个省区市的投入产出指标的描述性统计**

| 描述性统计数据 | 投入指标 | | 非期望固定和产出 | 期望产出 |
| --- | --- | --- | --- | --- |
| | 能源消耗/（$10^4$t） | 人口/亿人 | 二氧化碳排放量/（$10^4$t） | 地区生产总值/亿元 |
| 平均值 | 16 189.31 | 4 482.70 | 9 409.79 | 19 195.03 |
| 标准差 | 10 968.73 | 2 675.74 | 6 952.02 | 13 935.59 |
| 最大值 | 46 571.73 | 10 594 | 28 072.691 | 57 067.92 |
| 最小值 | 1 909.30 | 573 | 633.748 | 1 893.54 |

就二氧化碳排放量而言，二氧化碳排放量排名前五位的是江苏、河南、安徽、上海、浙江。与其他省区市相比，这五个省市的人口更多，地区生产总值和能源消耗更高，经济发展与能源之间也有很强的相关关系。作为贸易枢纽的江苏、北京、上海、浙江等经济发达地区的二氧化碳排放量也很高。而宁夏、新疆等西部地区，经济发展相对落后，人口密度较小，二氧化碳排放量相对较少。在能源消耗方面，排名前五位的是山东、内蒙古、山西、河北和江苏。总体而言，东部地区的能源消耗通常高于中部地区，而西部地区的能源消耗则小于其他地区。从人口和地区生产总值来看，基本上可以说能源消耗与人口和地区生产总值成正比。例如，广东、江苏、浙江等地区人口众多，地区生产总值也位居中国之首，相对能源消耗量较高。至于新疆和内蒙古，尽管这两个地区人口少、地区生产总值与能源消耗量也较低，但是我们必须注意提高能源的利用率。

从以上分析可以看出，仅针对二氧化碳排放量进行环境效率分析，并不能给每个省区市公平地分配碳排放指标。除了二氧化碳排放量之外，还需要综合考虑能源消耗、人口和地区生产总值这些指标。因此，接下来我们使用模型（5.11）和模型（5.9）来计算 30 个省区市的二氧化碳排放环境无效得分。表 5.3 的第 2～

4 列给出了 30 个省区市到达公共均衡有效生产前沿面时，调整前后的二氧化碳排放量以及对应的二氧化碳排放的调整量。最后一列是基于本章方法所计算得到的各省区市二氧化碳排放环境无效得分。

**表 5.3　30 个省区市的二氧化碳排放调整量以及环境无效得分**

| 省区市 | 二氧化碳调整前/（$10^4$t） | 二氧化碳调整后/（$10^4$t） | 调整量/（$10^4$t） | 环境无效得分 |
|---|---|---|---|---|
| 北京 | 13 193.179 | 12 521.007 | −672.172 | 0.025 |
| 天津 | 6 072.871 | 9 170.637 | 3 097.766 | 0 |
| 河北 | 15 469.609 | 11 098.541 | −4 371.068 | 0.141 |
| 山西 | 5 300.091 | 4 543.095 | −756.996 | 0.071 |
| 内蒙古 | 11 129.792 | 9 958.061 | −1 171.731 | 0.053 |
| 辽宁 | 13 469.539 | 14 700.725 | 1 231.186 | 0 |
| 吉林 | 3 565.808 | 5 921.016 | 2 355.208 | 0 |
| 黑龙江 | 7 796.248 | 5 576.824 | −2 219.424 | 0.142 |
| 上海 | 17 031.467 | 14 053.843 | −2 977.624 | 0.087 |
| 江苏 | 28 072.691 | 34 889.267 | 6 816.576 | 0 |
| 浙江 | 19 520.856 | 21 662.957 | 2 142.101 | 0 |
| 安徽 | 21 252.307 | 4 927.720 | −16 324.587 | 0.523 |
| 福建 | 2 054.861 | 11 179.332 | 9 124.471 | 0 |
| 江西 | 6 471.794 | 3 708.732 | −2 763.062 | 0.213 |
| 山东 | 5 897.616 | 28 074.590 | 22 176.974 | 0 |
| 河南 | 22 715.503 | 10 063.778 | −12 651.725 | 0.278 |
| 湖北 | 2 957.932 | 9 868.473 | 6 910.541 | 0 |
| 湖南 | 11 261.490 | 8 247.711 | −3 013.779 | 0.134 |
| 广东 | 16 961.105 | 32 849.825 | 15 888.720 | 0 |
| 广西 | 5 100.193 | 3 469.499 | −1 630.694 | 0.160 |
| 海南 | 2 850.284 | 1 007.309 | −1 842.975 | 0.356 |
| 重庆 | 9 016.315 | 5 093.100 | −3 923.215 | 0.218 |
| 四川 | 4 338.999 | 7 243.443 | 2 904.444 | 0 |
| 贵州 | 4 208.529 | 0.000 | −4 208.529 | 0.500 |
| 云南 | 5 758.143 | 1 039.316 | −4 718.827 | 0.410 |
| 陕西 | 9 555.632 | 6 412.220 | −3 143.412 | 0.164 |
| 甘肃 | 4 504.875 | 525.755 | −3 979.120 | 0.442 |
| 青海 | 633.748 | 695.025 | 61.277 | 0 |
| 宁夏 | 2 024.397 | 969.024 | −1 055.373 | 0.261 |
| 新疆 | 4 107.840 | 2 822.886 | −1 284.954 | 0.156 |

从表 5.3 中可看出，环境无效得分为 0 的地区总共有 11 个，分别是天津、辽宁、吉林、江苏、浙江、福建、山东、湖北、广东、四川以及青海。环境无效得分为 0 可以说明这些地区的二氧化碳排放环境效率表现非常好。同时，我们也可以观察到这些地区的二氧化碳排放调整量均为正数，即如果与其他地区相比，它们是不需要减少二氧化碳排放量的。在 30 个省区市中，正调整量最大的省份是山东省，调整量为 2.217 697 4×$10^8$t，负调整量最大的省份是安徽省，调整量为–1.632 458 7×$10^8$t。从表 5.3 的原数据当中也可以看到，山东省在控制二氧化碳排放方面的确表现出色，与其相邻的人口数量差不多的河南省相比，山东省的二氧化碳排放量小了一个数量级，并且其生产总值也比河南省要高。安徽省的表现非常差，与环境无效得分为 0 的福建省相比，安徽省的能源消耗与人口均比后者要多，但是其生产总值却落后于福建省，并且二氧化碳排放量也比福建省高了一个数量级。西南地区如贵州省以及云南省普遍表现较差。东部沿海地区有着先天的贸易优势，经济比较发达。这些城市的经济支柱主要为轻工业、旅游业以及对外贸易往来。相比于沿海地区，环境效率表现较差的省份如安徽省以及甘肃省，它们的经济支柱则更多地侧重于环境污染严重的重工业。贵州省的电力、煤炭能源产业是其重要的支柱产业，在“西电东送”工程中起着十分重要的作用，是南方能源大省。综上可以看出，以重工业如能源产业作为经济支柱的省份往往二氧化碳排放环境效率表现较差。因此，在进行二氧化碳排放量分配时需要综合考虑到各省区市的产业结构与经济发展水平等因素，合理分配。

为了分析加入非期望固定和产出约束之后对评价结果有何影响，我们将本章所提出方法的环境效率评价结果与 Chen 和 Delmas（2012）的结果进行对比，如表 5.4 所示。

**表 5.4　本章方法与 Chen 和 Delmas（2012）方法评价结果对比**

| 省区市 | 环境无效得分 | |
|---|---|---|
| | Chen 和 Delmas（2012）的方法 | 本章方法 |
| 北京 | 0 | 0.025 |
| 天津 | 0 | 0 |
| 河北 | 0.592 | 0.141 |
| 山西 | 0.597 | 0.071 |
| 内蒙古 | 0.317 | 0.053 |
| 辽宁 | 0.347 | 0 |
| 吉林 | 0.394 | 0 |
| 黑龙江 | 0.601 | 0.142 |

续表

| 省区市 | 环境无效得分 | |
|---|---|---|
| | Chen 和 Delmas（2012）的方法 | 本章方法 |
| 上海 | 0.174 | 0.087 |
| 江苏 | 0.208 | 0 |
| 浙江 | 0.268 | 0 |
| 安徽 | 0.827 | 0.523 |
| 福建 | 0 | 0 |
| 江西 | 0.458 | 0.213 |
| 山东 | 0.059 | 0 |
| 河南 | 0.722 | 0.278 |
| 湖北 | 0.137 | 0 |
| 湖南 | 0.478 | 0.134 |
| 广东 | 0 | 0 |
| 广西 | 0.503 | 0.160 |
| 海南 | 0.613 | 0.356 |
| 重庆 | 0.531 | 0.218 |
| 四川 | 0.226 | 0 |
| 贵州 | 1.109 | 0.500 |
| 云南 | 0.795 | 0.410 |
| 陕西 | 0.575 | 0.164 |
| 甘肃 | 1.042 | 0.442 |
| 青海 | 0.547 | 0 |
| 宁夏 | 0.639 | 0.261 |
| 新疆 | 0.633 | 0.156 |

从表 5.4 中可看出，Chen 和 Delmas（2012）的方法一共将四个地区的环境无效得分评为 0 分，分别是北京、天津、福建和广东。除了北京之外，其余三个地区在本章方法的评价结果中环境无效得分也为 0。从表 5.3 中的各省区市二氧化碳排放调整量数据可以看到，在考虑所有省区市二氧化碳排放总量约束的条件下，北京如果想要到达均衡有效生产前沿面需要减少其二氧化碳排放量。因此，北京并不是有效的决策单元。这个结果说明了 Chen 和 Delmas（2012）的方法由于没

有考虑非期望产出固定的情况而导致评价结果出现偏差，加入非期望固定和产出约束很有必要。在上述提到的四个地区之外，本章方法的评价结果中有另外 8 个地区环境无效得分评为 0 分，它们的二氧化碳排放调整量均为正数。在 Chen 和 Delmas（2012）的方法的评价结果中，环境效率表现最差的省份是贵州省，其次是甘肃省，安徽省倒数第三。在我们的评价结果中，表现较差的省份情况也比较类似，安徽省表现最差，其次是贵州省，排名倒数第三的省份是甘肃省。综上，本章提出的方法相较于 Chen 和 Delmas（2012）的方法，考虑了非期望固定和产出的约束，评价结果更贴近实际情况。

接下来，本章基于以上各省区市二氧化碳排放环境效率的评价结果，对中国的二氧化碳排放控制以及经济发展提出几点建议。

（1）我国西部地区，包括甘肃、宁夏、新疆、贵州、云南等，这些省区经济相对落后，人均地区生产总值相对较低，环境效率大都表现较差。究其原因，改革开放以来，我国实施西部大开发，致力于拉动西部地区的经济增长，但是这些经济增长主要依赖于大规模的资源开发，以环境污染作为代价。特别是西南地区的贵州省，其环境无效得分为 0.500，是 30 个省区市中环境效率表现第二差的省份。贵州省的支柱产业是电力、煤炭能源产业，是“西电东送”工程南部通道火电资源的主力军。此外，西部地区的交通、通信等经济基础设施较为薄弱，对经济发展造成了一定的阻碍。因此，对于西部地区，国家在大力发展经济的同时，还应推动西部地区产业转型升级，积极发展高新技术产业和现代服务业，降低环境污染，实现可持续发展。同时，还应不断加大对西部地区基础设施建设的投资力度，充分发挥基础设施对经济发展的促进作用。

（2）我国中部地区，如安徽、河南、湖北、湖南、江西、山西，它们的环境效率表现大部分比较差，除了湖北省，其余五个省份环境无效得分均大于零。主要原因在于这些省份的支柱产业都集中在冶金、能源、机械、材料等重工业方面，环境污染严重。因此，中部地区在发展经济的同时，要进一步加快产业结构升级，综合考虑经济和环境效益。降低第二产业比重，加大环境治理投资力度，减少环境污染，提高环境效率。

（3）我国东部地区，如江苏、浙江、山东、广东等，经济发展较为领先，环境效率表现较好，环境无效得分大都为 0。东部地区拥有优越的地理优势，对外开放程度高，是中国的经济增长高地。相比于中、西部，东部地区轻工业与第三产业更为发达。虽然东部地区的环境效率相较于中、西部地区表现良好，但是仍有许多需要改进的地方。东部地区第二产业所占比重仍然较高，应积极改进生产工艺，提高资源使用效率，减少环境污染。

（4）从表 5.4 的评价结果以及上述分析可以看出，以重工业如能源产业作为经济支柱的省份，由于重工业本身的生产特性，二氧化碳排放环境效率表现普遍较差。

因此，进行二氧化碳排放量分配时需要综合考虑各省区市的环境效率与产业结构，在致力于提高环境效率的同时，对以能源以及重工业为经济支柱的省区市稍微倾斜。此外，对于环境效率低下且工业污染处理工艺落后的省区市应加强扶持，大力更新工厂污染处理设备，升级污染处理工艺，并严格限制其二氧化碳排放量指标。

## 5.5 本章小结

首先，本章提出了一种新的 GEEFDEA 方法来评价具有非期望固定和产出的决策单元。考虑到非期望产出不是决策者所期望得到的产出，该产出越少越好，这一点与投入的性质类似，因此本章对非期望产出的处理方式是将其视作一种新的投入呈现在效率表达式上。然后用一个小算例来演示这个新的方法，得出该方法保持了传统 GEEFDEA 方法的所有优势，并且避免了之前的方法（ZSGDEA 和 FSODEA）在处理非期望产出时可能会出现无可行解的不足。

其次，本章提出了一套用于评价非期望固定和产出决策单元环境效率的方法，给出所有决策单元在考虑非期望固定和产出约束条件下的环境无效得分。与以前的方法相比，本章所提出的方法得到的评价结果更加客观与可信。

我们使用本章提出的方法对我国 30 个省区市二氧化碳排放的环境效率进行评价，并将评价结果与 Chen 和 Delmas（2012）的方法进行了比较，比较的结果表明，两种方法大体上的评价结果是一致的。但是，Chen 和 Delmas（2012）的方法由于没有考虑非期望产出固定的情况，导致对某些省区市的环境效率评价结果出现偏差，如将原本并不是有效的省区市评价为有效，且漏掉了一些本该有效的省区市。因此，在进行评价时将非期望固定和产出的约束考虑进来是很有必要的。在 5.4 节中，我们还针对中国目前各省区市的发展现状以及二氧化碳排放环境效率给出了关于二氧化碳排放量控制以及经济发展的几点建议。

## 5.6 本章思考

（1）处理非期望产出的 DEA 模型有哪些，各有什么优缺点？

（2）在现实经济社会中，有非期望固定和产出的 DEA 模型的应用有哪些？

（3）思考一下如何将固定和产出的情况推广到其他处理非期望产出的 DEA 模型中。

## 参考文献

Barros C P，Managi S，Matousek R. 2012. The technical efficiency of the Japanese banks：Non-radial directional performance measurement with undesirable output[J]. Omega，40（1）：1-8.

Charnes A，Cooper W W. 1962. Programming with linear fractional functionals[J]. Naval Research Logistics Quarterly，9（3/4）：181-186.

Chen C M，Delmas M A. 2012. Measuring eco-inefficiency：A new frontier approach[J]. Operations Research，60（5）：1064-1079.

Färe R，Grosskopf S，Hernandez-Sancho F. 2004. Environmental performance：An index number approach[J]. Resource and Energy Economics，26（4）：343-352.

Färe R，Grosskopf S，Lovell C A K，et al. 1989. Multilateral productivity comparisons when some outputs are undesirable：A nonparametric approach [J]. The Review of Economics and Statistics，71（1）：90-98.

Gomes E G，Lins M P E. 2008. Modelling undesirable outputs with zero sum gains data envelopment analysis models[J]. Journal of the Operational Research Society，59（5）：616-623.

Koopmans. 1951. Activity analysis of production and application [M]. New York：Wiley.

Liang L，Li Y J，Li S B. 2009. Increasing the discriminatory power of DEA in the presence of the undesirable outputs and large dimensionality of data sets with PCA[J]. Expert Systems with Applications，36（3）：5895-5899.

Lozano S，Gutiérrez E，Moreno P. 2013. Network DEA approach to airports performance assessment considering undesirable outputs[J]. Applied Mathematical Modelling，37（4）：1665-1676.

Mandal S K. 2010. Do undesirable output and environmental regulation matter in energy efficiency analysis? Evidence from Indian Cement Industry[J]. Energy Policy，38（10）：6076-6083.

Scheel H. 2001. Undesirable outputs in efficiency valuations [J]. European Journal of Operational Research，132（2）：400-410.

Seiford L M，Zhu J. 2002. Modeling undesirable factors in efficiency evaluation [J]. European Journal of Operational Research，142（1）：16-20.

Si X L，Liang L，Jia G Z，et al. 2013. Proportional sharing and DEA in allocating the fixed cost[J]. Applied Mathematics and Computation，219（12）：6580-6590.

Wu J，An Q X，Yao X，et al. 2014. Environmental efficiency evaluation of industry in China based on a new fixed sum undesirable output data envelopment analysis[J]. Journal of Cleaner Production，74：96-104.

Yang H L，Pollitt M. 2010. The necessity of distinguishing weak and strong disposability among undesirable outputs in DEA：Environmental performance of Chinese coal-fired power plants[J]. Energy Policy，38（8）：4440-4444.

Yang M，Li Y J，Liang L. 2015. A generalized equilibrium efficient frontier data envelopment analysis approach for evaluating DMUs with fixed-sum outputs[J]. European Journal of Operational Research，246（1）：209-217.

# 第 6 章　固定和产出两阶段 DEA 方法

## 6.1　理 论 背 景

根据 Farrell（1957）的开创性工作，Charnes 等（1978）首先提出了 DEA 方法。现在，DEA 是一种流行的非参数方法，用于衡量具有多个投入和多个产出的一组决策单元的绩效（Sherman and Zhu，2013；Luo，2003；Paradi and Zhu，2013）。最近，一些研究者将 DEA 从黑盒结构扩展到两阶段网络结构和一般网络结构（Li et al.，2015；An et al.，2018，Zhai et al.，2019）。

具有两阶段结构的决策单元通常可以在许多实际评价方案中找到，其中决策单元的最终产出的总和是固定的。例如，在评价国家在奥运会中的表现时，每个参与国都有两个阶段，即运动员的准备阶段和运动员的比赛阶段（Li et al.，2015），而金牌、银牌和铜牌的数量是固定的（第二阶段的决策单元产出）。类似的情况还有，分两个阶段评价公司的绩效时，第一阶段是产品开发阶段，第二阶段是竞争销售阶段，而总市场份额之和固定为 100%（Yang et al.，2014）。然而，现有文献还没有提出研究方法来处理这种情况。因此，本章着重介绍在决策单元产出总和固定的情况下，如何对具有两阶段结构的决策单元进行效率评价。

网络 DEA 是对传统 DEA 的扩展，旨在考虑决策单元的内部结构（Koronakos et al.，2019）。可以使用独立的评价方法来评价具有网络结构的决策单元的效率，但是不能反映子阶段之间的关系。Kao 和 Hwang（2011）与以往将整个生产过程和两个子过程视为独立的其他研究不同，提出了一种方法，即乘性效率分解，以在一个程序中评价整体系统效率和阶段效率。Liang 等（2008）根据博弈论的概念将乘法效率分解视为阶段之间的合作博弈或非合作博弈（领导者-跟从者）。从那时起，许多学者在此基础上进行了许多模型扩展和应用。而两阶段结构作为网络结构中最为经典和最为基础的一种结构，吸引了许多学者，这些学者产生了丰富的相关文献。可以总结如下：使用传统的 CCR 模型或 BCC 模型来衡量两阶段效率（Tsai and Wang，2010；Tsolas，2013）；使用子阶段效率描述整体系统效率的网络 DEA 方法（Chen et al.，2010；Yang et al.，2011；Lim and Zhu，2019）；一些子阶段效率分解模型（Kao and Hwang，2011；Chen et al.，2012；Li et al.，2012；Despotis et al.，2016a，2016b；Zhai et al.，2019）以及基于博弈论的两阶段效率评价方法（Liang et al.，2008；Du et al.，2011；Zhou et al.，2013；Yin et al.，2020；Chu et al.，2020）。

当前，网络 DEA 文献着重研究决策单元的生产组成过程（Charnes et al.，1986；Liang et al.，2008；Li et al.，2015），目的是找出系统中任何效率低下的原因，并使绩效评价更加准确和有意义（Kao，2014）。已经有许多例子表明即使某些子过程效率不高，整个系统也可能是有效的。Cron 和 Sobol（1983）指出信息技术（information technology，IT）对业务绩效的影响很小，但是 Wang 等（1997）发现银行业和类似行业的运作有两个过程，即资本吸纳和投资，虽然 IT 对前者有用，但公司是否会真正获利取决于投资决策（第二阶段）。这些发现表明，在测量效率时，需要网络 DEA 模型来产生正确的结果（Kao，2014；Ang and Chen，2016）。文献中的两阶段 DEA 模型强调了决策单元的内部结构对效率评价的影响，但没有考虑决策单元最终产出总和固定的情况。

关于具有固定和产出的决策单元的评价方案，目前已经有了几篇相关论文。早期代表之一是 Lins 等（2003）的 ZSGDEA 模型，该研究评价了参赛国在 2000 年悉尼奥运会中的表现。在 ZSGDEA 模型中，提出了两种针对固定和产出的调整策略，即相同的数量减少策略和比例减少策略。相同的数量减少策略可以平衡评价中决策单元的产出增加和其他产出的相等减少，但是当某些决策单元的实际产出小于等于减少量时，此策略将导致负产出问题。比例减少策略使其他决策单元的产出损耗与它们的真实产出成比例。Yang 等（2011）提出了 FSODEA 模型，并指出 ZSGDEA 模型是 FSODEA 模型的特例。可以通过在 FSODEA 模型中添加某些约束来获得 ZSGDEA 模型。但是，存在一个问题：根据 FSODEA 策略，每个决策单元都会参与到“无记忆”竞赛中，因此决策单元会根据不同的领域进行评价。为了克服 Lins 等（2003）和 Yang 等（2011）的研究的不足，Yang 等（2015）提出了一种基于最小减少竞争策略的新 DEA 模型，并将其命名为 GEEFDEA。GEEFDEA 方法仅一步就可以构建均衡有效生产前沿面，并且它不考虑决策单元的调整顺序，这对于 Lins 等（2003）和 Yang 等（2011）提出的方法是必需的。Fang（2016）还提出了一种线性模型，以通过次要目标方法一步一步实现独特的均衡有效生产前沿面。后来，Wu 等（2019）提出了一种具有固定总和不良产出的通用均衡高效前沿 DEA 方法来测量热电厂的环境效率。

这些观察使我们能够解决具有固定和产出的两阶段场景下的决策单元绩效评价问题，这是任何现有方法都无法解决的。本章将介绍一种两阶段的固定和 DEA 方法来解决此问题。该方法包括两个步骤：第一步为第二阶段的两种策略构建一个通用的评价平台（或均衡有效生产前沿面）；第二步评价所有决策单元的原始投入和产出。然后，我们得到了两个阶段的整体系统效率和效率分解。本章还将介绍将固定和产出的两阶段 DEA 方法应用于 2018 年平昌冬季奥运会的真实数据集的一篇论文来展示该方法的实用性。

# 6.2　固定和产出两阶段 DEA 模型

考虑图 6.1 中的两阶段生产过程。第一阶段使用 $m$ 个投入 $x_{ij}(i=1,2,\cdots,m)$，生产 $q$ 个中间变量（视为第一阶段的产出）$z_{dj}(d=1,2,\cdots,q)$。第二阶段将这些中间变量视为第二阶段产生过程的投入，生产 $s$ 个非固定和产出 $y_{rj}(r=1,2,\cdots,s)$ 和 $l$ 个固定和产出 $f_{tj}(t=1,2,\cdots,l)$。

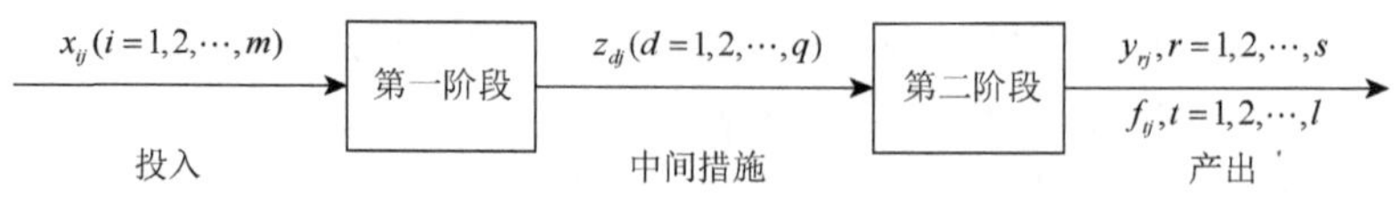


图 6.1　两阶段模型

假设第一阶段的所有产出都将用作第二阶段的投入，则此两阶段过程是通用的两阶段过程。它与文献中的两阶段模型不同，因为某些最终产出的总和（$f_{tj}$）是固定的。

## 6.2.1　考虑固定和产出的两阶段模型构建思路

假设有 $n$ 个决策单元（$\text{DMU}_j, j=1,2,\cdots,n$）进行评价。基于 Liang 等（2008）的中心化模型，模型（6.1）用于评价任意决策单元的效率，指定为 $\text{DMU}_0$。

$$\min \theta_0 = \theta_0^1\theta_0^2 = \frac{\sum_{i=1}^{m} v_i x_{i0} + \mu_0^1}{\sum_{d=1}^{q} w_d z_{d0}} \frac{\sum_{d=1}^{q} w_d z_{d0} + \mu_0^2}{\sum_{r=1}^{s} u_r y_{r0} + \sum_{t=0}^{l} \alpha_t f_{t0}}$$

$$\text{s.t.} \frac{\sum_{i=1}^{m} v_i x_{ij} + \mu_0^1}{\sum_{d=1}^{q} w_d z_{dj}} \geqslant 1, \quad \forall j \tag{6.1}$$

$$\frac{\sum_{d=1}^{q} w_d z_{dj} + \mu_0^2}{\sum_{r=1}^{s} u_r y_{rj} + \sum_{t=0}^{l} \alpha_t f_{tj}} \geqslant 1, \quad \forall j$$

$$v_i, w_d, u_r, \alpha_t \geqslant 0; \quad \mu_0^1, \mu_0^2 \text{是自由变量}$$

模型（6.1）是产出导向型的。产出导向型模型的最佳解决方案是投入导向型模型的最优解（Cooper et al.，2006）。因此，$\theta_0$ 代表整体系统效率的倒数，$\theta_0^1$ 是第一阶段效率的倒数，$\theta_0^2$ 是第二阶段效率的倒数。我们有 $\theta_0=\theta_0^1\theta_0^2$ 和 $e_0=\dfrac{1}{\theta_0}=e_0^1e_0^2=\dfrac{1}{\theta_0^1}\dfrac{1}{\theta_0^2}$。在模型中，$y_{rj}$ 代表 $\text{DMU}_j$ 的第 $r$ 个非固定和产出，$f_{tj}$ 代表 $\text{DMU}_j$ 的第 $t$ 个固定和产出。我们假设中间变量的权重（$w_d$）是相同的（$w_d^1=w_d^2=w_d$）（Kao and Hwang，2011；Liang et al.，2008），因为两个阶段之间具有相同权重的中间变量可以反映两个阶段之间的关系。没有这样的假设，该模型与规模收益可变的传统 DEA 模型是无法区分的，即 Banker 等（1984）的 BCC 模型用于两个阶段的效率评价。该假设解决了两个阶段之间的潜在冲突，并确保了同时优化两个阶段的效率。

模型（6.1）可以用于评价两阶段结构中每个决策单元的整体系统效率，但不能准确地评价两阶段过程中具有固定和产出的决策单元的效率。原因是在模型（6.1）中，固定和产出与非固定和产出均被视为相同的。换句话说，模型（6.1）不能正确地反映固定和产出的特殊特征。考虑到决策单元的一些产出是固定和的，我们在第二阶段使用最小减少策略（Yang et al.，2011）来处理固定和产出：

$$
\begin{aligned}
&\min\theta_0=\theta_0^1\theta_0^2=\frac{\sum_{i=1}^{m}v_ix_{i0}+\mu_0^1}{\sum_{d=1}^{q}w_dz_{d0}}\frac{\sum_{d=1}^{q}w_dz_{d0}+\mu_0^2}{\sum_{r=1}^{s}u_ry_{r0}+\sum_{t=0}^{l}\alpha_tf_{t0}}\\
&\text{s.t.}\frac{\sum_{i=1}^{m}v_ix_{ij}+\mu_0^1}{\sum_{d=1}^{q}w_dz_{dj}}\geqslant 1,\quad\forall j\\
&\frac{\sum_{d=1}^{q}w_dz_{dj}+\mu_0^2}{\sum_{r=1}^{s}u_ry_{rj}+\sum_{t=0}^{l}\alpha_t(f_{tj}+\delta_{tj})}\geqslant 1,\quad\forall j\\
&v_i,w_d,u_r,\alpha_t\geqslant 0;\quad\delta_{tj},\mu_0^1,\mu_0^2\text{ 是自由变量}
\end{aligned}\tag{6.2}
$$

在这里，目标函数使用 $\text{DMU}_0$ 的原始数据来计算效率，即投入 $x_{i0}$、非固定和产出 $y_{r0}$ 和固定和产出 $f_{t0}$。有效生产前沿面是由投入 $x_{ij}$、非固定和产出 $y_{rj}$ 和调整后的固定和产出 $f_{tj}+\delta_{tj}$ 共同构成的。调整值 $f_{tj}+\delta_{tj}$ 是根据最小减少策略计算的（Yang et al.，2011），$\delta_{tj}$ 代表对 $\text{DMU}_j$ 的第 $t$ 个固定和产出的调整量。

值得注意的是，模型（6.2）是产出导向型的。选择产出导向型模型的原因有三个。首先，将决策单元在产出方向上投影到有效生产前沿面上，该产出方向考虑了第二阶段考虑的固定和产出的属性。其次，最优解总是可行的，而基于 VRS

假设的投入导向型的模型可能不可行。由于生产可能集由调整后的值构成 $(f_{tj}+\delta_{tj})$，且可能不包含所有观察结果 $f_{tj}$，投入导向型的模型可能不可行。即当不等式出现时，不可行的解决方案就会导致 $\max_{1\leqslant j\leqslant n} f_{tj} > \max_{1\leqslant j\leqslant n}(f_{tj}+\delta_{tj})$ 成立的情况。最后，使用产出导向型模型的另一个原因是模型（6.2）和我们随后的一系列模型将用于评价奥运会参赛国的效率表现。选择投入导向型还是产出导向型取决于分析的目的（Cook et al.，2014）。如果在这种情况下使用投入导向型模型进行评价，那么提高效率低下的决策单元的效率将意味着减少投入，这是没有意义的，因为某些投入（如人口和土地面积）代表了不可改变的事实；这些变量被认为是非随意处理的变量。另外，每个国家的明显目标是赢得尽可能多的奖牌，因此产出导向型模型更适合这种评价情况。

### 6.2.2 构建第二阶段的公共平台

为了处理第二阶段的固定和产出（系统的最终产出），并使所有决策单元使用共同的平台（均衡有效生产前沿面）进行评价，我们在 Yang 等（2015）的 GEEFDEA 方法中应用了 EA 模型。该 EA 模型如下：

$$
\begin{aligned}
&\min \sum_{j=1}^{n}\sum_{t=1}^{l}\alpha_t\,|\delta_{tj}| \\
&\text{s.t.}\ \frac{\sum_{i=1}^{m} v_i x_{ij}+\mu_0^1}{\sum_{d=1}^{q} w_d z_{dj}} \geqslant 1,\quad \forall j \\
&\frac{\sum_{d=1}^{q} w_d z_{dj}+\mu_0^2}{\sum_{r=1}^{s} u_r y_{rj}+\sum_{t=0}^{l}\alpha_t(f_{tj}+\delta_{tj})}=1,\quad \forall j \\
&f_{tj}+\delta_{tj}\geqslant 0,\quad \forall t,j \\
&\sum_{j=1}^{n}\delta_{tj}=0,\quad \forall t \\
&v_i,w_d,u_r,\alpha_t\geqslant 0;\quad \delta_{tj},\mu_0^1,\mu_0^2\ \text{是自由变量}
\end{aligned}
\tag{6.3}
$$

模型（6.3）用于通过调整固定和产出来构建第二阶段的公共有效生产前沿面 $f_{tj}$ 和约束 $\frac{\sum_{d=1}^{q} w_d z_{dj}+\mu_0^2}{\sum_{r=1}^{s} u_r y_{rj}+\sum_{t=0}^{l}\alpha_t(f_{tj}+\delta_{tj})}=1,\forall j$ 来保证共同的均衡有效生产前沿面存在。

根据 Yang 等（2015）的研究，模型（6.3）总是可行的；因此，所有决策单元都可以一步调整，以在第二阶段到达一个公共前沿面。其中，$\delta_{tj}$ 代表 $\text{DMU}_j$ 的第 $t$ 个产出。注意 $\delta_{tj}$ 不受约束：它可以是正数、负数或 0。正数 $\delta_{tj}$ 的意思是 $\text{DMU}_j$ 需要通过获取其他决策单元的产出达到均衡前沿。负数 $\delta_{tj}$ 表示 $\text{DMU}_j$ 需要通过减少其产出达到均衡前沿。如果 $\delta_{tj}=0$，那么 $\text{DMU}_j$ 不需要任何变化而达到均衡。模型（6.3）仅使用一个步骤即可构建均衡有效生产前沿面，但这是一个非线性模型。幸运的是，它可以转换为线性模型。让 $\delta'_{tj}=\alpha_t\delta_{tj}$，非线性模型（6.3）变为以下线性模型（6.4）：

$$
\begin{aligned}
&\min\sum_{j=1}^{n}\sum_{t=1}^{l}|\delta'_{tj}|\\
&\text{s.t.}\sum_{i=1}^{m}v_i x_{ij}-\sum_{d=1}^{q}w_d z_{dj}+\mu_0^1\geqslant 0,\quad \forall j\\
&\sum_{d=1}^{q}w_d z_{dj}-\sum_{r=1}^{s}u_r y_{rj}-\sum_{t=0}^{l}(\alpha_t f_{tj}+\delta'_{tj})+\mu_0^2=0,\quad \forall j\\
&\alpha_t f_{tj}+\delta'_{tj}\geqslant 0,\quad \forall t,j\\
&\sum_{j=1}^{n}\delta_{tj}=0,\quad \forall t\\
&\sum_{r=1}^{s}u_r y_{rj}+\sum_{t=0}^{l}(\alpha_t f_{tj}+\delta'_{tj})\geqslant C_1\\
&v_i,w_d,u_r,\alpha_t\geqslant 0;\quad \delta'_{tj},\mu_0^1,\mu_0^2\ \text{是自由变量}
\end{aligned}
\tag{6.4}
$$

在此，当 $\delta'_{tj}=\alpha_t\delta_{tj}$ 时，约束 $\sum_{j=1}^{n}\delta_{tj}=0$ 可以写成 $\sum_{j=1}^{n}\delta'_{tj}/\alpha_t=0$，并且由于 $\alpha_t$ 是一个常数，这等效于 $\sum_{j=1}^{n}\delta'_{tj}=0,\forall t$。为了实现模型（6.4）的线性转换，我们令 $a_{tj}=\frac{1}{2}(|\delta'_{tj}|+\delta_{tj})$ 和 $b_{tj}=\frac{1}{2}(|\delta'_{tj}|-\delta_{tj})$；然后有 $\delta_{tj}=a_{tj}-b_{tj}$ 和 $\delta'_{tj}=a_{tj}+b_{tj}$，$a_{tj},b_{tj}\geqslant 0,\forall t,j$。结果，获得模型（6.5）：

$$
\begin{aligned}
&\min\sum_{j=1}^{n}\sum_{t=1}^{l}(a_{tj}+b_{tj})\\
&\text{s.t.}\sum_{i=1}^{m}v_i x_{ij}-\sum_{d=1}^{q}w_d z_{dj}+\mu_0^1\geqslant 0,\quad \forall j\\
&\sum_{d=1}^{q}w_d z_{dj}-\sum_{r=1}^{s}u_r y_{rj}-\sum_{t=0}^{l}(\alpha_t f_{tj}+a_{tj}-b_{tj})+\mu_0^2=0,\quad \forall j\\
&\alpha_t f_{tj}+a_{tj}-b_{tj}\geqslant 0,\quad \forall t,j
\end{aligned}
$$

$$\sum_{j=1}^{n}(a_{tj}-b_{tj})=0,\quad \forall t$$

$$\sum_{r=1}^{s}u_r y_{rj}+\sum_{t=0}^{l}(\alpha_t f_{tj}+a_{tj}-b_{tj})\geqslant C_1 \tag{6.5}$$

$$v_i,w_d,u_r,\alpha_t,a_{tj},b_{tj}\geqslant 0;\quad \mu_0^1,\mu_0^2\text{ 是自由变量}$$

式中，$C_1$ 为给定的正常数，用于确保模型（6.5）中的分母必须为正，从而进一步确保目标函数值为正；否则，目标函数值可能等于零。为了方便后续的计算，我们设置 $C_1=1$。通过以上步骤，我们实现了所有决策单元的均衡有效生产前沿面，这是第二阶段要使用的前沿面。无论决策单元的数量和调整顺序如何，确定这一前沿面仅需一步。

### 6.2.3　基于公共平台的评价模型

基于以上步骤，现在我们使用 $f_{tj}+\delta_{tj}$ 来构建前沿面，以及利用 $f_{tj}$ 计算决策单元的效率。基于已构建的均衡有效生产前沿面，我们计算整体效率并基于模型（6.2）获得阶段的效率分解。由于模型（6.2）具有难以线性化的分数规划形式，因此我们使用启发式搜索算法对其进行求解。启发式搜索算法的思想是将两个阶段中某个阶段的效率视为一个在固定间隔内变化的值。在我们的方法中，考虑到第二阶段中存在固定和产出，我们让第一阶段的效率在固定的已知间隔内变化。要获取间隔，我们首先需要考虑以下两个模型：

$$\min \theta_0^{1\text{CCR}}=\frac{\sum_{i=1}^{m}v_i x_{i0}+\mu_0^1}{\sum_{d=1}^{q}w_d z_{d0}}$$

$$\text{s.t.}\frac{\sum_{i=1}^{m}v_i x_{ij}+\mu_0^1}{\sum_{d=1}^{q}w_d z_{dj}}\geqslant 1,\quad \forall j$$

$$\frac{\sum_{d=1}^{q}w_d z_{dj}+\mu_0^2}{\sum_{r=1}^{s}u_r y_{rj}+\sum_{t=0}^{l}\alpha_t(f_{tj}+\delta_{tj})}\geqslant 1,\quad \forall j \tag{6.6}$$

$$\mu_0^1=\mu_0^2=0$$

$$v_i,w_d,u_r,\alpha_t\geqslant 0$$

$$\min \theta_0^1 = \frac{\sum_{i=1}^{m} v_i x_{i0} + \mu_0^1}{\sum_{d=1}^{q} w_d z_{d0}}$$

$$\text{s.t.} \frac{\sum_{i=1}^{m} v_i x_{ij} + \mu_0^1}{\sum_{d=1}^{q} w_d z_{dj}} \geqslant 1, \quad \forall j \tag{6.7}$$

$$\frac{\sum_{d=1}^{q} w_d z_{dj} + \mu_0^2}{\sum_{r=1}^{s} u_r y_{rj} + \sum_{t=0}^{l} \alpha_t (f_{tj} + \delta_{tj})} \geqslant 1, \quad \forall j$$

$$v_i, w_d, u_r, \alpha_t \geqslant 0$$

模型（6.6）在 CRS 假设下得出第一阶段效率的倒数。在这里，约束 $\mu_0^1 = \mu_0^2 = 0$ 表明模型（6.6）使用了 CRS 假设。当模型（6.6）不包含约束（ $\mu_0^1 = \mu_0^2 = 0$ ）时，则变为 VRS 模型，如模型（6.7）所示。显然，模型（6.6）和模型（6.7）之间的唯一区别在于模型（6.6）包括 $\mu_0^1 = \mu_0^2 = 0$ 约束，但模型（6.7）则没有。表示模型（6.6）和模型（6.7）的最佳目标函数值为 $\theta_0^{1\text{CCR}*}$ 和 $\theta_0^{1*}$ 。其中， $\theta_0^{1\text{CCR}*}$ 是模型（6.6）的可行解，因为 $\theta_0^{1\text{CCR}*}$ 满足模型（6.6）中的所有约束。这两个模型的目标函数是寻求最小值，因此最优解（ $\theta_0^{1*}$ ）小于或等于 $\theta_0^{1\text{CCR}*}$ ，即 $\theta_0^{1*} \leqslant \theta_0^{1\text{CCR}*}$ 。此外，由于均衡有效生产前沿面的调整，一些决策单元可能在均衡有效生产前沿面之外，这些决策单元的效率可能大于 1（Yang et al.，2015），这意味着效率的倒数介于 0 和 1 之间，因此， $\theta^{1*} \in [0,\ \theta_0^{1\text{CCR}*}]$ 。

考虑到第一阶段效率的倒数是一个在区间内变化的已知值，可以将模型（6.2）转换为以下模型：

$$\min \theta_0 = \theta_0^1 \theta_0^2 = \theta_0^1 \frac{\sum_{d=1}^{q} w_d z_{d0} + \mu_0^2}{\sum_{r=1}^{s} u_r y_{r0} + \sum_{t=0}^{l} \alpha_t f_{t0}}$$

$$\text{s.t.} \frac{\sum_{i=1}^{m} v_i x_{ij} + \mu_0^1}{\sum_{d=1}^{q} w_d z_{dj}} \geqslant 1, \quad \forall j$$

$$\frac{\sum_{d=1}^{q} w_d z_{dj} + \mu_0^2}{\sum_{r=1}^{s} u_r y_{rj} + \sum_{t=0}^{l} \alpha_t (f_{tj} + \delta_{tj})} \geqslant 1, \quad \forall j$$

$$
\begin{aligned}
&\frac{\sum_{i=1}^{m} v_i x_{i0} + \mu_0^1}{\sum_{d=1}^{q} w_d z_{d0}} = \theta_0^1 \\
&\theta_0^1 \in [0,\ \theta_0^{1\text{CCR}*}] \qquad (6.8)\\
&v_i, w_d, u_r, \alpha_t \geqslant 0; \quad \delta_{tj}, \mu_0^1, \mu_0^2 \text{ 是自由变量}
\end{aligned}
$$

可以通过 Charnes-Cooper 变换将模型（6.8）线性化为以下模型（Charnes and Cooper，1962）：

$$
\begin{aligned}
&\min \theta_0 = \theta_0^1 \theta_0^2 = \theta_0^1 \left( \sum_{d=1}^{q} w_d z_{d0} + \mu_0^2 \right) \\
&\text{s.t.} \sum_{i=1}^{m} v_i x_{ij} - \sum_{d=1}^{q} w_d z_{dj} + \mu_0^1 \geqslant 0, \quad \forall j \\
&\sum_{d=1}^{q} w_d z_{dj} - \sum_{r=1}^{s} u_r y_{rj} - \sum_{t=0}^{l} \alpha_t (f_{tj} + \delta_{tj}) + \mu_0^2 \geqslant 0, \quad \forall j \\
&\sum_{i=1}^{m} v_i x_{i0} - \theta_0^1 \sum_{d=1}^{q} w_d z_{d0} + \mu_0^1 = 0 \\
&\sum_{r=1}^{s} u_r y_{r0} + \sum_{t=0}^{l} \alpha_t f_{t0} = 1 \qquad (6.9)\\
&\theta_0^1 \in [0,\ \theta_0^{1\text{CCR}*}] \\
&v_i, w_d, u_r, \alpha_t \geqslant 0; \quad \delta_{tj}, \mu_0^1, \mu_0^2 \text{ 是自由变量}
\end{aligned}
$$

模型（6.9）是最终的评价模型，可以通过优化和求解模型（6.9）来获得整个系统的效率和子阶段的效率分解。

### 6.2.4 模型最佳效率的算法设计

为了求解模型（6.9），我们设置 $\theta_0^1 = \theta_0^{1\text{CCR}*} - k\varepsilon$，其中 $\varepsilon$ 是启发式搜索算法的步长，并且 $k = 0,1,2,\cdots,k_{\max}+1$。我们求解模型并从 0 到 $k_{\max}+1$ 逐步增加 $k$ 的取值。然后，对于每一个 $k$，我们得到效率的倒数 $\theta_0^1(k)$ 对应于第一阶段的最优解。然后，该模型的全局最优解为 $\theta_0^* = \min \theta_0(k)$，并且对应于两阶段总系统的全局最优解的值为 $e_0^* = 1/\theta_0^*$。至此，我们可以计算出第一阶段的效率为 $e_0^* = 1/(\theta_0^{1\text{CCR}*} - k^*\varepsilon)$，$k^*$ 是 $k$ 在第一阶段的效率值达到最大值时的值，第二阶段的效率值为 $e_0^2 = e_0^* / e_0^1$。因此，通过以上处理可以获得具有固定和产出的两阶段过程的总效率和分效率。

## 6.3　在 2018 年冬季奥运会绩效评价中的应用

奥运会是世界上最重要的体育赛事，所有参赛国都非常重视其在奥运会中的表现。因此，评价参赛国的绩效是一个值得研究的问题。奥运会排名是由奖牌的数量来判断的，即由金牌的数量或所获得的奖牌的总和来判断的。但是，社会关于奥运会成绩相对公平的排名方法尚无共识，因此国际奥林匹克委员会从未公布过参赛国的官方排名（Lins et al.，2003）。

许多学者已将 DEA 应用于评价奥运会的国家绩效效率中，其一些研究结果如表 6.1 所示。有关评价奥运会参赛国的绩效的文献可分为两类。不论其内部运作过程如何，一部分文献将参赛国的绩效评价视为“黑匣子”（Lozano et al.，2002；Churilov and Flitman，2006；Benicio et al.，2013），忽视了国家运作的内部结构。另一部分文献打开了系统的内部结构，并将参赛国参加奥运会视为效率评价的两个阶段（Yang et al.，2015；Jablonsky，2018）。将参加奥运会的国家视为一个包括两个阶段的过程，则更有可能确定无效性，并可以准确地发现哪个阶段无效。因此，我们认为每个国家的奥运会参与过程都包括两个阶段。第一阶段可以称为运动员准备阶段，第二阶段可以视为运动员比赛阶段（Jablonsky，2018）。考虑到所有国家的情况，这个两阶段流程的最终产出（获得的金牌、银牌和铜牌的数量）是固定的（Lins et al.，2003；Churilov and Flitman，2006；Wu et al.，2009；Yang et al.，2015）。因此，对各国在奥运会中的表现进行评价是一个分为两个阶段的固定总和方案。但是，在以前的研究中，没有学者将这种评价方案视为两阶段系统，并且最终的产出结果是固定的总和。在本节中，我们应用两阶段固定和方法来评价这些国家在 2018 年冬季奥运会中的表现。

**表 6.1　奥运会效率评价的相关文献**

| 文献 | 投入 | 产出 | VRS/CRS | 模型 | 两阶段 | 固定和 |
|---|---|---|---|---|---|---|
| Lins 等（2003） | 人口、GDP | 金牌数、银牌数、铜牌数 | VRS | ZSGDEA | 否 | 是 |
| Lozano 等（2002） | 人口、GDP | 金牌数、银牌数、铜牌数 | VRS | BCC | 否 | 否 |
| Churilov 和 Flitman（2006） | 人口、人均 GDP | 金牌数、银牌数、铜牌数 | VRS | DEA-based 模型 | 否 | 否 |

续表

| 文献 | 投入 | 产出 | VRS/CRS | 模型 | 两阶段 | 固定和 |
|---|---|---|---|---|---|---|
| Benicio 等（2013） | 团队规模 | 金牌数、银牌数、铜牌数 | VRS | BCC | 否 | 否 |
| Jablonsky（2018） | 人口、团队规模、GDP、先前获得的奖牌 | 奖牌数 | VRS | SBM | 是 | 否 |
| Wu 等（2009） | 人均 GDP、人口 | 金牌数、银牌数、铜牌数 | VRS | 交叉效率 DEA | 否 | 否 |
| Yang 等（2015） | 人口、GDP | 金牌数、银牌数、铜牌数 | VRS | GEEFDEA | 否 | 是 |

### 6.3.1　数据描述

如前所述，每个参加奥运会的国家都可以视为具有两阶段结构的决策单元。第一阶段被认为是运动员准备阶段。在此阶段，该国人口越多，选择优秀奥林匹克运动员的机会就越多（Lins et al.，2003）。需要考虑的另一个重要因素是每个参赛国训练运动员的能力。人们普遍认为，一个国家的经济实力越强，就越有能力为运动员提供良好的训练机会，而人均 GDP 则是国家经济实力的有力指标。

因此，在选择第一阶段投入时，通常将 GDP 和人口视为投入，而产出则是运动员。例如，Wu 等（2009）在研究奥林匹克运动会时将人均 GDP 和人口作为投入指标。Benicio 等（2013）将团队规模作为评价模型的投入，并将金牌数、银牌数和铜牌数作为评价的三个产出指标。Jablonsky（2018）将这一过程视为两个阶段，将 GDP 和人口作为投入指标，将团队规模作为第一阶段的产出（中间度量），最终产出是奖牌的总和。第一阶段的产出是一个中间变量，用于连接两个阶段，即第一阶段的运动员被视为第二阶段参加奥运会并获得奖牌的投入。经过以上研究，我们将人均 GDP 和人口作为运动员准备阶段的投入，将运动员人数作为中间变量，并将奖牌数（分别为金牌、银牌和铜牌）作为最终产出。给定年份中所有国家/地区在奥运会上获得的奖牌总数是固定的。

本节收集了参加 2018 年平昌冬季奥运会的 30 个国家的数据，包括赢得至少一枚奖牌的国家/地区。由于列支敦士登的数据不足，因此对 29 个决策单元进行了分析。表 6.2 显示了 29 个国家的可变信息和描述性统计分析，可以看出，投入和中间产出相差很大。例如，29 个国家的人口在 193 万～139 538 万人范围内。人均 GDP 和运动员人数也存在很大的差异。

表 6.2　原始数据的描述性统计

| 变量 | | 含义和单位 | 最小值 | 最大值 | 均值 | 方差 |
|---|---|---|---|---|---|---|
| 投入 | 人均 GDP | （GDP/总人口）/美元 | 2 963 | 82 950 | 36 310.0 | 20 918.5 |
| | 人口 | 人口/万人 | 193 | 139 538 | 9 095.7 | 25 472.5 |
| 中间产出 | 运动员 | 比赛中的运动员人数/人 | 13 | 242 | 90.5 | 60.3 |
| 产出 | 金牌 | 赢得的金牌总数/枚 | 0 | 14 | 3.5 | 4.1 |
| | 银牌 | 赢得的银牌总数/枚 | 0 | 14 | 3.5 | 3.6 |
| | 铜牌 | 赢得的铜牌总数/枚 | 0 | 11 | 3.5 | 3.1 |

资料来源：国际货币基金组织的数据；2019 年世界经济展望数据库；http://www.olympic.org。

综上所述，在 VRS 和产出导向的假设下，许多学者已经运用 DEA 评价了奥运会的国家绩效效率（表 6.1）。他们指出，根据评价奥运会的场景需求，VRS 模型可能更合适。这主要是由于以下两个方面：①投入通常是人口和 GDP，而且各国之间存在很大的差异，因此这种观测数据中的结构差异和规模变化很可能同时发生（Lozano et al.，2002；Jablonsky，2018）；②投入和产出没有任何比例关系（Lins et al.，2003）。在先前的研究之后，将在后续的评价模型中采用 VRS。国家效率排名的另一个考虑因素是金牌、银牌和铜牌的重要性不同。在实践中，建议金牌比银牌重要，银牌比铜牌重要。考虑到奖牌的重要性，模型中还包括三个附加条件（Lozano et al.，2002；Lins et al.，2003）：

$$\begin{aligned}&\alpha_1-\alpha_2\geqslant\varepsilon\\&\alpha_2-\alpha_3\geqslant\varepsilon\\&\alpha_1-2\alpha_2+\alpha_3\geqslant\varepsilon\end{aligned}\tag{6.10}$$

式中，$\alpha_1$、$\alpha_2$、$\alpha_3$ 分别为金牌、银牌和铜牌的权重；$\varepsilon$ 为任意大于零的实数。在以下评价 2018 年平昌冬季奥运会参赛国表现的实证应用中，所有模型都将考虑三枚奖牌的重要性，即增加三个权重约束。添加这些条件后，我们在模型（6.9）中提出的两阶段固定和评价模型将转换为以下模型：

$$\min\theta_0=\theta_0^1\theta_0^2=\theta_0^1\Big(\sum_{d=1}^{q}w_d z_{d0}+\mu_0^2\Big)$$

$$\text{s.t.}\sum_{i=1}^{m}v_i x_{ij}-\sum_{d=1}^{q}w_d z_{dj}+\mu_0^1\geqslant 0,\quad\forall j$$

$$\sum_{d=1}^{q}w_d z_{dj}-\sum_{r=1}^{s}u_r y_{rj}-\sum_{t=0}^{l}\alpha_t(f_{tj}+\delta_{tj})+\mu_0^2\geqslant 0,\quad\forall j$$

$$\sum_{i=1}^{m}v_i x_{i0}-\theta_0^1\sum_{d=1}^{q}w_d z_{d0}+\mu_0^1=0$$

$$
\begin{aligned}
&\sum_{r=1}^{s} u_r y_{r0} + \sum_{t=0}^{l} \alpha_t f_{t0} = 1 \\
&\alpha_1 - \alpha_2 \geqslant \varepsilon \\
&\alpha_2 - \alpha_3 \geqslant \varepsilon \\
&\alpha_1 - 2\alpha_2 + \alpha_3 \geqslant \varepsilon \\
&\theta_0^1 \in [0,\ \theta_0^{1\mathrm{CCR}*}] \\
&v_i, w_d, u_r, \alpha_t \geqslant 0;\quad \mu_0^1, \mu_0^2 \text{ 是自由变量}
\end{aligned} \tag{6.11}
$$

## 6.3.2　结果分析

接下来，我们使用模型（6.1）和模型（6.11）获得整个系统的效率和子阶段的效率分解，以及每个国家的排名。此外，出于比较的目的，使用传统的 BCC 模型（Banker et al.，1984）来计算总体系统效率，并获得所有参赛国的排名结果。表 6.3 中提供了模型评价结果，其中第 2～3 列显示了黑匣子的效率（$e_0^{\mathrm{BCC}}$）和每个决策单元的排名，第 4～9 列显示了使用模型（6.1）计算的效率和排名，而没有考虑最终产出是固定的情况，而第 10～15 列则是两个阶段以及分别由模型（6.11）计算得出的效率和排名。表 6.3 的最后两列是每个国家/地区的两个官方排名结果；$r_0^1$ 是根据奖牌总数的排名，而 $r_0^2$ 是按金、银、铜重要性顺序排序的结果（重要性顺序：$\alpha_{金} > \alpha_{银} > \alpha_{铜}$）。

**表 6.3　参赛国的效率和排名**

| 国家 | BCC | | 模型（6.1）（$\varepsilon=0.0001$） | | | | | | 模型（6.11）（$\varepsilon=0.0001$） | | | | | | 官方结果 | |
|---|---|---|---|---|---|---|---|---|---|---|---|---|---|---|---|---|
| | $e_0^{\mathrm{BCC}}$ | $r_0^1$ | $e_0^{1*}$ | $r_0^1$ | $e_0^{2*}$ | $r_0^2$ | $e_0^*$ | $r_0$ | $e_0^1$ | $r_0^1$ | $e_0^2$ | $r_0^2$ | $e_0$ | $r_0$ | $r_0^1$ | $r_0^2$ |
| 澳大利亚 | 0.186 | 28 | 1.000 | 1 | 0.077 | 23 | 0.077 | 23 | 0.261 | 25 | 0.288 | 22 | 0.075 | 28 | 18 | 23 |
| 奥地利 | 0.823 | 9 | 1.000 | 1 | 0.359 | 13 | 0.359 | 11 | 0.812 | 17 | 0.688 | 6 | 0.559 | 5 | 10 | 10 |
| 白俄罗斯 | 1.000 | 1 | 1.000 | 1 | 0.250 | 16 | 0.250 | 14 | 1.000 | 1 | 0.502 | 16 | 0.502 | 10 | 19 | 15 |
| 比利时 | 0.118 | 29 | 1.000 | 1 | 0.026 | 29 | 0.026 | 29 | 0.166 | 28 | 0.307 | 20 | 0.051 | 29 | 25 | 25 |
| 英国 | 0.397 | 24 | 1.000 | 1 | 0.128 | 21 | 0.128 | 19 | 1.000 | 1 | 0.115 | 28 | 0.115 | 25 | 17 | 19 |
| 加拿大 | 1.000 | 1 | 1.000 | 1 | 0.786 | 4 | 0.786 | 3 | 1.000 | 1 | 0.669 | 7 | 0.669 | 4 | 3 | 3 |
| 中国 | 1.000 | 1 | 1.000 | 1 | 0.231 | 17 | 0.231 | 15 | 0.577 | 22 | 0.551 | 12 | 0.318 | 16 | 14 | 16 |
| 捷克 | 0.817 | 10 | 1.000 | 1 | 0.197 | 18 | 0.197 | 16 | 1.000 | 1 | 0.375 | 19 | 0.375 | 13 | 15 | 14 |
| 芬兰 | 0.618 | 13 | 1.000 | 1 | 0.154 | 19 | 0.154 | 17 | 0.924 | 11 | 0.292 | 21 | 0.270 | 17 | 16 | 18 |
| 法国 | 0.575 | 15 | 1.000 | 1 | 0.385 | 11 | 0.385 | 9 | 0.485 | 23 | 0.725 | 5 | 0.352 | 14 | 8 | 9 |
| 德国 | 1.000 | 1 | 1.000 | 1 | 1.000 | 1 | 1.000 | 1 | 0.684 | 18 | 1.072 | 4 | 0.734 | 2 | 2 | 2 |

续表

| 国家 | BCC | | 模型（6.1）（$\varepsilon=0.0001$） | | | | | | 模型（6.11）（$\varepsilon=0.0001$） | | | | | | 官方结果 | |
|---|---|---|---|---|---|---|---|---|---|---|---|---|---|---|---|---|
| | $e_0^{BCC}$ | $r_0^1$ | $e_0^{1*}$ | $r_0^1$ | $e_0^{2*}$ | $r_0^2$ | $e_0^*$ | $r_0$ | $e_0^1$ | $r_0^1$ | $e_0^2$ | $r_0^2$ | $e_0$ | $r_0$ | $r_0^1$ | $r_0^2$ |
| 匈牙利 | 0.276 | 27 | 0.281 | 28 | 0.417 | 10 | 0.117 | 21 | 0.281 | 24 | 0.526 | 15 | 0.148 | 22 | 26 | 21 |
| 意大利 | 0.580 | 14 | 1.000 | 1 | 0.256 | 15 | 0.256 | 13 | 0.626 | 20 | 0.431 | 18 | 0.270 | 18 | 13 | 12 |
| 日本 | 0.466 | 20 | 1.000 | 1 | 0.333 | 14 | 0.333 | 12 | 0.578 | 21 | 0.552 | 11 | 0.319 | 15 | 12 | 11 |
| 哈萨克斯坦 | 0.563 | 17 | 0.867 | 27 | 0.043 | 28 | 0.037 | 28 | 0.867 | 14 | 0.109 | 29 | 0.094 | 27 | 27 | 28 |
| 韩国 | 1.000 | 1 | 1.000 | 1 | 0.436 | 8 | 0.436 | 8 | 0.828 | 16 | 0.628 | 9 | 0.520 | 9 | 6 | 7 |
| 拉脱维亚 | 0.571 | 16 | 1.000 | 1 | 0.049 | 27 | 0.049 | 27 | 1.000 | 1 | 0.161 | 25 | 0.161 | 21 | 28 | 29 |
| 荷兰 | 0.770 | 11 | 1.000 | 1 | 0.571 | 6 | 0.571 | 5 | 0.204 | 27 | 3.349 | 2 | 0.682 | 3 | 5 | 5 |
| 新西兰 | 0.412 | 22 | 1.000 | 1 | 0.051 | 26 | 0.051 | 26 | 0.207 | 26 | 0.665 | 8 | 0.138 | 23 | 21 | 26 |
| 挪威 | 1.000 | 1 | 1.000 | 1 | 1.000 | 1 | 1.000 | 1 | 0.903 | 12 | 1.855 | 3 | 1.675 | 1 | 1 | 1 |
| 波兰 | 0.311 | 25 | 1.000 | 1 | 0.071 | 24 | 0.071 | 24 | 0.647 | 19 | 0.152 | 26 | 0.098 | 26 | 22 | 20 |
| 俄罗斯 | 1.000 | 1 | 1.000 | 1 | 0.436 | 9 | 0.436 | 7 | 1.000 | 1 | 0.550 | 13 | 0.550 | 6 | 7 | 13 |
| 斯洛伐克 | 0.559 | 18 | 0.902 | 26 | 0.143 | 20 | 0.129 | 18 | 0.902 | 13 | 0.257 | 23 | 0.232 | 19 | 20 | 17 |
| 斯洛文尼亚 | 0.402 | 23 | 1.000 | 1 | 0.068 | 25 | 0.068 | 25 | 1.000 | 1 | 0.137 | 27 | 0.137 | 24 | 23 | 24 |
| 西班牙 | 0.309 | 26 | 0.077 | 29 | 1.000 | 1 | 0.077 | 22 | 0.077 | 29 | 6.392 | 1 | 0.495 | 11 | 24 | 27 |
| 瑞典 | 0.706 | 12 | 1.000 | 1 | 0.500 | 7 | 0.500 | 6 | 0.859 | 15 | 0.621 | 10 | 0.534 | 7 | 11 | 6 |
| 瑞士 | 0.417 | 21 | 1.000 | 1 | 0.385 | 12 | 0.385 | 10 | 1.000 | 1 | 0.482 | 17 | 0.482 | 12 | 9 | 8 |
| 美国 | 0.509 | 19 | 1.000 | 1 | 0.643 | 5 | 0.643 | 4 | 1.000 | 1 | 0.531 | 14 | 0.531 | 8 | 4 | 4 |
| 乌克兰 | 1.000 | 1 | 1.000 | 1 | 0.125 | 22 | 0.125 | 20 | 1.000 | 1 | 0.199 | 24 | 0.199 | 20 | 29 | 22 |

根据表 6.3 中的模型（6.11）的结果，我们可以得出以下结论。在 29 个决策单元中，效率最高的是挪威，效率为 1.675。效率最低的是比利时，效率为 0.051。我们分两个阶段分析挪威和比利时的表现，以找出可能的原因。在第一阶段，挪威的效率为 0.903，在 29 个决策单元中仅排名第 12。在第二阶段，挪威的效率为 1.855，排名第 3。可以看出，在挪威的运动员准备阶段，效率较弱，但在运动员比赛阶段，挪威是有效率的：109 名运动员参加了比赛，共获得 39 枚奖牌，其中 14 枚金牌、14 枚银牌、11 枚铜牌。产生此结果的可能原因是，挪威是经济发达、纬度较高的北欧成员国之一，适合冬季奥林匹克运动会所需的训练。考虑到比利时，这两个阶段的表现都不好：第一阶段和第二阶段的效率分别为 0.166 和 0.307，分别排名第 28 和第 20。来自比利时的运动员人数很少，在比赛阶段仅获得一枚银牌。我们还可以发现，在运动员准备阶段有 10 个参赛国是有效的（$e_0^1 \geqslant 1$），

如白俄罗斯、加拿大和美国）。而在运动员比赛阶段，只有四个国家（德国、荷兰、西班牙和挪威）是有效的（ $e_0^2 \geqslant 1$ ）。这表明大多数国家应该更多地注意提高运动员比赛阶段的效率。

根据表 6.3，我们提供了图 6.2 来比较和分析黑匣子效率（ $e_0^{BCC}$ ）和我们提出的两阶段固定和 DEA 模型（ $e_0$ ）。在图 6.2 中，横坐标代表黑匣子效率（ $e_0^{BCC}$ ），纵坐标代表两个阶段的总效率（ $e_0$ ），图中的对角线代表黑匣子效率等于两阶段总效率（即 $e_0^{BCC}=e_0$ ）。可以看出，图 6.2 中的 29 个决策单元中有 25 个在对角线下方。基于传统的 BCC 模型（ $e_0^{BCC}$ ），八个决策单元是有效的，但在模型（6.11）下，其中七个变得无效（仅挪威仍然有效）（ $e_0$ ）。例如，俄罗斯基于 BCC 模型有效（ $e_0^{BCC}=1.000$ ），而使用模型（6.11）时，其效率仅为 0.550。原因是，尽管俄罗斯在运动员准备阶段很有效（ $e_0^1=1.000$ ），但其在运动员比赛阶段的效率仅为 0.550。该结果证明，与传统的 BCC 模型相比，我们的模型（作为两阶段模型）具有更好的区分能力，可以有效地发现整个系统的效率低下，并且还可以识别出哪个阶段导致效率低下。

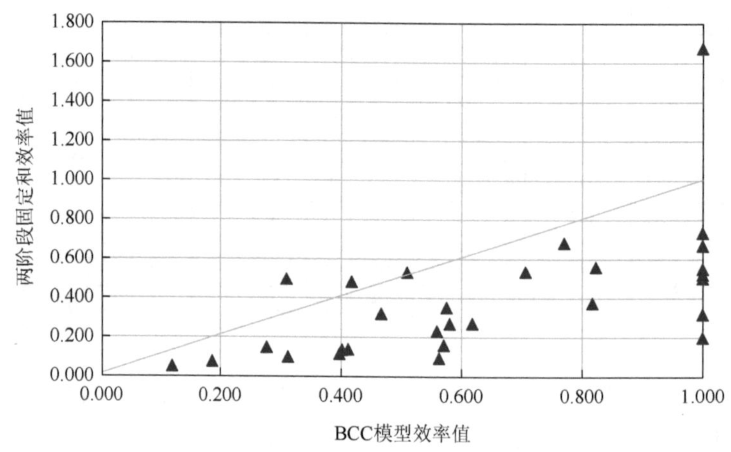


图 6.2　两阶段总效率和 BCC 效率的比较（效率值无量纲）

接下来，我们比较模型（6.1）的结果（ $e_0^*$ ）和模型（6.11）的结果（ $e_0$ ），分析考虑固定和产出所带来的影响。我们注意到，在表 6.3 中，基于 BCC 的结果显示有 8 个有效的参赛国，而基于模型（6.11）的结果只有一个有效的参赛国（挪威）。然而，模型（6.1）中德国和挪威的效率等于 1（ $e_0^*=1.000$ ），这意味着两者都是有效的决策单元，两者在排名中是无法区分的。相比之下，使用模型（6.11），挪威的效率远远高于德国，挪威排名第一，德国排名第二。德国从高效转向低效，主要是因为其第一阶段的效率仅为 0.684。这一发现表明，我们提出的模型具有更大的判别能力来发现决策单元的低效性，并能够准确地确定哪个子阶段的效率需要改进。

此外，图 6.3 清楚地表明，模型（6.11）可以更好地区分决策单元之间的效率差异，从而可以更好地对国家进行比较和排名。图 6.3（a）显示了模型（6.1）和模型（6.11）在第一阶段的效率比较，图 6.3（b）显示了两个模型的第二阶段效率。在图 6.3（c）中，条形图显示了使用 BCC、模型（6.1）和模型（6.11）的参赛国的整体系统效率。在图 6.3（c）中可以清楚地看到，模型（6.11）计算出的系统效率比模型（6.1）具有更大的变化：模型（6.11）的效率范围为 0.051～1.675，而模型（6.1）的效率范围为 0.026～1.000。此外，从子阶段的角度来看，模型（6.11）比模型（6.1）更好地区分了决策单元：模型（6.1）在第一阶段将 25 个决策单元评为有效，相比之下，模型（6.11）中只有 10 个决策单元。此外，对于每个决策单元，两种模型的效率分数也非常不同，尤其是第二阶段。例如，中国的系统效率在模型（6.1）中为 0.231，而在模型（6.11）中为 0.318。从子阶段来看，中国在模型（6.1）的第一阶段效率为 1.000，在模型（6.11）中为 0.577，而第二阶段的效率分别为 0.231 和 0.551。这些结果意味着，将奖牌视为固定和产出，不仅在整体系统方面，而且在子阶段方面，都提高了决策单元的区分度。

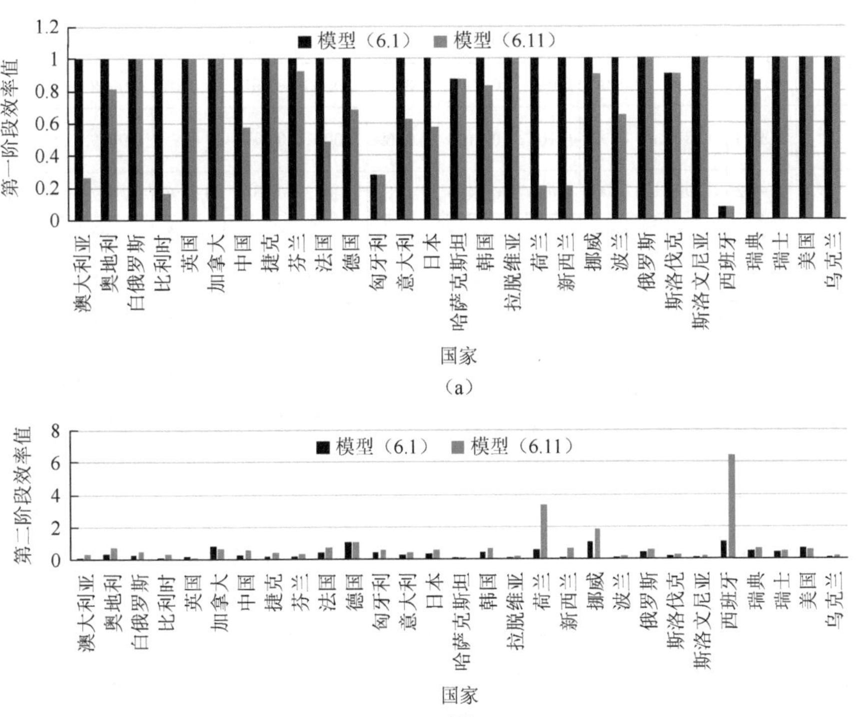

（a）

（b）

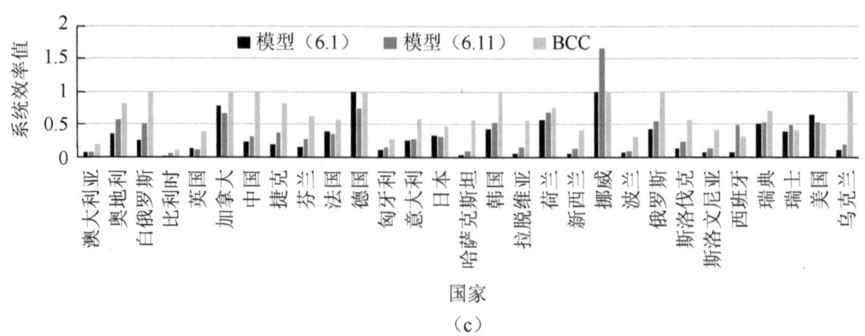


（c）

图 6.3　BCC、模型（6.1）和模型（6.11）的效率比较

接着，我们分析这三种模型的权重结果。可变权重，特别是产出权重，对最终效率和排名结果有很大的影响。同时，产出（金牌、银牌、铜牌）权重意味着三枚奖牌的重要性。因此，我们从两个角度分析权重含义和权重重要性：模型之间的权重差异以及各国奖牌类型的重要性差异。对 29 个国家采用的权重的描述性统计分析见表 6.4。

**表 6.4　变量权重的描述性统计**

| 变量 | | BCC | | | | 模型（6.1） | | | | 模型（6.11） | | | |
|---|---|---|---|---|---|---|---|---|---|---|---|---|---|
| | | 均值 | 最大值 | 最小值 | 方差 | 均值 | 最大值 | 最小值 | 方差 | 均值 | 最大值 | 最小值 | 方差 |
| 投入 | $x_1$ | 0.0715 | 0.9641 | 0.0000 | 0.1983 | 0.0001 | 0.0004 | 0.0000 | 0.0001 | 0.0001 | 0.0004 | 0.0000 | 0.0001 |
| | $x_2$ | 0.0384 | 0.2796 | 0.0000 | 0.0645 | 0.0007 | 0.0047 | 0.0000 | 0.0011 | 0.0007 | 0.0048 | 0.0000 | 0.0011 |
| 中间产出 | $z_1$ | 0.0993 | 0.3807 | 0.0000 | 0.1072 | 0.0196 | 0.0769 | 0.0041 | 0.0174 | 0.0196 | 0.0769 | 0.0041 | 0.0174 |
| 产出 | $y_1$ | 0.0492 | 0.1903 | 0.0000 | 0.0537 | 0.0416 | 0.1317 | 0.0063 | 0.0348 | 0.0396 | 0.1607 | 0.0075 | 0.0352 |
| | $y_2$ | 0.0041 | 0.0310 | 0.0000 | 0.0084 | 0.0147 | 0.0624 | 0.0025 | 0.0138 | 0.0153 | 0.0682 | 0.0035 | 0.0150 |
| | $y_3$ | 0.0000 | 0.0003 | 0.0000 | 0.0001 | 0.0074 | 0.0438 | 0.0001 | 0.0097 | 0.0093 | 0.0439 | 0.0022 | 0.0104 |

注：$x_1$ 表示人均 GDP，$x_2$ 表示人口，$z_1$ 表示运动员数量，$y_1$ 表示金牌数，$y_2$ 表示银牌数，$y_3$ 表示铜牌数。

从表 6.4 中可以看出，这三种模型中每个变量的权重是非常不同的，尤其是产出权重。产出权重代表了三种奖牌的重要性。换句话说，权重越大，奖牌就越重要。在以上分析中，我们考虑了金牌、银牌和铜牌的不同重要性的评价结果。因此权重关系 $\alpha_{金} > \alpha_{银} > \alpha_{铜}$ 在三种模型中都成立。但是，不同类型的奖牌之间的重要性区别非常不同：在 BCC 模型中，金牌比银牌重要 10 倍，银牌比铜牌重要 40 倍，这显然是不合适的。模型（6.1）中的权重关系为 $\alpha_{金} \approx 3\alpha_{银} \approx 6\alpha_{铜}$，而在模型（6.11）中，金牌的平均权重是银牌的 2.6 倍，是铜牌的 4.3 倍。这些关系可以通过比较三种模型的产出权重的平均值来验证。因此，模型（6.11）中的权重关系更接近实际情况，并且在评价中更具有说服力。

图 6.4 展示了基于几种排名标准的国家排名的差异。我们知道官方排名通常由金牌数量或获得的奖牌总数来判断，并且两个排名之间几乎没有差异，因此我们使用奖牌重要性的字典排序法来排名。从图 6.4 中可以看出，BCC 模型的排名无法针对有效的决策单元进行区分（排名第一的共有 8 个决策单元），模型（6.1）和模型（6.11）的排名结果都与官方排名有很大差异。

此外，我们将模型（6.11）的排名结果与官方排名进行比较。从整体系统效率的角度来看，从图 6.4 中可以看出，两个排名标准之间差距最大的国家是西班牙。西班牙在模型（6.11）中排名第 11，但在官方排名结果中仅排名第 27。西班牙只有 13 名运动员被选中参加奥运会，但这些运动员表现相对出色，赢得了两枚铜牌。在这种情况下，西班牙在第二阶段排名第一，尽管在第一阶段排名倒数第二。

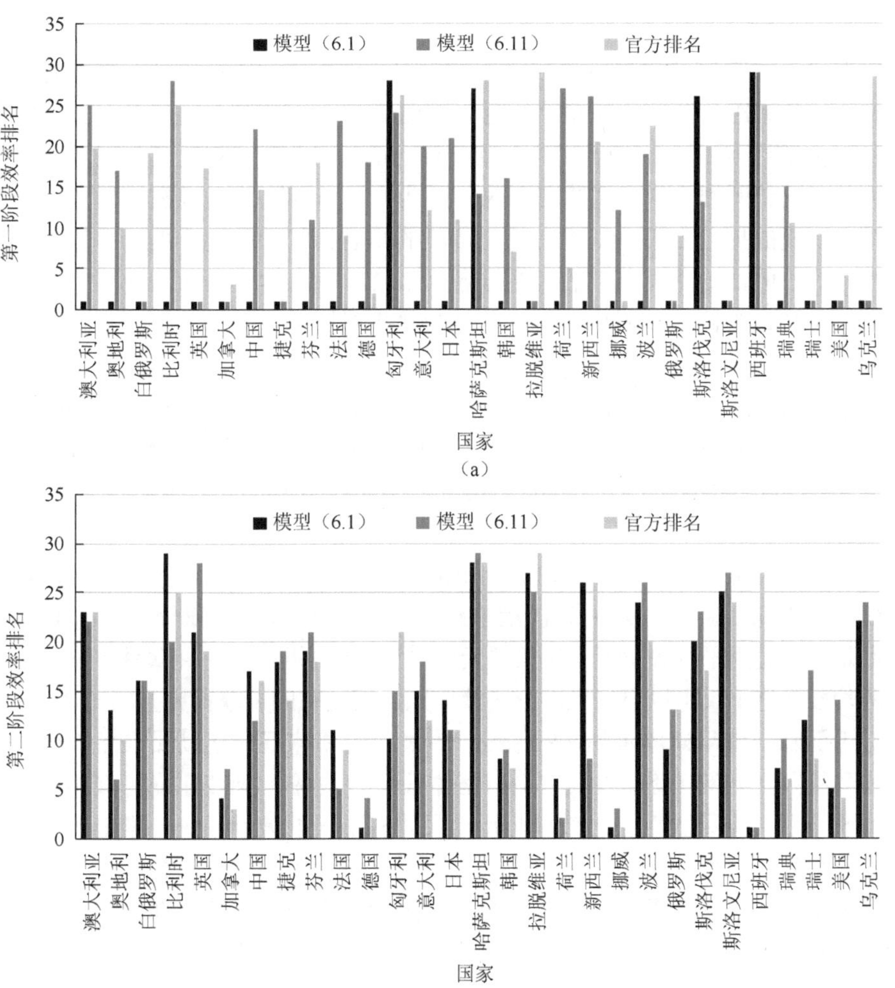

（a）

（b）

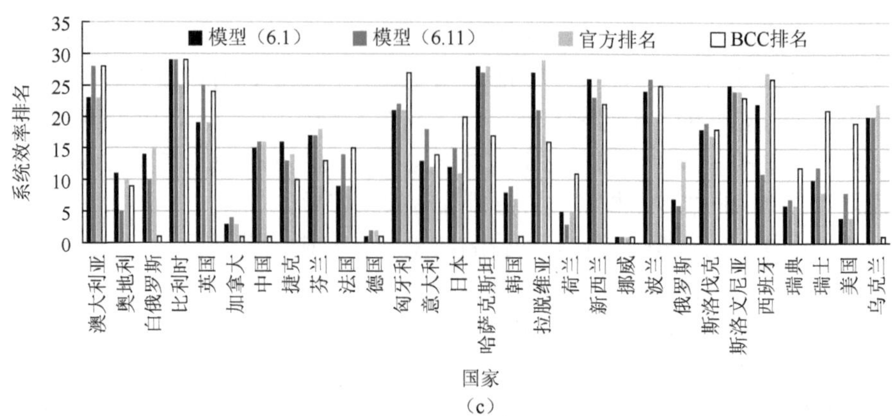


图 6.4　BCC、模型（6.1）、模型（6.11）和官方的排名比较（排名无量纲）

可以看出，官方排名更接近第二阶段的排名。在模型（6.11）中，当同时考虑两个阶段的效率时，西班牙在整个过程中排名第 11。同样值得注意的是，某些国家（德国、哈萨克斯坦、挪威）在这两项指标上的排名相同，但是其排名的基本机制却大不相同。例如，哈萨克斯坦在两个标准中均排名第 27。根据模型（6.11），它在第一阶段的排名为第 14，而在第二阶段的排名为第 29。由于两个阶段的效率会相互影响，因此哈萨克斯坦的最终排名为第 27。基于以上分析，模型（6.11）的排名结果被认为比单纯根据获得的奖牌数量来对国家进行排名更合理，因为该方法考虑了运动员选拔和训练过程中每个国家的经济和人口分布的差异。

接下来，我们比较模型（6.1）和模型（6.11）之间的排名差异，这不是很明显。在 29 个国家中，排名差异为 0～3，最大差异为 11（西班牙）。德国和挪威在模型（6.1）中具有相同的排名（它们都排名第一），但是在两阶段固定和模型[模型（6.11）]中，两国的效率得分是不同的（$e_0^{挪威} > e_0^{德国}$）。因此，模型（6.11）可以实现所有决策单元的完全排序，而模型（6.1）则不能。我们知道，超效率模型（Andersen and Petersen，1993）也可以对所有决策单元进行全面排名，但它既不是两阶段模型，也不是基于通用平台评价所有决策单元的模型。该结果表明，将最终产出视为固定的两阶段模型不仅可以更好地区分决策单元，而且有助于获得完整的排名。

下面我们使用斯皮尔曼（Spearman）相关分析来显示运动员准备阶段和运动员比赛阶段之间的关系，以及它们与整体效率的关系。 斯皮尔曼等级相关系数如表 6.5 所示。结果表明，总效率与运动员比赛阶段的效率在统计学上显著相关：相关系数为 0.7783。相反，总效率与运动员准备阶段的相关系数仅为 0.1493。该结果表明，如果一个参赛国在运动员比赛阶段表现出色，那么在奥运会的整个两阶段过程中就很有可能表现出色。这是可以预料的，因为参加奥运会的国家所取得的成就通常取决于其在奥运会上获得的奖牌。

**表 6.5　斯皮尔曼等级相关系数**

| 效率 | $e_0$ | $e_0^1$ | $e_0^2$ |
|---|---|---|---|
| $e_0$ | ** | 0.1493 | 0.7783 |
| $e_0^1$ | | ** | −0.4315 |
| $e_0^2$ | | | ** |

**表示 95%的显著性水平。

运动员准备阶段的效率与运动员比赛阶段的效率之间的相关系数为−0.4315。相关性表明，国家在运动员准备阶段的良好表现并不能保证在运动员比赛阶段的良好表现，反之亦然，运动员准备阶段的效率更高（让更多的运动员参加奥运会）使比赛变得更加困难。国家在运动员准备阶段要高效，原因是，运动员人数不仅是运动员比赛阶段的投入，还是运动员准备阶段的产出。派出更少的运动员意味着在运动员准备阶段的产出较少，而在运动员比赛阶段的投入较多，从而在两阶段系统中保持第一阶段的投入和第二阶段的产出不变。因此，该国的第一阶段的效率会降低，第二阶段的效率会更高，整个系统的效率可能会更高或更低。实际上，大多数国家的目标是赢得更多奖牌，而不仅仅是增加运动员的数量。因此，参赛国希望在整个过程中保持高效，这只有在它们选择合适数量的参赛运动员时才会发生。

为了更详细地分析所有国家的两阶段效率，我们绘制了图 6.5，以为参赛国提供有用的建议。图 6.5 中的两条平均效率线将所有国家分为对应于四个区域的四种类型。此外，每个国家的纬度范围如表 6.6 所示。

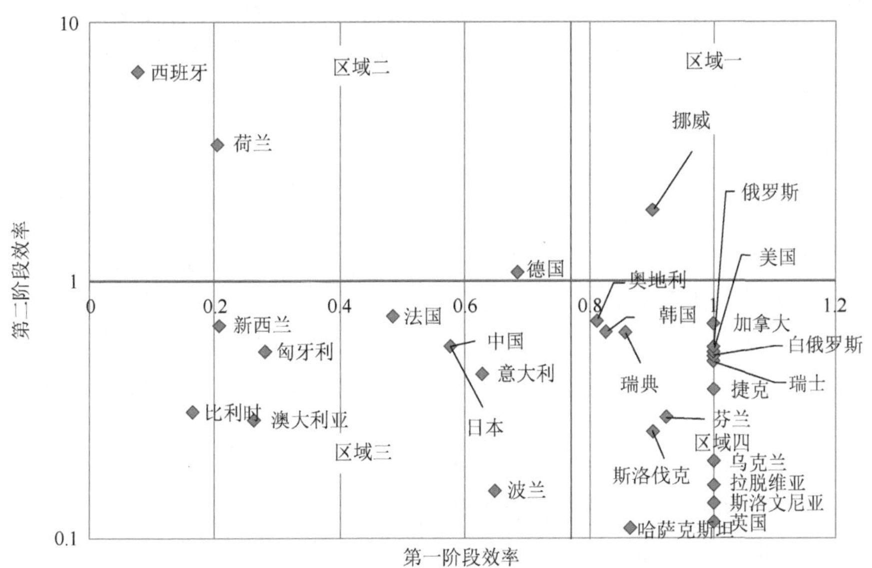


图 6.5　决策单元的两级效率分布

**表 6.6　每个国家的纬度范围**

| 纬度范围 | 国家 |
|---|---|
| 高纬度（60°～90°） | 芬兰、挪威、俄罗斯、加拿大、瑞典 |
| 中纬度（30°～60°） | 奥地利、白俄罗斯、比利时、英国、中国、捷克、法国、德国、匈牙利、意大利、日本、哈萨克斯坦、韩国、拉脱维亚、荷兰、新西兰、波兰、斯洛伐克、斯洛文尼亚、西班牙、瑞士、美国、乌克兰 |
| 低纬度（0°～30°） | 澳大利亚 |

从表 6.6 和表 6.3 中可以看出，大多数高纬度国家在整个过程中都具有出色的效率表现，而低纬度国家的效率较差。在图 6.5 中，我们观察到区域一只有一个国家（挪威），该国家在准备和竞争过程中均表现出色。挪威是经济发达的国家，地处纬度高，自然条件优越，适合冬季运动员训练。这些因素使其在冬季奥运会的两个阶段都具有良好的效率。

区域二的国家在第二阶段的表现好于平均水平，但并未超过第一阶段的平均水平。例如，荷兰在比赛阶段的效率为 3.349，而在准备阶段的效率为 0.204。荷兰是一个人口很少的高度发达的资本主义国家，只有 33 名运动员参加了本届奥运会。但是，它的运动员表现非常出色，赢得了 8 枚金牌、6 枚银牌和 6 枚铜牌。像荷兰这样的国家可以增加运动员的数量来提高运动员的准备阶段的效率，但是增加运动员的数量等同于增加运动员进入竞技阶段的投入，这将使该国的效率表现恶化。因此，盲目增加比赛阶段的运动员人数不是一项合理的措施，因此，区域二的国家也应采取措施，以确保新增的运动员具有较强的运动能力。这可以通过投入更多的资金来建造适合高水平训练的运动场馆来完成，从而为运动员提供更好的训练资源。自然，此策略需要足够的资源（财务、物质和人力资源），因此提高参赛国的经济实力将是一项长期策略。

区域四的国家在第一阶段的表现要好于平均水平，但在第二阶段仍有改善的空间。此类国家包括韩国（$e_0^1 = 0.828$，$e_0^2 = 0.628$）和美国（$e_0^1 = 1.000$，$e_0^2 = 0.531$）等。美国有 242 名运动员参加比赛，是所有国家中运动员数最多的，美国获得了 9 枚金牌、8 枚银牌和 6 枚铜牌。美国队之所以庞大，是因为美国有足够的能力选拔和训练运动员。但是，由于美国大部分地区都位于中纬度地区，其地理因素限制了运动员在冬季运动中的竞争水平的提高。这些国家应采取策略来不断提高运动员的竞争力，以在运动员比赛阶段争取获得更多的奖牌，例如，通过增加运动员训练的强度并允许他们参加更多的比赛来提高他们的能力。另外，由于选拔标准低，可能有过多的运动员有机会参加奥运会。在这种情况下，建立适当的选拔运动员的标准将是一种替代策略。

区域三的国家效率在两个阶段均低于平均水平。因此，这些国家应努力平衡地在两个阶段分别进行改进，以期在两个阶段均提高效率。从图 6.5 可以看出，区域三的国家可以分为两部分。第一部分包括围绕第一阶段效率值 0.200 位置聚集的三个国家（比利时、匈牙利、新西兰），这意味着它们的第一阶段效率都接近 0.200。它们在比赛阶段的效率明显高于准备阶段，因此它们应适当增加参赛运动员的人数，并努力确保这些运动员在比赛阶段的表现良好。对于某些参与者，如波兰和意大利，它们的结果聚集在第一阶段效率值 0.600 的位置，与第一部分相反，它们在第二阶段的效率明显低于第一阶段。对于这些国家而言，最重要的策略可能是优先提高运动员的竞技能力。另外，中国的第一阶段效率为 0.577，第二阶段效率为 0.551。这是因为中国作为人口最多的国家，拥有庞大的人口基础可供选择。但是，作为中纬度国家，冬季奥林匹克运动会的训练空间有限，因此冬季奥林匹克运动会的运动员数量不多，与北欧一些国家相比，中国在比赛阶段的表现较弱。日本的情况与此类似（$e_0^1 = 0.578$，$e_0^2 = 0.552$）。基于斯皮尔曼相关分析的战略意义，我们得出结论，这种参赛国应提高比赛阶段的效率。

## 6.4　本 章 小 结

本章介绍了一种两阶段固定和的方法来评价决策单元的效率，其中每个决策单元具有两阶段的网络结构，并且这些决策单元的某些最终产出的总和是固定的。两阶段固定和方法有两个主要步骤。第一步是根据第二阶段的平衡实现模型（Yang et al.，2015）构建一个通用的评价平台（或均衡有效生产前沿面）。第二步是基于已建立的均衡有效生产前沿面对所有决策单元进行效率评价。为了解决模型中的分数规划问题，我们使用启发式搜索算法。

本章使用提议的方法分析了 2018 年平昌冬季奥运会参与国家的表现。我们的模型给出了每个国家的整体效率及其排名以及效率分解。新方法还有助于实现各个阶段的完整排名。通过我们的方法获得的排名结果与官方的排名结果有很大不同，后者仅基于金牌总数或所有三枚奖牌的总数进行排名。主要区别如下：①根据我们的模型，高纬度国家和发达经济体国家的排名结果要好得多；②一些人口较少且 GDP 较低的国家在我们的排名中排名较靠前，如斯洛伐克。造成这些差异的原因是，我们将此过程视为两个阶段，并考虑了在培训运动员方面的前期投资。结果表明，我们的方法具有较强的能力来区分决策单元效率低下的关键节点，并且可以准确地发现效率低下的原因（需要提高该阶段的效率）。我们还分析了效率低下的原因并提出了一些建议。

对于将来的研究方向，我们建议在以下三个方向上应用和扩展我们的方法。首先，我们的方法是基于一种特殊的应用场景提出的，该场景涉及一个两阶段的过程，其中只有最终产出是固定的。其他两阶段情况可能具有固定总和的中间变量，因此有必要平衡这两个阶段之间的潜在冲突。其次，我们的方法基于假设 VRS 的径向 DEA 模型，这意味着同一决策单元的所有投入（或产出）将以相同的比例投影到前沿面上。如果篮球比赛的绩效评价分为两个阶段（球员交易阶段和球员比赛阶段）(Yang et al.，2014)，那么要求球员的得分和薪资按比例变化。为了处理此类应用，我们的方法必须扩展为非径向的。最后，本章的两阶段方法的效率分解可能不是唯一的。在先前的研究中，关于两阶段效率分解有一些讨论(Zhou et al.，2013；Despotis et al.，2016a，2016b)。在未来的研究中，我们可以采用一种方法来考虑效率得分的非唯一性，或者检查产生相同水平总体效率的各个阶段可能的替代效率得分。

## 6.5 本 章 思 考

（1）考虑固定和产出情境下的两阶段的 DEA 模型相对一阶段的模型的难点和优势在什么地方？

（2）多阶段都存在中间投入和产出的条件下，本章的模型如何进行扩展？

（3）本章介绍的评价方法适用于具有哪些特征的生产系统或者行业？如何利用这些方法去评价该系统的效率？

## 参 考 文 献

An Q X，Meng F Y，Ang S，et al. 2018. A new approach for fair efficiency decomposition in two-stage structure system[J]. Operational Research，18（1）：257-272.

Andersen P，Petersen N C. 1993. A procedure for ranking efficient units in data envelopment analysis[J]. Management Science，39（10）：1261-1264.

Ang S，Chen C M. 2016. Pitfalls of decomposition weights in the additive multi-stage DEA model[J]. Omega，58：139-153.

Banker R D，Charnes A，Cooper W W. 1984. Some models for estimating technical and scale inefficiencies in data envelopment analysis[J]. Management Science，30（9）：1078-1092.

Benicio J D C T，Bergiante N C R，Soares D M J C C B. 2013. A FDH study of the Vancouver 2010 Winter Olympic Games[J]. WSEAS Transaction on Systems，12（3）：179-188.

Charnes A，Cooper W W，Golany B，et al. 1986. Two phase data envelopment analysis approaches to policy evaluation and management of army recruiting activities：Tradeoffs between joint services and army advertising[R]. Austin：Center for Cybernetic Studies，University of Texas at Austin.

Charnes A，Cooper W W，Rhodes E. 1978. Measuring the efficiency of decision making units[J]. European Journal of Operational Research，2（6）：429-444.

Charnes A，Cooper W W. 1962. Programming with linear fractional functionals[J]. Naval Research Logistics Quarterly，9（3/4）：181-186.

Chen C，Zhu J，Yu J，et al. 2012. A new methodology for evaluating sustainable product design performance with two-stage network data envelopment analysis[J]. European Journal of Operational Research，221（2）：348-359.

Chen Y，Cook W D，Zhu J. 2010. Deriving the DEA frontier for two-stage processes[J]. European Journal of Operational Research，202（1）：138-142.

Chu J F，Wu J，Chu C B，et al. 2020. DEA-based fixed cost allocation in two-stage systems：Leader-follower and satisfaction degree bargaining game approaches[J]. Omega，94：102054.

Churilov L，Flitman A. 2006. Towards fair ranking of Olympics achievements：The case of Sydney 2000[J]. Computers & Operations Research，33（7）：2057-2082.

Cook W D，Tone K，Zhu J. 2014. Data envelopment analysis：Prior to choosing a model[J]. Omega，44：1-4.

Cooper W W，Seiford L M，Tone K. 2006. Introduction to Data Envelopment Analysis and Its Uses：With DEA-Solver Software and References[M]. New York：Springer Science & Business Media.

Cron W L，Sobol M G. 1983. The relationship between computerization and performance：A strategy for maximizing the economic benefits of computerization[J]. Information & Management，6（3）：171-181.

Despotis D K，Koronakos G，Sotiros D. 2016a. Composition versus decomposition in two-stage network DEA：A reverse approach[J]. Journal of Productivity Analysis，45（1）：71-87.

Despotis D K，Koronakos G，Sotiros D. 2016b. The “weak-link” approach to network DEA for two-stage processes[J]. European Journal of Operational Research，254（2）：481-492.

Du J，Liang L，Chen Y，et al. 2011. A bargaining game model for measuring performance of two-stage network structures[J]. European Journal of Operational Research，210（2）：390-397.

Fang L. 2016. A new approach for achievement of the equilibrium efficient frontier with fixed-sum outputs[J]. Journal of the Operational Research Society，67（3）：412-420.

Farrell M J. 1957. The measurement of productive efficiency[J]. Journal of the Royal Statistical Society Series A（General），120（3）：253-281.

Jablonsky J. 2018. Ranking of countries in sporting events using two-stage data envelopment analysis models：A case of Summer Olympic Games 2016[J]. Central European Journal of Operations Research，26（4）：951-966.

Kao C A，Hwang S N. 2011. Decomposition of technical and scale efficiencies in two-stage production systems[J]. European Journal of Operational Research，211（3）：515-519.

Kao C A. 2014. Network data envelopment analysis：A review[J]. European Journal of Operational Research，239（1）：1-16.

Koronakos G，Sotiros D，Despotis D K. 2019. Reformulation of network data envelopment analysis models using a common modelling framework[J]. European Journal of Operational Research，278（2）：472-480.

Lewis H F，Mallikarjun S，Sexton T R. 2013. Unoriented two-stage DEA：The case of the oscillating intermediate products[J]. European Journal of Operational Research，229（2）：529-539.

Li Y J，Chen Y，Liang L，et al. 2012. DEA models for extended two-stage network structures[J]. Omega，40（5）：611-618.

Li Y J，Lei X Y，Dai Q Z，et al. 2015. Performance evaluation of participating nations at the 2012 London Summer Olympics by a two-stage data envelopment analysis[J]. European Journal of Operational Research，243（3）：964-973

Liang L A，Cook W D，Zhu J. 2008. DEA models for two-stage processes：Game approach and efficiency decomposition[J]. Naval Research Logistics，55（7）：643-653.

Lim S，Zhu J. 2019. Primal-dual correspondence and frontier projections in two-stage network DEA models[J]. Omega，83：236-248.

Lins M P E，Gomes E G，Soares de Mello J C C B，et al. 2003. Olympic ranking based on a zero sum gains DEA model[J]. European Journal of Operational Research，148（2）：312-322.

Lozano S，Villa G，Guerrero F，et al. 2002. Measuring the performance of nations at the Summer Olympics using data envelopment analysis[J]. Journal of the Operational Research Society，53（5）：501-511.

Luo X M. 2003. Evaluating the profitability and marketability efficiency of large banks：An application of data envelopment analysis[J]. Journal of Business Research，56（8）：627-635.

Paradi J C，Zhu H Y. 2013. A survey on bank branch efficiency and performance research with data envelopment analysis[J]. Omega，41（1）：61-79.

Sherman H D，Zhu J. 2013. Analyzing performance in service organizations[J]. MIT Sloan Management Review，54(4)：36-42.

Tsai H Y，Wang A S. 2010. The efficiency analysis of life insurance company in Taiwan：Two-stage data envelopment analysis[J]. Journal of Testing and Evaluation，38（3）：283-290.

Tsolas I E. 2013. Modeling profitability and stock market performance of listed construction firms on the Athens exchange：Two-stage DEA approach[J]. Journal of Construction Engineering and Management，139（1）：111-119.

Wang C H，Gopal R D，Zionts S. 1997. Use of data envelopment analysis in assessing information technology impact on firm performance[J]. Annals of Operations Research，73：191-213.

Wu J，Liang L，Chen Y. 2009. DEA game cross-efficiency approach to Olympic rankings[J]. Omega，37（4）：909-918.

Wu J，Xia P P，Zhu Q Y，et al. 2019. Measuring environmental efficiency of thermoelectric power plants：A common equilibrium efficient frontier DEA approach with fixed-sum undesirable output[J]. Annals of Operations Research，275（2）：731-749.

Yang F，Wu D D，Liang L，et al. 2011. Competition strategy and efficiency evaluation for decision making units with fixed-sum outputs[J]. European Journal of Operational Research，212（3）：560-569.

Yang M，Li Y J，Chen Y，et al. 2014. An equilibrium efficiency frontier data envelopment analysis approach for evaluating decision-making units with fixed-sum outputs[J]. European Journal of Operational Research，239（2）：479-489.

Yang M，Li Y J，Liang L. 2015. A generalized equilibrium efficient frontier data envelopment analysis approach for evaluating DMUs with fixed-sum outputs[J]. European Journal of Operational Research，246（1）：209-217.

Yin P Z，Chu J F，Wu J，et al. 2020. A DEA-based two-stage network approach for hotel performance analysis：An internal cooperation perspective[J]. Omega，93：102035.

Zhai D J，Shang J，Yang F，et al. 2019. Measuring energy supply chains' efficiency with emission trading：A two-stage frontier-shift data envelopment analysis[J]. Journal of Cleaner Production，210：1462-1474.

Zhou Z B，Sun L，Yang W Y，et al. 2013. A bargaining game model for efficiency decomposition in the centralized model of two-stage systems[J]. Computers & Industrial Engineering，64（1）：103-108.

# 第 7 章　考虑固定和产出的 Malmquist 指数模型

## 7.1　理 论 背 景

传统的 DEA 方法是针对同一时期的不同决策单元进行横向比较，通过构建有效生产前沿面将决策单元向前沿面进行投影进而得出决策单元的相对效率。因此，其测算的是静态相对效率。然而，在实际的生产生活中，一些效率评价工作还需要动态地考察生产率随时间的变化。因此，在研究中，不仅需要对同一时期的同质决策单元进行比较，还需要对混合时期的所有决策单元进行跨期比较，即对某一时期决策单元的投入和产出，用另一个时期的生产技术进行评价。Malmquist 生产率指数（Malmquist production index，MPI）是对各个决策单元不同时期数据的动态生产率水平进行分析，包括技术效率变化以及技术进步变化。例如，对于 2014～2018 年某个地区多投入多产出的时间序列数据，如果使用传统的 DEA 模型就会忽略技术进步对全要素生产率（全要素生产率是指生产单位作为系统中的各个要素的综合生产率，其中要素不仅包括物质要素，还包括技术进步、生产创新等）的贡献，因为不同年份的生产技术会随着投入、产出数据的不同而不同，因此应该使用 MPI 对多时期的决策单元进行生产率水平评价。

非参数 MPI 是一种时间序列分析方法，通过求解一些 DEA 模型对决策单元的生产效率进行多时期比较（Caves et al.，1982；Färe et al.，1994；Malmquist，1953）。MPI 最早是由 Malmquist（1953）提出来的，然后 Färe 等（1994）结合 Farrell（1957）的效率度量和 Caves 等（1982）的生产率度量构建了基于 DEA 方法的 MPI，用来衡量决策单元的生产率随时间的变化情况。自此以后，基于 DEA 方法的非参数 MPI 就被国内外许多著名学者进行了广泛的研究，Malmquist-DEA 方法也得到了很大程度的扩展。例如，Pastor 和 Lovell（2005）提出了一种全局 MPI，是一种基于各个时期的决策单元计算生产率变化的方法。随后，Kao（2010）提出了一种基于全序列时间评价的公共加权 DEA 模型，并通过公共权重计算出了全局 MPI，使决策单元的生产率变化有了共同的比较基础。Wang 和 Lan（2011）提出了一种使用乐观和悲观 DEA 技术测量 MPI 的双前沿面 DEA（double frontier DEA，DFDEA）方法。

自 MPI 提出以来，过去几十年中，Malmquist-DEA 方法也被证明了是非常有用的工具，被应用到企业、环境、能源、医院等各大领域。例如，环境效率评价领域的二氧化碳排放效率研究，包括：Sueyoshi 和 Goto（2011）用 Malmquist-DEA 模型考虑二氧化碳的排放来评价化石燃料燃烧的发电效率；Zhou 等（2010）提出了 Malmquis 二氧化碳排放绩效指数（Malmquist $CO_2$ production index，MCPI）来衡量全要素碳排放绩效随时间的变化，并将 MCPI 应用到 1997～2004 年全球前 18 位二氧化碳排放国的碳排放绩效评价中。Wang 和 Lan（2011）提出了一种双前沿面数据包络分析方法，并将其应用于中国工业经济的 MPI 生产率分析。Zhang 和 Hao（2017）提出了一个基于超松弛的非期望产出测度模型，并将其与 MPI 相结合，进一步将该方法应用于 2005～2012 年中国 30 个省区市的动态低碳经济效率评价。Malmquist-DEA 方法也被应用于企业经营管理的效率评价研究中，包括：姚平和黄文杰（2012）利用 27 家煤炭企业在 2005～2007 年的数据，运用 DEA 方法评价决策单元的总体效率，然后使用 MPI 对煤炭企业的生产效率进行了动态分析；张月明和蒋元涛（2021）选取了 2014～2018 年我国 29 个省区市的高新技术产业的面板数据，运用超效率 DEA 模型对这些高新技术产业的生产效率进行了评价，然后构建 Malmquist-DEA 模型计算了各省区市高新技术产业的综合生产率指数，并依据分解方法对其进行了分解和分析；陈妮等（2021）基于 15 家上市企业在 2014～2018 年的经营面板数据，运用 Malmquist-DEA 方法对 15 家上市企业的经营效率进行了静态比较和动态变化分析；蒲小川等（2021）利用中国 69 家矿业上市公司 2015～2018 年的生产经营数据，采用 Malmquist-DEA 指数模型分析了这些上市公司的静态经营效率和动态经营效率。

在实际的生产生活中，对一些决策单元进行效率评价时，常常会碰到决策单元的某个或某些产出指标的总量是不变的情况，即固定和产出的情况。因为资源不可能总是无限的，不可以任由所有决策单元进行随意增加。相反，现实情况下往往是一些决策单元对有限的资源进行竞争。例如，在评价企业的生产经营效率时，应该考虑到市场份额是一定的，即 100%，行业内所有企业的市场份额加在一起应该不超过 100%。类似地，在评价一些体育赛事的参赛国家或参赛城市的效率时，也应该考虑到奖牌的数量是固定的。市场份额和奖牌数量在进行评价时都是作为期望固定和产出，对非期望产出也存在固定和的情况。例如，《京都议定书》第二阶段和第 21 届联合国气候变化大会都对全球范围内的碳排放总量提出了要求。每个国家都有相同的碳排放控制框架，即所有地区的碳排放总量不应超过国家层面的给定值。也就是说在评价过程中，若将二氧化碳排放量作为产出，应将其视为非期望固定和产出。研究如何客观、公正地评价具有固定和产出的决策单元的效率对实际效率评价工作是非常有意义的。此外，在研究中，不仅需要对同一时期的同质决策单元进行比较，还需要对混合时期的所有决策单元进行跨期比较。因为不同年份的投入、产出数据所对应的生产技术不会相同，因此如果使用传统的 DEA 模型就会忽略技术进步对全要素生产率的贡献。在实际研究的驱动下，亟须在进行多时期决策单元效率评价时考虑固定和产出决策单元的情况。

## 7.2　Malmquist-DEA 指数模型介绍

传统的 DEA 方法主要用于对同一时期的不同决策单元进行比较，但是，在实际应用中，不仅需要比较同一时期的决策单元，还需要对多时期的决策单元进行跨期比较，即使用某一时期的决策单元投入和产出与另一个时期的决策单元投入和产出进行比较。MPI 最早是一种时间序列分析方法，通过求解一系列 DEA 模型，来评价不同时期决策单元的生产率水平随时间的变化情况。MPI 反映的是在 $t$ 时期的技术条件下，从 $t$ 时期到 $t+1$ 时期的全要素生产率变化。

假设有 $n$ 个待评价的决策单元，用 $x$ 和 $y$ 表示投入和产出向量，$t$ 和 $t+1$ 分别表示两个连续的时间段。假设 $D^t(x^t,y^t)$ 是 $(x^t,y^t)$ 在 $t$ 时期的距离函数，$D^{t+1}(x^t,y^t)$ 是其在 $t+1$ 时期的距离函数；对应地，$D^t(x^{t+1},y^{t+1})$ 是 $(x^{t+1},y^{t+1})$ 在 $t$ 时期的距离函数，$D^{t+1}(x^{t+1},y^{t+1})$ 是其在 $t+1$ 时期的距离函数。在 $t$ 时期的技术条件下，从 $t$ 时期到 $t+1$ 时期技术效率的变化值为

$$M^t=\frac{D^t(x^{t+1},y^{t+1})}{D^t(x^t,y^t)} \tag{7.1}$$

在 $t+1$ 时期的技术条件下，从 $t$ 时期到 $t+1$ 时期技术效率的变化值为

$$M^{t+1}=\frac{D^{t+1}(x^{t+1},y^{t+1})}{D^{t+1}(x^t,y^t)} \tag{7.2}$$

根据 Färe 等（1994）的研究，通过计算 $t$ 时期和 $t+1$ 时期 Malmquist 指数的几何平均值，可以衡量决策单元 $k$ 从 $t$ 时期到 $t+1$ 时期的生产率变化。模型如下：

$$\mathrm{MPI}=\left[\frac{D^t(x^{t+1},y^{t+1})}{D^t(x^t,y^t)}\cdot\frac{D^{t+1}(x^{t+1},y^{t+1})}{D^{t+1}(x^t,y^t)}\right]^{\frac{1}{2}} \tag{7.3}$$

Färe 等（1994）指出，MPI 的取值范围为 0 到无穷大，MPI 大于 1 表示生产率提高，小于 1 表示生产率下降，等于 1 表示生产率不变。另外，Färe 等（1994）将 Malmquist 指数分解为技术效率变化指数和技术进步变化指数。分解模型如下：

$$\mathrm{MPI}_t=\frac{D^{t+1}(x^{t+1},y^{t+1})}{D^t(x^t,y^t)}\left[\frac{D^t(x^t,y^t)}{D^{t+1}(x^t,y^t)}\cdot\frac{D^t(x^{t+1},y^{t+1})}{D^{t+1}(x^{t+1},y^{t+1})}\right]^{\frac{1}{2}} \tag{7.4}$$

在模型（7.4）中，第一部分为技术效率变化（efficiency change，EC）指数，记为 $\mathrm{EC}=\dfrac{D^{t+1}(x^{t+1},y^{t+1})}{D^t(x^t,y^t)}$，第二部分为技术进步变化（technical change，TC）指

数，记为$\mathrm{TC}=\dfrac{D^t(x^t,y^t)}{D^{t+1}(x^t,y^t)}\cdot\dfrac{D^t(x^{t+1},y^{t+1})}{D^{t+1}(x^{t+1},y^{t+1})}$。当EC＞1时表示决策单元的技术效率得到提高，EC＜1时表示决策单元的技术效率下降，EC = 1表示决策单元的技术效率不变。同样地，TC＞1表示决策单元的生产技术进步，TC＜1表示决策单元的生产技术衰退，TC = 1表示决策单元的生产技术未发生变化。以上模型基于规模收益不变的假设，在规模收益可变的情况下，技术效率变化可以进一步分解为纯技术效率变化（pure efficiency change，PEC）和规模变化（scale change，SC），即$\mathrm{EC}=\mathrm{PEC}\times\mathrm{SC}$（Färe et al.，1994）。

## 7.3 固定和产出 Malmquist-DEA 指数

### 7.3.1 期望固定和产出 Malmquist-DEA 指数

DEA方法假定产出之间是相互独立的，即产出是可扩展的，任一决策单元的产出不会受到其他决策单元的产出变化的影响，决策单元之间不存在相互制约的关系。在实际的生产生活中，对一些决策单元进行效率评价时，常常会遇到决策单元的某个或某些产出指标的总量是不变的情况，即固定和产出的情况。在这样的情况下，使用传统的DEA方法进行效率评价就会存在一定的缺陷，使评价结果缺乏客观性。本节首先考虑期望固定和产出的情况，在Yang等（2015）提出的GEEFDEA模型的基础上进行了改进，并将其与MPI结合，构造了一种基于期望固定和产出的Malmquist-DEA指数。

我们首先对Yang等（2015）提出的GEEFDEA模型进行回顾。GEEFDEA模型克服了EEFDEA模型需要事先确定决策单元的调整顺序、当决策单元的数量很多时逐个调整决策单元的计算量大和复杂度高以及多维固定和产出下所有固定和产出会同时增加或同时减少的问题，是一种一般形式的均衡有效生产前沿面的方法。GEEFDEA模型分为两个阶段，第一个阶段是构建均衡有效生产前沿面，这个均衡有效生产前沿面是通过最小化所有决策单元的调整量来实现的；第二个阶段是基于第一阶段构建的均衡有效生产前沿面对每一个决策单元进行评价的过程。

假设有$n$个待评价的决策单元$\mathrm{DMU}_j(j=1,2,\cdots,n)$，每个决策单元有$m$个投入$x_{ij}(i=1,2,\cdots,m)$、$s$个可变和产出$y_{rj}(r=1,2,\cdots,s)$和$l$个固定和产出$f_{aj}(a=1,2,\cdots,l)$。其中，可变和产出是可扩展的，即产出的和是可变的。而固定和产出需要满足约束条件$\sum_{j=1}^{n}f_{aj}=F_a,\forall a$，其中$F_a$是个常数。在不失一般性的条件下，我们假设投入和产出都是正的。基于 Yang 等（2011）的最小调整策略，GEEFDEA 模型的第一阶段构建公共均衡有效生产前沿面的模型如下：

$$\begin{aligned}
&\min \sum_{j=1}^{n}\sum_{a=1}^{l} w_a \alpha_{aj} \\
&\text{s.t.}\ \frac{\sum_{r=1}^{s} u_r y_{rj} + \sum_{a=1}^{l} w_a (f_{aj} + \delta_{aj}) + \mu_0}{\sum_{i=1}^{m} v_i x_{ij}} = 1, \quad \forall j \\
&\sum_{j=1}^{n} \delta_{aj} = 0, \quad \forall a \\
&\alpha_{aj} = \max\left\{\delta_{aj}, 0\right\}, \quad \forall a, j \\
&f_{aj} + \delta_{aj} \geqslant 0, \quad \forall a, j \\
&u_r, v_i, w_a \geqslant 0, \quad \forall r, i, a \\
&\delta_{aj} \text{和} \mu_0 \text{是自由变量}
\end{aligned} \tag{7.5}$$

式中，$u_r$、$v_i$ 和 $w_a$ 分别为可变和产出 $y_r$、投入 $x_i$ 以及固定和产出 $f_a$ 的权重；$\delta_{aj}$ 可为正值、负值和零，表示 $\text{DMU}_j$ 的第 $a$ 个产出的调整量，$\delta_{aj}$ 为正值表示 $\text{DMU}_j$ 必须从其他的决策单元获取至少 $\delta_{aj}$ 才能到达均衡有效生产前沿面；$\delta_{aj}$ 为负值意味着 $\text{DMU}_j$ 需要将它的第 $a$ 个产出的产量减少 $\delta_{aj}$ 才能到达均衡有效生产前沿面；$\delta_{aj}$ 为零表示 $\text{DMU}_j$ 第 $a$ 个产出的产量不需要做任何调整就能到达均衡有效生产前沿面。模型（7.5）中的第一个约束条件保证了所有决策单元都到达了公共均衡有效生产前沿面，即所有决策单元在调整后变得有效。第二个约束条件确保所有决策单元关于固定和产出的净调整量等于 0，满足了固定和的要求。此外，第三个约束条件定义了 $\alpha_{aj}$，当 $\delta_{aj}$ 为非负值时 $\alpha_{aj}$ 等于 $\delta_{aj}$，否则为 0。第四个约束条件保证所有调整后的产出为非负，即调整后的产出水平为非负。模型（7.5）的目标函数是最小化所有决策单元的总调整量。

假设模型（7.5）中 $\delta_{aj}^*(\forall a, j)$ 为 $\delta_{aj}$ 的最优解，那么每个原始的 $\text{DMU}_j$ 可以将它的固定和产出 $f_{aj}$ 调整为 $(f_{aj} + \delta_{aj}^*), \forall a, j$，同时保持其投入与可变和产出不变。通过这些调整，所有决策单元可以共同构成一个公共均衡有效生产前沿面，因为模型（7.5）的第一个约束可以使每一个调整后的决策单元有效。基于上述第一阶段构建的公共均衡有效生产前沿面，GEEFDEA 模型的第二阶段通过求解下面的模型来评价原始决策单元的效率：

$$e_k^{\text{GEEFDEA}} = \min \frac{\sum_{i=1}^{m} v_i x_{ik} + \mu_0}{\sum_{r=1}^{s} u_r y_{rk} + \sum_{a=1}^{l} w_a f_{ak}}$$

$$\text{s.t.} \quad \frac{\sum_{i=1}^{m} v_i x_{ij} + \mu_0}{\sum_{r=1}^{s} u_r y_{rj} + \sum_{a=1}^{l} w_a (f_{aj} + \delta_{aj}^*)} \geqslant 1, \quad \forall j$$

$$u_r, v_i, w_a \geqslant 0, \quad \forall r, i, a \tag{7.6}$$

$\mu_0$ 是自由变量

由模型（7.6）计算得出的决策单元评价结果具有公平性和可比性，因为模型（7.6）确保所有的决策单元都是基于模型（7.5）得出的公共均衡有效生产前沿面进行评价的。我们在 GEEFDEA 模型的基础上，对其模型进行一定的改进。改进主要表现在以下两个方面：一是 GEEFDEA 模型第二阶段的评价模型是产出导向型的，本节将产出导向型的评价模型改为投入导向型；二是投入导向型模型在 VRS 框架下会出现无可行解的问题，本节会对评价模型进行改进，解决无可行解问题。其中，产出导向型是指向前沿面投影时是沿产出方向进行的，即在不改变投入要素数量的条件下，尽可能使产出最大化，而投入导向型则相反，投入导向型是指向前沿面投影时是沿着投入方向进行的，即在不改变产出要素数量的前提下，尽可能使投入最小化。选择投入导向型还是产出导向型，一般是由实际的应用场景决定的，根据实际应用的要求是最大化产出还是最小化投入，来对应地考虑使用产出导向型还是投入导向型。相较于产出导向型，在 VRS 框架下投入导向型模型会出现无可行解的问题（Yang et al.，2015）。

我们先用所有待评价的决策单元构建一个公共均衡有效生产前沿面。假设有 $n$ 个待评价的决策单元DMU$_j$$(j=1,2,\cdots,n)$，每个决策单元有 $m$ 个投入 $x_{ij}(i=1,2,\cdots,m)$、$s$ 个可变和产出 $y_{rj}(r=1,2,\cdots,s)$ 和 $l$ 个固定和产出 $f_{aj}(a=1,2,\cdots,l)$。其中，可变和产出是可扩展的。而固定和产出需要满足约束条件 $\sum_{j=1}^{n} f_{aj} = F_a, \forall a$，其中 $F_a$ 是个常数。在不失一般性的条件下，我们假设投入和产出都是正的。构建公共均衡有效生产前沿面的模型如下：

$$\min \sum_{j=1}^{n}\sum_{a=1}^{l} w_a \alpha_{aj}$$

$$\text{s.t.} \quad \frac{\sum_{r=1}^{s} u_r y_{rj} + \sum_{a=1}^{l} w_a (f_{aj} + \delta_{aj}) + \mu_0}{\sum_{i=1}^{m} v_i x_{ij}} = 1, \quad \forall j$$

$$\sum_{j=1}^{n} \delta_{aj} = 0, \quad \forall a$$

$$\alpha_{aj} = \max\{\delta_{aj}, 0\}, \quad \forall a, j$$

$$
\begin{aligned}
& f_{aj}+\delta_{aj} \geqslant 0, \quad \forall a, j \\
& u_r, v_i, w_a \geqslant 0, \quad \forall r, i, a \\
& \delta_{aj} \text{和} \mu_0 \text{ 是自由变量}
\end{aligned} \tag{7.7}
$$

式中，$u_r$、$v_i$和$w_a$分别为可变和产出$y_r$、投入$x_i$以及固定和产出$f_a$的权重；$\delta_{aj}$可为正值、负值和零，表示$\text{DMU}_j$的第$a$个产出的调整量。所有决策单元关于固定和产出的调整量需要满足净调整总量等于 0，即满足$\sum_{j=1}^{n}\delta_{aj}=0,\forall a$。模型（7.7）是一个非线性模型，为了方便求解，我们需要将其转换为线性模型。

模型（7.7）的第三个约束条件表明$\alpha_{aj}$指的是非负的$\delta_{aj}$，而模型难以求解正是因为存在这个约束，因此，我们先将模型（7.7）转化为模型（7.8）：

$$
\begin{aligned}
& \min \sum_{j=1}^{n}\sum_{a=1}^{l} w_a \left|\delta_{aj}\right| \\
& \text{s.t.} \ \frac{\sum_{r=1}^{s} u_r y_{rj} + \sum_{a=1}^{l} w_a (f_{aj}+\delta_{aj}) + \mu_0}{\sum_{i=1}^{m} v_i x_{ij}} = 1, \quad \forall j \\
& \sum_{j=1}^{n}\delta_{aj} = 0, \quad \forall a \\
& f_{aj}+\delta_{aj} \geqslant 0, \quad \forall a, j \\
& u_r, v_i, w_a \geqslant 0, \quad \forall r, i, a \\
& \delta_{aj} \text{ 和 } \mu_0 \text{ 是自由变量}
\end{aligned} \tag{7.8}
$$

对于模型（7.8），虽然$\left|\delta_{aj}\right|$同时表示正调整量和负调整量，但是模型（7.7）的第二个约束条件表明，对于$\forall a$，正调整量和负调整量之和为 0。因此对于模型（7.7）和模型（7.8），我们有$\sum_{j=1}^{n}\left|\delta_{aj}\right| = 2\sum_{j=1}^{n}\alpha_{aj}$，即模型（7.8）的目标函数是模型（7.7）的两倍：

$$
\sum_{j=1}^{n}\sum_{a=1}^{l} w_a \left|\delta_{aj}\right| = \sum_{a=1}^{l}\sum_{j=1}^{n} w_a \left|\delta_{aj}\right| = 2\sum_{a=1}^{l}\sum_{j=1}^{n} w_a \alpha_{aj} = 2\sum_{j=1}^{n}\sum_{a=1}^{l} w_a \alpha_{aj}
$$

在约束条件不变即可行域不变的前提下，若目标函数存在比例变换，最优解是不会发生改变的。

模型（7.8）仍然是一个非线性模型，为了便于求解，需要将其转换为线性模型，首先令$\delta'_{aj} = w_a \delta_{aj}$，可以得到

$$
\begin{aligned}
&\min \sum_{j=1}^{n}\sum_{a=1}^{l}\left|\delta'_{aj}\right| \\
&\text{s.t. } \sum_{r=1}^{s}u_r y_{rj}-\sum_{i=1}^{m}v_i x_{ij}-\sum_{a=1}^{l}(w_a f_{aj}+\delta'_{aj})+\mu_0=0,\quad \forall j \\
&\quad \sum_{j=1}^{n}\delta'_{aj}=0,\quad \forall a \\
&\quad \sum_{i=1}^{m}v_i x_{ij}\geqslant C,\quad \forall j \\
&\quad w_a f_{aj}+\delta'_{aj}\geqslant 0,\quad \forall a,j \\
&\quad u_r,v_i,w_a\geqslant 0,\quad \forall r,i,a \\
&\quad \delta'_{aj}\text{ 和 }\mu_0\text{ 是自由变量}
\end{aligned}
\tag{7.9}
$$

其次，设 $a_{aj}=\frac{1}{2}\left(\left|\delta'_{aj}\right|+\delta'_{aj}\right)$，$b_{aj}=\frac{1}{2}\left(\left|\delta'_{aj}\right|-\delta'_{aj}\right)$，可以明显地看出 $a_{aj}\geqslant 0,\ b_{aj}\geqslant 0$，接下来可以得到 $\left|\delta'_{aj}\right|=a_{aj}+b_{aj}$，$\delta'_{aj}=a_{aj}-b_{aj}(\forall a,j)$。因此，模型（7.9）就可以转化为以下模型：

$$
\begin{aligned}
&\min \sum_{j=1}^{n}\sum_{a=1}^{l}(a_{aj}+b_{aj}) \\
&\text{s.t. } \sum_{r=1}^{s}u_r y_{rj}-\sum_{i=1}^{m}v_i x_{ij}-\sum_{a=1}^{l}(w_a f_{aj}+a_{aj}-b_{aj})+\mu_0=0,\quad \forall j \\
&\quad \sum_{j=1}^{n}(a_{aj}-b_{aj})=0,\quad \forall a \\
&\quad \sum_{i=1}^{m}v_i x_{ij}+\sum_{a=1}^{l}(w_a f_{aj}+a_{aj}-b_{aj})\geqslant C,\quad \forall j \\
&\quad w_a f_{aj}+a_{aj}-b_{aj}\geqslant 0,\quad \forall a,j \\
&\quad u_r,v_i,w_a,a_{aj},b_{aj}\geqslant 0,\quad \forall r,i,a,j \\
&\quad \mu_0\text{ 是自由变量}
\end{aligned}
\tag{7.10}
$$

上述模型完成了构建公共均衡有效生产前沿面的过程，接下来对于评价模型，我们沿投入方向向有效生产前沿面投影，即采用投入导向型模型。下面我们将构建投入导向型评价模型来评价具有期望固定和产出的决策单元的相对效率。我们用 $D_k(x_k,y_k,f_k)$ 来表示第 $k(k=1,2,\cdots,n)$ 个决策单元的相对效率：

$$
D_k(x_k,y_k,f_k)=\max\frac{\sum_{r=1}^{s}u_r y_{rk}+\sum_{a=1}^{l}w_a f_{ak}+\mu_0}{\sum_{i=1}^{m}v_i x_{ik}}
$$

$$\text{s.t.} \ \frac{\sum_{r=1}^{s} u_r y_{rj} + \sum_{a=1}^{l} w_a (f_{aj} + \delta_{aj}^*) + \mu_0}{\sum_{i=1}^{m} v_i x_{ij}} \leqslant 1, \quad \forall j$$

$$u_r, v_i, w_a \geqslant 0, \quad \forall r, a, i \tag{7.11}$$

$\mu_0$ 是自由变量

式中，$\delta_{aj}^*(\forall a, j)$ 是通过模型（7.10）求得的 $\delta_{aj}$ 的最优解。

模型（7.11）也是非线性规划，可以通过 Charnes-Cooper 变换（Charnes and Cooper，1962）转换为线性规划，如下：

$$D_k(x_k, y_k, f_k) = \max \sum_{r=1}^{s} u_r y_{rk} + \sum_{a=1}^{l} w_a f_{ak} + \mu_0$$

$$\text{s.t.} \ \sum_{r=1}^{s} u_r y_{rj} - \sum_{i=1}^{m} v_i x_{ij} + \sum_{a=1}^{l} w_a (f_{aj} + \delta_{aj}^*) + \mu_0 \leqslant 0, \quad \forall j$$

$$\sum_{i=1}^{m} v_i x_{ik} = 1 \tag{7.12}$$

$$u_r, v_i, w_a \geqslant 0, \quad \forall r, a, i$$

$\mu_0$ 是自由变量

模型（7.12）是投入导向型模型，此模型在 VRS 框架下会出现无可行解的问题。这个结论可以表述为：当 $f_{ak} > \max\left\{f_{aj}+\delta_{aj}^* \mid j=1,2,\cdots,n\right\}$ 时，模型（7.12）的对偶模型会出现无可行解的情况。为了证明推论的成立，我们首先将模型（7.12）转化为它的对偶模型：

$$\min \theta$$

$$\text{s.t.} \ \sum_{j=1}^{n} \lambda_j y_{rj} \geqslant y_{rk}, \quad \forall r$$

$$\sum_{j=1}^{n} \lambda_j x_{ij} \leqslant \theta_k x_{ik}, \quad \forall i \tag{7.13}$$

$$\sum_{j=1}^{n} \lambda_j (f_{aj} + \delta_{aj}^*) \geqslant f_{ak}, \quad \forall a$$

$$\sum_{j=1}^{n} \lambda_j = 1, \quad \lambda_j \geqslant 0, \quad \forall j$$

从对偶模型（7.13）中可以看出，当被评价的决策单元 $k$ 原始期望固定和产出 $f_{ak}$ 大于调整后的期望固定和产出的最大值 $\max\left\{f_{aj}+\delta_{aj}^* \mid j=1,2,\cdots,n\right\}$ 时，即 $f_{ak} > \max\left\{f_{aj}+\delta_{aj}^* \mid j=1,2,\cdots,n\right\}$ 时，会出现不存在一组可行集 $\left\{(\lambda_1, \lambda_2, \cdots, \lambda_n) \mid \sum_{j=1}^{n} \lambda_j = 1, \lambda_j \geqslant 0\right\}$

能够使第三个约束成立的问题，因此模型（7.13）将会出现无可行解的情况。因此根据强对偶定理，模型（7.12）会出现无可行解的情况。

由于我们是通过调整所有决策单元的期望固定和产出来构建均衡有效生产前沿面的，这样一来，构建均衡有效生产前沿面的决策单元和待评价的决策单元的产出不一致，基于模型（7.12）得出的决策单元的相对效率可能大于 1，因此可以看作超效率模型（Yang et al.，2014）。事实上，已经有很多学者对超效率模型出现的无可行解问题进行了一系列的研究。Seiford 和 Zhu（1999）指出，超效率模型在 CRS 的情况下必有可行解，但是在 VRS 的情况下可能存在无可行解的情况。本节对 Cook 等（2009）针对超效率无可行解的研究工作进行了扩展，旨在解决模型（7.13）出现的无可行解问题。

首先来看一下标准的投入导向型超效率 DEA 模型：

$$
\begin{aligned}
&\min \theta \\
&\text{s.t.} \sum_{\substack{j=1 \\ j\neq k}}^{n} \lambda_j x_{ij} \leqslant \theta x_{ik}, \quad i=1,2,\cdots,m \\
&\sum_{\substack{j=1 \\ j\neq k}}^{n} \lambda_j y_{rj} \geqslant y_{rk}, \quad r=1,2,\cdots,s \\
&\sum_{\substack{j=1 \\ j\neq k}}^{n} \lambda_j = 1 \\
&\theta \geqslant 0, \quad \lambda_j \geqslant 0, \quad j\neq k
\end{aligned} \tag{7.14}
$$

类似地，在模型（7.14）中，当 $y_{rk} > \max\{y_{rj} \mid j=1,2,\cdots,n \text{且} j\neq k\}$ 时，会出现无可行解的情况。为了解决这一问题，与具有特定的投影方向（投入或产出方向）的标准超效率模型不同，Cook 等（2009）主张同时从两个投影方向向前沿面进行投影。在解决模型（7.13）的无可行解问题时，我们也可以使用 Cook 等（2009）的思路，改进后的模型如下：

$$
\begin{aligned}
&\min \ \tau + M\beta \\
&\text{s.t.} \sum_{j=1}^{n} \lambda_j y_{rj} \geqslant (1-\beta) y_{rk}, \quad \forall r \\
&\sum_{j=1}^{n} \lambda_j x_{ij} \leqslant (1+\tau) x_{ik}, \quad \forall i \\
&\sum_{j=1}^{n} \lambda_j (f_{aj} + \delta_{aj}^*) \geqslant (1-\beta) f_{ak}, \quad \forall a \\
&\sum_{j=1}^{n} \lambda_j = 1, \quad \forall j \\
&\lambda_j \geqslant 0, \quad \beta \geqslant 0 \\
&\tau \text{是自由变量}
\end{aligned} \tag{7.15}
$$

式中，$M$ 为自定义的超级大的正数，传统的超效率模型的思想是在保证决策单元有效的前提下，投入能最大限度地减少多少或者产出能最大限度地增加多少。和传统的超效率模型不同，模型（7.15）是计算决策单元为了到达均衡有效生产前沿面而在投入和产出两个方向上的最小调整量。假设 $\tau^*$ 和 $\beta^*$ 分别表示从模型（7.15）中得到的 $\tau$ 和 $\beta$ 的最优解，决策单元的超效率值为 $1+\tau^*+\dfrac{1}{1-\beta^*}$。同时，当模型（7.13）可行时，模型（7.15）得出的超效率值等于模型（7.13）得出的超效率值；当模型（7.13）不可行时，模型（7.15）可以通过从两个投影方向向前沿面投影的方式确定最优解，得出超效率值。到这里，改进的基于期望固定和产出决策单元的 GEEFDEA 投入导向型模型就构建完毕了。

前面我们讨论了公共均衡有效生产前沿面的构建和效率评价，也就是说，同一时期的一组决策单元以横截面数据分析的形式进行比较。但是，对于涉及时间序列的动态效率分析，应将每个决策单元与不同时期的所有决策单元（包括其自身）进行比较来评价生产率的变化。为了衡量生产率随时间的变化，Färe 等（1994）提出了一个基于 DEA 的 MPI。

假设有 $n$ 个待评价的决策单元，用 $x$ 表示投入向量，$y$ 表示产出向量，$t$ 和 $t+1$ 分别表示两个连续的时间段。用 $D_k^t\left(x_k^t,y_k^t\right)$ 表示基于 $t$ 时期投入和产出的决策单元 $k$ 的效率，$D_k^{t+1}\left(x_k^{t+1},y_k^{t+1}\right)$ 表示基于 $t+1$ 时期投入和产出的决策单元 $k$ 的效率。$D_k^t\left(x_k^{t+1},y_k^{t+1}\right)$ 表示基于 $t$ 时期的生产技术来评价 $t+1$ 时期决策单元 $k$ 的投入和产出的效率。当我们使用一个时期的生产技术对另一个时期决策单元的投入和产出进行评价时，我们称它为“混合时期生产率评价”。类似地，$D_k^{t+1}\left(x_k^t,y_k^t\right)$ 表示基于 $t+1$ 时期的生产技术来评价 $t$ 时期决策单元 $k$ 的投入和产出效率。以下模型可以评价从 $t$ 到 $t+1$ 时期决策单元 $k$ 的生产率变化：

$$\mathrm{MPI}_k=\left[\frac{D_k^t\left(x_k^{t+1},y_k^{t+1}\right)}{D_k^t\left(x_k^t,y_k^t\right)}\cdot\frac{D_k^{t+1}\left(x_k^{t+1},y_k^{t+1}\right)}{D_k^{t+1}\left(x_k^t,y_k^t\right)}\right]^{\frac{1}{2}} \tag{7.16}$$

Färe 等（1994）指出，$\mathrm{MPI}_k$ 的取值范围为从 0 到无穷大，可以用阈值 1 来分析 $\mathrm{MPI}_k$。$\mathrm{MPI}_k$ 大于 1 表示生产率提高，$\mathrm{MPI}_k$ 小于 1 表示生产率下降，$\mathrm{MPI}_k$ 等于 1 表示生产率没有发生变化。此外，Färe 等（1994）将 $\mathrm{MPI}_k$ 分解为技术效率变化指数和技术进步变化指数。分解模型如下：

$$\mathrm{MPI}_k=\frac{D_k^{t+1}\left(x_k^{t+1},y_k^{t+1}\right)}{D_k^t\left(x_k^t,y_k^t\right)}\left[\frac{D_k^t\left(x_k^t,y_k^t\right)}{D_k^{t+1}\left(x_k^t,y_k^t\right)}\cdot\frac{D_k^t\left(x_k^{t+1},y_k^{t+1}\right)}{D_k^{t+1}\left(x_k^{t+1},y_k^{t+1}\right)}\right]^{\frac{1}{2}} \tag{7.17}$$

在模型（7.17）中，第一部分为技术效率变化指数，记为 $EC_k = \dfrac{D_k^{t+1}\left(x_k^{t+1}, y_k^{t+1}\right)}{D_k^t\left(x_k^t, y_k^t\right)}$，第二部分为技术进步变化指数，记为 $TC_k = \left[\dfrac{D_k^t\left(x_k^t, y_k^t\right)}{D_k^{t+1}\left(x_k^t, y_k^t\right)} \cdot \dfrac{D_k^t\left(x_k^{t+1}, y_k^{t+1}\right)}{D_k^{t+1}\left(x_k^{t+1}, y_k^{t+1}\right)}\right]^{\frac{1}{2}}$。当 $EC_k > 1$ 时表示决策单元的技术效率得到提高，$EC_k < 1$ 时表示决策单元的技术效率下降，$EC_k = 1$ 表示决策单元的技术效率不变。同样，$TC_k > 1$ 表示决策单元的生产技术进步，$TC_k < 1$ 表示决策单元的生产技术衰退，$TC_k = 1$ 表示决策单元的生产技术未发生变化。这样一来，MPI 可以表示为 $MPI_k = TC_k \cdot EC_k$。

模型（7.17）是在 CRS 的假设下对 MPI 进行分解的，在 VRS 的情况下，Färe 等（1994）对 MPI 进行了进一步的分解，分解的模型如下：

$$MPI_k = TC_k \cdot PEC_k \cdot SC_k \tag{7.18}$$

式中，$TC_k$ 为技术进步变化指数；$PEC_k$ 为纯技术效率变化指数；$SC_k$ 为规模效率变化指数。与模型（7.17）相比，CRS 下的技术效率变化指数进一步分解为模型（7.18）中的纯技术效率变化指数和规模效率变化指数。技术进步变化指数的计算方法与模型（7.17）中的计算方法相同，都是在 CRS 前提下计算得来的。在 VRS 条件下计算纯技术效率变化指数即 $PEC_k$，$SC_k$ 是由 CRS 下的技术效率变化与 VRS 下的纯技术效率变化之比计算得出的，反映了 VRS 和 CRS 生产技术之间的偏差。

本章中，我们使用 VRS 下的 MPI 计算公式，假设用 $f$ 表示期望固定和产出的向量，例如，$f_k^t$ 表示 $DMU_k$ 在 $t$ 时期的期望固定和产出。那么，模型（7.16）就可以改写为

$$MPI_k = \left[\frac{D_k^t\left(x_k^{t+1}, y_k^{t+1}, f_k^{t+1}\right)}{D_k^t\left(x_k^t, y_k^t, f_k^t\right)} \cdot \frac{D_k^{t+1}\left(x_k^{t+1}, y_k^{t+1}, f_k^{t+1}\right)}{D_k^{t+1}\left(x_k^t, y_k^t, f_k^t\right)}\right]^{\frac{1}{2}} \tag{7.19}$$

接下来，我们将模型（7.19）分解为 $EC_k = \dfrac{D_k^t\left(x_k^{t+1}, y_k^{t+1}, f_k^{t+1}\right)}{D_k^t\left(x_k^t, y_k^t, f_k^t\right)}$ 和 $TC_k = \dfrac{D_k^t\left(x_k^t, y_k^t, f_k^t\right)}{D_k^{t+1}\left(x_k^t, y_k^t, f_k^t\right)} \cdot \dfrac{D_k^t\left(x_k^{t+1}, y_k^{t+1}, f_k^{t+1}\right)}{D_k^{t+1}\left(x_k^{t+1}, y_k^{t+1}, f_k^{t+1}\right)}$，进一步将 $EC_k$ 分解为 $PEC_k$ 和 $SC_k$，其中，$PEC_k$ 的计算方法与 $EC_k$ 的计算方法相似，都是通过分式 $\dfrac{D_k^{t+1}(x_k^{t+1}, y_k^{t+1}, f_k^{t+1})}{D_k^t(x_k^t, y_k^t, f_k^t)}$ 来计算的，只是 $PEC_k$ 的计算中 $D_k^t\left(x_k^t, y_k^t, f_k^t\right)$ 和 $D_k^{t+1}\left(x_k^{t+1}, y_k^{t+1}, f_k^{t+1}\right)$ 都是在 VRS 框架下计

算得来的。$SC_k$ 的计算方法是 CRS 下的 $EC_k$ 与 VRS 下的 $PEC_k$ 的比值。$TC_k$ 是在 CRS 下计算得到的。

值得注意的是，对于模型（7.19）中的效率值，我们可以通过 6.2 节提出的改进的基于期望固定和产出的 GEEFDEA 模型计算出 $D_k^t\left(x_k^t, y_k^t, f_k^t\right)$ 和 $D_k^{t+1}\left(x_k^{t+1}, y_k^{t+1}, f_k^{t+1}\right)$。但是对于混合时期的效率值 $D_k^{t+1}\left(x_k^t, y_k^t, f_k^t\right)$ 和 $D_k^t\left(x_k^{t+1}, y_k^{t+1}, f_k^{t+1}\right)$，我们需要对模型（7.11）进行一些小的修改。下面，我们以 $D_k^t\left(x_k^{t+1}, y_k^{t+1}, f_k^{t+1}\right)$ 为例来说明如何计算混合时期的效率值。首先利用模型（7.11）构造一个基于 $t$ 时期投入和产出的均衡有效生产前沿面，假设期望固定和产出的最优调整量为 $\delta_{aj}^*$，然后用下面的模型来评价 $t+1$ 时期决策单元的相对效率值：

$$
\begin{aligned}
D_k^t\left(x_k^{t+1}, y_k^{t+1}, f_k^{t+1}\right) &= \min \frac{\sum_{i=1}^m v_i x_{ik}^{t+1} + \sum_{a=1}^l w_a f_{ak}^{t+1} + \mu_0}{\sum_{r=1}^s u_r y_{rk}^{t+1}} \\
\text{s.t.} \quad & \frac{\sum_{i=1}^m v_i x_{ij}^t + \sum_{a=1}^l w_a (f_{aj}^t + \delta_{aj}^{t*}) + \mu_0}{\sum_{r=1}^s u_r y_{rj}^t} \geqslant 1, \quad \forall j \\
& u_r, v_i, w_a \geqslant 0, \quad \forall r, i, a \\
& \mu_0 \text{ 是自由变量}
\end{aligned} \tag{7.20}
$$

通过求解模型（7.20）可以计算出混合时期的效率值。值得注意的是，模型（7.7）～模型（7.12）均为 VRS 模型。为了计算 CRS 下的相对效率值，我们只需要将模型中的自由变量 $\mu_0$ 去掉即可。

### 7.3.2　非期望固定和产出 Malmquist-DEA 指数

近年来，随着世界经济和社会的快速发展，环境问题面临着越来越多的挑战。为了有效应对全球变暖以及二氧化碳排放等各种环境问题，世界各国已经做出了许多努力（Xie et al.，2019；Zhang et al.，2014）。例如，《京都议定书》第二阶段和第 21 届联合国气候变化大会都特别关注在国际层面实现全球二氧化碳减排和控制全球变暖的问题。此外，全球范围内对气候变化的关注使各国政府和学术界对研究分析碳排放效率的兴趣不断增加（Bian et al.，2017；Guo et al.，2011；Li and Lin，2017；Wang et al.，2019；Wu et al.，2012）。具体来说，自改革开放后几十年来，中国的经济实现了快速增长的同时，也产生了巨大的二氧化碳排放量，使中国成为世界上最大的二氧化碳排放国。中国已经意识到这个问题并将减少二氧化碳排放以及改善二氧化碳排放效率提上了议程（Zhang and Da，2015）。在实际应用中，准确地了解碳排放效率、监测碳排放趋势，可以为政策制定者制定经济和环境保护相关政策提供有价值的信息和有效的经验。

面对不容忽视的环境问题，各个国家政府都在通过控制碳排放量来共同努力遏制气候变暖。也就是说，所有国家或地区的碳排放量都被限制在一定的水平下，任何过度排放都是被禁止的（Li et al.，2020）。《京都议定书》第二阶段和第 21 届联合国气候变化大会也都对全球碳排放总量施加了限制。同样，在每个国家内部，也有一定的碳排放控制框架，即全国所有地区的碳排放总量不应该超过国家层面的给定水平。近年来，一些学者旨在研究在碳排放总量固定的前提下，各个地区碳排放量的分配问题（Xie et al.，2019；Yu et al.，2014；Zhang et al.，2014；Zhang and Hao，2017）。值得注意的是，在碳排放效率的研究中，各个国家（或某个国家内各个地区）的碳排放总量呈现出明显的固定和特征，即所有国家（或某个国家内各个地区）都有一个固定和的碳排放限值。碳排放量的固定和特征对衡量环境效率，特别是衡量碳排放效率具有重要意义，忽略固定和的限值意味着在实际应用中研究结果可能会出现缺乏真实性和客观性的情况。

本节中，我们研究的是一个区域二氧化碳排放效率分析的实际问题，在区域二氧化碳排放效率分析中，二氧化碳碳排放量是一个非期望产出，并且具有固定和的特征。为此，我们将采用与 Yang 等（2014）和 Yang 等（2015）类似的均衡有效前沿方法，提出一种考虑非期望固定和产出的 Malmquist-DEA 方法。首先，我们对 Yang 等（2015）的 GEEFDEA 方法进行了一定的扩展，将非期望产出考虑在内，然后将扩展后的模型与 MPI 结合，提出了基于非期望固定和产出的 Malmquist-DEA 方法。

由 7.3.1 节的论述可知，其模型所考虑的固定和产出都是期望产出。然而二氧化碳排放效率分析问题涉及的产出是非期望产出。为了考虑这一特性，本节将 7.3.1 节的 DEA 模型扩展到非期望固定和产出的应用环境中。和 7.3.1 节类似，我们同样假设有 $n$ 个待评价的决策单元 $\text{DMU}_j\ (j=1,2,\cdots,n)$，每个决策单元有 $m$ 个投入 $x_{ij}(i=1,2,\cdots,m)$、$s$ 个可变和产出 $y_{rj}(r=1,2,\cdots,s)$ 和 $l$ 个固定和产出 $f_{aj}(a=1,2,\cdots,l)$。其中，固定和产出需要满足约束条件 $\sum_{j=1}^{n} f_{aj}=F_a,\forall a$。这里的固定和产出是指非期望产出。接下来，我们提出以下模型来构造具有非期望固定和产出的公共均衡有效生产前沿面：

$$
\begin{aligned}
&\min \sum_{j=1}^{n}\sum_{a=1}^{l} w_a \alpha_{aj}^{u} \\
&\text{s.t.}\quad \frac{\sum_{r=1}^{s} u_r y_{rj} + \mu_0}{\sum_{i=1}^{m} v_i x_{ij} + \sum_{a=1}^{l} w_a (f_{aj}^{u} + \delta_{aj}^{u})} = 1, \quad \forall j \\
&\qquad \sum_{j=1}^{n} \delta_{aj}^{u} = 0, \quad \forall a \\
&\qquad \alpha_{aj}^{u} = \max\left\{\delta_{aj}^{u}, 0\right\}, \quad \forall a, j \\
&\qquad f_{aj}^{u} + \delta_{aj}^{u} \geqslant 0, \quad \forall a, j \\
&\qquad u_r, v_i, w_a \geqslant 0, \quad \forall r, i, a \\
&\qquad \delta_{aj}^{u} \text{ 和 } \mu_0 \text{ 是自由变量}
\end{aligned} \tag{7.21}
$$

值得注意的是，在模型（7.21）中，非期望固定和产出 $f_{aj}^{u}$ 被放在分母的位置。在 DEA 的文献中，关于非期望固定和产出研究的一个关键关注点在于如何在数学上处理这些非期望产出（Li et al.，2018，2019）。有几种处理非期望产出的经典方法：一是将非期望产出看作投入（Hailu and Veeman，2001）；二是数据转换方法（Seiford and Zhu，2002）；三是双曲线模型（Färe et al.，1989）；四是方向距离函数（Chung et al.，1997）；五是生态效率方法（Chen and Delmas，2012）。“将非期望产出看作投入”的方法是非常重要的，因为在实际生产生活中，非期望产出应该尽可能减少，这和投入应该尽可能减少性质一致。尽管“将非期望产出看作投入”的方法比较简单，也受到了一些学者的批评，但是由于它自身的方法优势，已经被广泛应用于各种实际研究中（Färe and Grosskopf，2003；Halkos and Petrou，2019）。在本节中，我们采用“将非期望产出看作投入”方法，这也为本方法的扩展带来了其他可能性。

模型（7.21）是非线性模型，可以通过和第 3 章类似的方法将其转换为线性模型，具体过程就不再赘述了，转换后的线性模型如下：

$$
\begin{aligned}
&\min \sum_{j=1}^{n}\sum_{a=1}^{l} (a_{aj} + b_{aj}) \\
&\text{s.t.}\quad \sum_{r=1}^{s} u_r y_{rj} - \sum_{i=1}^{m} v_i x_{ij} - \sum_{a=1}^{l} (w_a f_{aj}^{u} + a_{aj} - b_{aj}) + \mu_0 = 0, \quad \forall j \\
&\qquad \sum_{j=1}^{n} (a_{aj} - b_{aj}) = 0, \quad \forall a \\
&\qquad \sum_{i=1}^{m} v_i x_{ij} + \sum_{a=1}^{l} (w_a f_{aj}^{u} + a_{aj} - b_{aj}) \geqslant C, \quad \forall j
\end{aligned}
$$

$$w_a f_{aj}^u + a_{aj} - b_{aj} \geqslant 0, \quad \forall a, j$$

$$u_r, v_i, w_a, a_{aj}, b_{aj} \geqslant 0, \quad \forall r, i, a, j \tag{7.22}$$

$\mu_0$ 是自由变量

模型（7.21）和模型（7.22）可以仅通过一步就构建出一个由所有决策单元参与构建的公共均衡有效生产前沿面。在模型（7.22）中，$C$ 是一个正常数，用来保证模型（7.21）中第一个约束下的分母 $\sum_{i=1}^{m} v_i x_{ij} + \sum_{a=1}^{l} w_a (f_{aj}^u + \delta_{aj}^u)$ 是一个正数。正常数 $C$ 的值不会影响模型（7.22）的最优解 $\delta_{aj}^{u*}$。为了将模型（7.21）中的第三个约束转化为等价的线性形式，我们首先将其转化为绝对值的形式，然后引入两个变量 $a_{aj}$ 和 $b_{aj}$ 来去除绝对值符号。转换后的模型（7.22）的最优目标函数值是模型（7.21）的两倍，但是最优解是相同的。这个在 7.3.1 节也做了说明，在此不再赘述。

上述模型介绍了构建公共均衡有效生产前沿面的过程，我们还需要构建基于公共均衡有效生产前沿面的评价模型，用以测量具有非期望固定和产出决策单元的相对效率。首先我们需要考虑评价模型的投影方向，因为本节的实证研究是关于我国的省级二氧化碳排放效率的，我们选择了三种投入（资本存量 $K$、劳动力 $L$、能源消耗 $E$）。然而，根据实际情况，资本存量 $K$ 和劳动力 $L$ 都是不能自由减少的，所以在向均衡有效生产前沿面进行投影时，我们选择了沿产出方向进行投影，即采用产出导向型模型进行评价。我们用 $D_k(x_k, y_k, f_k)$ 来表示第 $k(k=1,2,\cdots,n)$ 个决策单元的相对效率。评价模型如下：

$$D_k(x_k, y_k, f_k) = \min \frac{\sum_{i=1}^{m} v_i x_{ik} + \sum_{a=1}^{l} w_a f_{ak}^u}{\sum_{r=1}^{s} u_r y_{rk} + \mu_0}$$

$$\text{s.t.} \quad \frac{\sum_{i=1}^{m} v_i x_{ij} + \sum_{a=1}^{l} w_a (f_{aj}^u + \delta_{aj}^{u*})}{\sum_{r=1}^{s} u_r y_{rj} + \mu_0} \geqslant 1, \quad \forall j \tag{7.23}$$

$$u_r, v_i, w_a \geqslant 0, \quad \forall r, i, a$$

$\mu_0$ 是自由变量

式中，$\delta_{aj}^{u*}$ 为由模型（7.21）获得的最优解；自由变量 $\mu_0$ 是用于确定规模收益特性的，在基于比例的效率分析中，将 $\mu_0$ 添加到投入的位置还是产出的位置并不会对结果造成影响。然而，如果将自由变量 $\mu_0$ 添加到 $w_a(f_{aj}^u + \delta_{aj}^{u*})$ 所在的位置，可能会存在无解情况，基于这一考虑，我们将自由变量放置在模型（7.23）的分母位置上，使模型（7.23）的可行域是封闭且有界的，可以计算出最优解。模型（7.23）是非线性规划，可以通过 Charnes-Cooper 变换（Charnes and Cooper，1962）将其转换为线性规划，如下：

$$
\begin{aligned}
& D_k(x_k, y_k, f_k) = \min \sum_{i=1}^{m} v_i x_{ik} + \sum_{a=1}^{l} w_a f_{ak}^{u} \\
& \text{s.t.} \quad \sum_{r=1}^{s} u_r y_{rj} + \mu_0 - \sum_{i=1}^{m} v_i x_{ij} - \sum_{a=1}^{l} w_a (f_{aj}^{u} + \delta_{aj}^{u^*}) \leqslant 0, \quad \forall j \\
& \sum_{r=1}^{s} u_r y_{rk} + \mu_0 = 1 \\
& u_r, v_i, w_a \geqslant 0, \quad \forall r, i, a \\
& \mu_0 \text{ 是自由变量}
\end{aligned}
\tag{7.24}
$$

模型（7.24）可以用于评价具有非期望固定和产出的决策单元，从此模型中得出的效率得分的范围为从 0 到无穷大，效率得分越大说明决策单元的效率越高。以上是对于具有非期望固定和产出的决策单元的静态效率比较，为了进一步衡量效率的动态变化，我们将其与 Färe 等（1994）提出的 MPI 结合。假设有 $n$ 个待评价的决策单元，用 $x$ 和 $y$ 表示投入与可变和产出向量，$f$ 表示非期望固定和产出向量，$t$ 和 $t+1$ 分别表示两个连续的时间段。本节中，为了符合实际应用场景，我们同样要使用 VRS 下的 MPI 计算公式。在非期望固定和产出决策单元的 MPI 同样可以用模型（7.19）表示。

接下来，我们将模型（7.19）按照 VRS 下的分解方式，分解为纯技术效率变化指数、规模效率变化指数和技术进步变化指数。三部分指数的计算方式和 7.3.1 节类似，在 7.3.1 节已经做了详细的论述，在此就不再赘述了。对于模型（7.19）中的一系列效率值，同一时期的 $D_k^t\left(x_k^t, y_k^t, f_k^t\right)$ 和 $D_k^{t+1}\left(x_k^{t+1}, y_k^{t+1}, f_k^{t+1}\right)$ 可以由模型（7.21）和模型（7.23）直接得出。混合时期的效率值 $D_k^{t+1}\left(x_k^t, y_k^t, f_k^t\right)$ 和 $D_k^t\left(x_k^{t+1}, y_k^{t+1}, f_k^{t+1}\right)$，需要我们对模型（7.23）进行一些小的修改。下面，我们以 $D_k^t\left(x_k^{t+1}, y_k^{t+1}, f_k^{t+1}\right)$ 为例来说明如何计算混合时期的效率值。首先我们利用模型（7.21）构造一个基于 $t$ 时期投入和产出的均衡有效生产前沿面，假设非期望固定和产出的最优调整量为 $\delta_{aj}^{u^*}$，然后用下面的模型来评价 $t+1$ 时期决策单元的相对效率值：

$$
D_k^t\left(x_k^{t+1}, y_k^{t+1}, f_k^{t+1}\right) = \min \frac{\sum_{i=1}^{m} v_i x_{ik}^{t+1} + \sum_{a=1}^{l} w_a f_{ak}^{u^{t+1}}}{\sum_{r=1}^{s} u_r y_{rk}^{t+1} + \mu_0}
$$

$$\text{s.t.}\quad \frac{\sum_{i=1}^{m} v_i x_{ij}^t + \sum_{a=1}^{l} w_a \left(f_{aj}^{u^t} + \delta_{aj}^{u^{t*}}\right)}{\sum_{r=1}^{s} u_r y_{rj}^t + \mu_0} \geqslant 1, \quad \forall j$$

$$u_r, v_i, w_a \geqslant 0, \quad \forall r, i, a \tag{7.25}$$

$\mu_0$ 是自由变量

求解模型（7.25）可以得出混合时期的效率值，通过求解一系列的 DEA 模型，可以求解出 MPI。值得注意的是，模型（7.21）～模型（7.24）均为 VRS 模型。为了计算 CRS 下的相对效率值，我们只需要将模型中的自由变量去掉即可。

## 7.4 模 型 应 用

### 7.4.1 基于期望固定和产出 Malmquist-DEA 的冬奥会参赛国家效率分析

作为一次世界体育盛会，2022 年北京-张家口冬季奥林匹克运动会（简称冬奥会）在北京市和张家口市举办，此次冬奥会受到了世界人民的广泛关注。奥运会被认为是世界上非常重要的体育赛事，所有的参赛国都非常重视本国在奥运会上的表现。奥运会的排名总是以参赛国的奖牌获得数量来判断，有一些其他的评价标准还考虑到获得奖牌所使用的资源。然而，对于包括资源使用量的评价标准还没有达成共识。因此，评价参赛国的效率是一个值得研究的问题。

DEA 方法常被用于体育项目的评价，近年来许多学者运用 DEA 方法对奥运会参赛国家的效率进行了评价。Lins 等（2003）首先考虑了奥运会奖牌的总数是固定的这一情况，提出了 ZSGDEA 方法，并运用这种方法对 2000 年悉尼奥运会的参赛国家的表现情况进行了评价。Yang 等（2011）提出了基于最小化所有决策单元产出调整量的 FSODEA 方法，并运用此模型评价了奥运会参赛国家的效率。但是，这些已有的研究都是对其中某一届奥运会的参赛国家效率进行评价，而没有对多届奥运会中参赛国家的动态效率进行评价，分析各参赛国家在连续几届奥运会中的效率变化，因此，本节把 7.3.1 节提出的基于期望固定和产出的 Malmquist-DEA 方法应用于评价 2006～2018 年连续 4 届冬奥会参赛国家的效率。

本节选取了 2006～2018 年连续 4 届冬奥会的参赛国家进行效率分析，由于需要分析参赛国家在连续 4 届冬奥会上的效率变化，因此，我们需要选取在 4 届冬奥会中都参赛的国家，符合要求的一共有 22 个国家。在进行评价之前，还需要确定投入、产出指标。综合考虑之前的研究对奥运会参赛国家进行效率评价时的方法，我们选取各个国家的人均 GDP（单位：美元）和人口总量（单位：万人）作为投入指标，各个国家获得金牌、银牌、铜牌的数量作为产出指标。显然，这三个产出指标都是期望固定和产出。2006～2018 年 4 届冬奥会的数据均来源于官方网站、国际货币基金组织网站、国际奥林匹克委员会的数据以及世界经济展望数据库。表 7.1 列出了冬奥会 22 个参赛国家的相关变量信息，以及描述性统计数据，包括人均 GDP、人口总量以及金牌数量、银牌数量、铜牌数量的最小值、最大值、平均数和标准差。

**表 7.1　22 个参赛国家的投入及产出指标数据的描述性统计**

| 指标 | | 最小值 | 最大值 | 平均数 | 标准差 |
|---|---|---|---|---|---|
| 投入指标 | 人均 GDP/美元 | 2 099 | 97 000 | 37 469.04 | 21 653.24 |
| | 人口总量/万人 | 193 | 139 538 | 11 060.72 | 28 125.93 |
| 产出指标 | 金牌/枚 | 0 | 14 | 4.125 | 3.847 114 |
| | 银牌/枚 | 0 | 15 | 4.045 455 | 3.578 059 |
| | 铜牌/枚 | 0 | 13 | 4.011 364 | 3.094 282 |

这里，我们不考虑时间变化对效率值的影响，利用模型（7.10）和模型（7.15）计算了 2006～2018 年 4 届冬奥会的 22 个参赛国家的静态效率值，如表 7.2 第 2～5 列所示。表 7.2 的倒数第二列给出了 22 个国家在 4 届冬奥会上的平均效率值，并对平均效率值进行排序得到表 7.2 的最后一列数值。

**表 7.2　22 个参赛国家的静态效率**

| 国家 | 2018 年 | 2014 年 | 2010 年 | 2006 年 | 平均值 | 排序 |
|---|---|---|---|---|---|---|
| 中国 | 0.6557 | 1.0000 | 1.0000 | 1.0000 | 0.9139 | 15 |
| 英国 | 0.1687 | 0.2520 | 0.1530 | 0.1235 | 0.1743 | 22 |
| 意大利 | 0.6391 | 0.7551 | 0.2998 | 0.8558 | 0.6375 | 16 |
| 斯洛伐克 | 1.3851 | 1.4940 | 2.0875 | 1.8987 | 1.7163 | 9 |
| 瑞士 | 0.5442 | 0.2894 | 0.3045 | 0.5437 | 0.4205 | 19 |
| 瑞典 | 1.6772 | 0.5905 | 0.6711 | 0.8750 | 0.9535 | 14 |
| 日本 | 0.4532 | 0.2952 | 0.1353 | 0.1085 | 0.2481 | 20 |
| 挪威 | 3.8624 | 1.3338 | 0.6453 | 0.7019 | 1.6359 | 10 |
| 美国 | 1.7503 | 1.0871 | 1.2228 | 0.5191 | 1.1448 | 13 |
| 拉脱维亚 | 1.7606 | 2.5271 | 3.5429 | 4.0326 | 2.9658 | 6 |
| 捷克 | 1.4757 | 1.5248 | 2.0943 | 1.8473 | 1.7355 | 8 |
| 加拿大 | 3.0866 | 4.5930 | 3.0893 | 2.5376 | 3.3266 | 5 |

续表

| 国家 | 2018 年 | 2014 年 | 2010 年 | 2006 年 | 平均值 | 排序 |
|---|---|---|---|---|---|---|
| 荷兰 | 2.0004 | 12.3732 | 0.4331 | 0.3894 | 3.7990 | 3 |
| 韩国 | 1.3919 | 0.4797 | 1.6801 | 1.2103 | 1.1905 | 12 |
| 芬兰 | 0.4524 | 0.3657 | 0.5156 | 0.9907 | 0.5811 | 18 |
| 法国 | 0.6207 | 0.8075 | 0.5826 | 0.4790 | 0.6225 | 17 |
| 俄罗斯 | 7.2232 | 1.6155 | 3.2624 | 5.0374 | 4.2846 | 2 |
| 德国 | 3.8624 | 0.6682 | 4.1144 | 1.3150 | 2.4900 | 7 |
| 波兰 | 0.6362 | 1.9849 | 1.8262 | 1.8916 | 1.5847 | 11 |
| 白俄罗斯 | 4.3517 | 8.8377 | 4.7203 | 6.9521 | 6.2155 | 1 |
| 澳大利亚 | 0.2204 | 0.2061 | 0.1898 | 0.2478 | 0.2160 | 21 |
| 奥地利 | 0.7634 | 3.2031 | 0.9850 | 10.0470 | 3.7496 | 4 |

由表 7.2 可以看出 4 届冬奥会中，22 个参赛国家中，平均表现最佳的是白俄罗斯，4 届冬奥会的效率值分别为 4.3517、8.8377、4.7203 和 6.9521，每一届冬奥会的效率值都居于 22 个国家的前列。这和实际情况也是比较符合的，白俄罗斯的人口总量较少，人均 GDP 也处于中等水平，但是由于地理位置和环境等先天优势，白俄罗斯对冬奥会的项目比较擅长，在历届冬奥会上也都取得了不错的成绩，可以说用较小的投入获得了较大的产出，因此效率值排名靠前，平均表现最佳。而 22 个参赛国家中表现最差的为英国，4 届冬奥会的效率值分别为 0.1687、0.2520、0.1530 和 0.1235，每一届冬奥会的效率值都较低，在 22 个国家中排名偏后。这一结果也比较符合实际情况，英国的人口数量相较于其他国家较多，人均 GDP 也处于世界先进水平，但是在历届冬奥会中表现欠佳，在 2006 年都灵冬奥会和 2010 年温哥华冬奥会中分别取得一银一金的成绩，且在其后的两届冬奥会虽然成绩有所提升，但是也未占据 22 个国家的前列，可以说用较大的投入获得了较小的产出，因此平均表现最差。而中国的 4 届冬奥会的平均效率值为 0.9139，在 22 个参赛国家中位于第 15 位。

为了评价 4 届冬奥会参赛国家的效率变化，我们使用 7.3 节提出的模型计算 22 个国家的 MPI，并根据 VRS 下的分解方法将 MPI 分解为 PEC、SC 和 TC。表 7.3 的第 2～4 列展示了从 2006 年都灵冬奥会到 2018 年平昌冬奥会 22 个参赛国家在两个连续时间之间的 MPI 值。MPI 值大于 1，说明参赛国家的生产率上升；MPI 值小于 1，说明参赛国家的生产率下降；MPI 值等于 1，说明参赛国家的生产率不变。表 7.3 的倒数第二列给出了 22 个国家在 4 届冬奥会上的平均 MPI，并根据平均 MPI 进行排序得到表 7.3 的最后一列数值。

**表 7.3　22 个参赛国家的 MPI**

| 国家 | 2006/2010 | 2010/2014 | 2014/2018 | 平均值 | 排名 |
| --- | --- | --- | --- | --- | --- |
| 中国 | 0.6139 | 0.3829 | 1.1549 | 0.7172 | 22 |
| 英国 | 0.9973 | 2.8805 | 2.1366 | 2.0048 | 1 |
| 意大利 | 0.4730 | 2.0033 | 0.8548 | 1.1104 | 12 |
| 斯洛伐克 | 0.8414 | 0.7377 | 2.5338 | 1.3710 | 4 |
| 瑞士 | 1.0598 | 0.8959 | 1.6053 | 1.1870 | 9 |
| 瑞典 | 0.6762 | 1.5076 | 0.9097 | 1.0312 | 15 |
| 日本 | 2.4808 | 1.5769 | 1.2750 | 1.7776 | 2 |
| 挪威 | 1.1705 | 1.1026 | 1.9145 | 1.3959 | 3 |
| 美国 | 1.5251 | 0.7554 | 0.6255 | 0.9687 | 19 |
| 拉脱维亚 | 2.0385 | 0.8278 | 0.2912 | 1.0525 | 14 |
| 捷克 | 1.6330 | 1.0873 | 0.5777 | 1.0993 | 13 |
| 加拿大 | 0.9894 | 1.0234 | 1.0007 | 1.0045 | 17 |
| 荷兰 | 0.8241 | 2.1227 | 0.8386 | 1.2618 | 8 |
| 韩国 | 1.0256 | 0.4325 | 2.5354 | 1.3312 | 6 |
| 芬兰 | 0.5604 | 0.9644 | 0.8572 | 0.7940 | 21 |
| 法国 | 1.3803 | 1.1133 | 0.8652 | 1.1196 | 11 |
| 俄罗斯 | 0.4839 | 1.6607 | 0.9086 | 1.0177 | 16 |
| 德国 | 0.9444 | 0.4909 | 1.5300 | 0.9884 | 18 |
| 波兰 | 2.2402 | 1.0693 | 0.5548 | 1.2881 | 7 |
| 白俄罗斯 | 0.8524 | 2.2353 | 0.9060 | 1.3312 | 5 |
| 澳大利亚 | 1.3000 | 1.2187 | 1.0225 | 1.1804 | 10 |
| 奥地利 | 0.6942 | 1.2439 | 0.5215 | 0.8199 | 20 |

由表 7.3 可以得出 22 个参赛国家在 4 届冬奥会上的动态效率变化。从表中可以看出，22 个参赛国家中有 17 个国家（除中国、美国、芬兰、德国、奥地利 5 个国家以外）的平均 MPI 大于 1，说明这 17 个参赛国家在 4 届冬奥会中整体生产率水平呈现上升的趋势，而剩余 5 个国家的整体生产率水平呈现下降趋势。此外，上升趋势最为显著的为英国，虽然 2006/2010 年两届冬奥会之间的效率下降，MPI 值为 0.9973，但是在 2010/2014 以及 2014/2018 年两届冬奥会之间的生产率水平上升，MPI 值分别为 2.8805 和 2.1366，尤其是 2010/2014 年间，效率上升明显，从原始数据中也可以看出，英国在 2010 年和 2014 年的人口数量和人均 GDP 略微

上升的情况下，获得的奖牌数由 2010 年的仅一枚金牌上升到一枚金牌、一枚银牌、两枚铜牌的好成绩。因此 2014 年与 2010 年相比效率上升显著。在样本期内，任意连续两届冬奥会之间的生产率水平均上升的国家有 3 个，分别是日本、挪威和澳大利亚，其中日本和挪威的整体效率值在 22 个参赛国家中分别排在第 2 和第 3 的位置，而只有芬兰的生产率水平均下降。其他国家的生产率水平均呈现先上升后下降或先下降后上升的趋势。其中，静态效率平均值位居第一的白俄罗斯，生产率水平变化的平均值即 MPI 的平均值为 1.3312，说明白俄罗斯在 4 届冬奥会的表现整体呈上升趋势。为了更好地分析各参赛国家效率值的变化是由哪些因素引起的，我们使用 VRS 下 MPI 的分解方式将 MPI 分解为 TC、PEC 和 SC。如果 PEC 值大于（小于）1，则表明纯技术效率变化与上届相比为正（负），规模变化和技术进步变化类似。表 7.4～表 7.6 分别给出了 22 个参赛国家在 4 届冬奥会期间的 PEC、SC 和 TC。

**表 7.4　22 个国家的 PEC**

| 国家 | 2006/2010 | 2010/2014 | 2014/2018 | 平均值 | 排名 |
|---|---|---|---|---|---|
| 中国 | 1.0000 | 1.0000 | 0.6557 | 0.8852 | 19 |
| 英国 | 1.2389 | 1.6471 | 0.6694 | 1.1851 | 11 |
| 意大利 | 0.3503 | 2.5187 | 0.8464 | 1.2385 | 9 |
| 斯洛伐克 | 1.0994 | 0.7157 | 0.9271 | 0.9141 | 18 |
| 瑞士 | 0.5601 | 0.9504 | 1.8804 | 1.1303 | 12 |
| 瑞典 | 0.7670 | 0.8799 | 2.8403 | 1.4957 | 7 |
| 日本 | 1.2470 | 2.1818 | 1.5352 | 1.6547 | 4 |
| 挪威 | 0.9194 | 2.0669 | 2.8958 | 1.9607 | 2 |
| 美国 | 2.3556 | 0.8890 | 1.6101 | 1.6182 | 5 |
| 拉脱维亚 | 0.8786 | 0.7133 | 0.6967 | 0.7629 | 22 |
| 捷克 | 1.1337 | 0.7281 | 0.9678 | 0.9432 | 17 |
| 加拿大 | 1.2174 | 1.4867 | 0.6720 | 1.1254 | 13 |
| 荷兰 | 1.1122 | 2.5689 | 0.1617 | 1.2809 | 8 |
| 韩国 | 1.3882 | 0.2855 | 2.9016 | 1.5251 | 6 |
| 芬兰 | 0.5204 | 0.7093 | 1.2371 | 0.8223 | 20 |
| 法国 | 1.2163 | 1.3860 | 0.7687 | 1.1237 | 14 |
| 俄罗斯 | 0.6476 | 0.4952 | 4.4712 | 1.8713 | 3 |
| 德国 | 3.1288 | 0.1624 | 5.7803 | 3.0238 | 1 |

续表

| 国家 | 2006/2010 | 2010/2014 | 2014/2018 | 平均值 | 排名 |
|---|---|---|---|---|---|
| 波兰 | 0.9654 | 1.0869 | 0.3205 | 0.7909 | 21 |
| 白俄罗斯 | 0.6790 | 1.8723 | 0.4924 | 1.0146 | 15 |
| 澳大利亚 | 0.7659 | 1.0859 | 1.0694 | 0.9737 | 16 |
| 奥地利 | 0.0980 | 3.2519 | 0.2383 | 1.1961 | 10 |

**表 7.5　22 个国家的 SC**

| 国家 | 2006/2010 | 2010/2014 | 2014/2018 | 平均值 | 排名 |
|---|---|---|---|---|---|
| 中国 | 1.6616 | 0.1557 | 3.0410 | 1.6194 | 4 |
| 英国 | 0.7776 | 1.3592 | 2.3649 | 1.5006 | 6 |
| 意大利 | 1.5815 | 0.7259 | 0.7516 | 1.0197 | 16 |
| 斯洛伐克 | 1.0840 | 1.0225 | 2.0548 | 1.3871 | 7 |
| 瑞士 | 2.1968 | 0.9519 | 0.3972 | 1.1820 | 12 |
| 瑞典 | 1.3376 | 1.8334 | 0.2126 | 1.1279 | 13 |
| 日本 | 2.2480 | 0.4694 | 1.0568 | 1.2581 | 9 |
| 挪威 | 1.0496 | 0.5578 | 0.3302 | 0.6459 | 21 |
| 美国 | 0.9215 | 0.5781 | 0.3864 | 0.6287 | 22 |
| 拉脱维亚 | 3.3368 | 1.3597 | 0.2667 | 1.6544 | 3 |
| 捷克 | 1.6833 | 1.3936 | 0.4932 | 1.1900 | 11 |
| 加拿大 | 0.7525 | 0.6394 | 1.3301 | 0.9073 | 20 |
| 荷兰 | 0.9207 | 0.7790 | 4.1412 | 1.9470 | 2 |
| 韩国 | 0.6855 | 1.0916 | 1.2042 | 0.9938 | 17 |
| 芬兰 | 1.2957 | 1.4219 | 0.4364 | 1.0513 | 15 |
| 法国 | 1.3281 | 0.7382 | 0.8349 | 0.9671 | 19 |
| 俄罗斯 | 1.5868 | 2.0061 | 0.1893 | 1.2607 | 8 |
| 德国 | 0.3176 | 2.2819 | 0.3323 | 0.9773 | 18 |
| 波兰 | 2.9224 | 0.6070 | 0.9863 | 1.5052 | 5 |
| 白俄罗斯 | 1.4493 | 0.9191 | 1.0088 | 1.1257 | 14 |
| 澳大利亚 | 1.8599 | 1.0937 | 0.7598 | 1.2378 | 10 |
| 奥地利 | 10.9975 | 0.4391 | 1.4537 | 4.2968 | 1 |

表 7.6　22 个国家的 TC

| 国家 | 2006/2010 | 2010/2014 | 2014/2018 | 平均值 | 排名 |
|---|---|---|---|---|---|
| 中国 | 0.3695 | 2.4593 | 0.5792 | 1.1360 | 6 |
| 英国 | 1.0352 | 1.2868 | 1.3496 | 1.2239 | 5 |
| 意大利 | 0.8537 | 1.0957 | 1.3439 | 1.0978 | 8 |
| 斯洛伐克 | 0.7060 | 1.0081 | 1.3300 | 1.0147 | 21 |
| 瑞士 | 0.8613 | 0.9902 | 2.1495 | 1.3337 | 3 |
| 瑞典 | 0.6591 | 0.9345 | 1.5063 | 1.0333 | 19 |
| 日本 | 0.8850 | 1.5398 | 0.7859 | 1.0702 | 12 |
| 挪威 | 1.2130 | 0.9563 | 2.0020 | 1.3904 | 1 |
| 美国 | 0.7026 | 1.4697 | 1.0053 | 1.0592 | 15 |
| 拉脱维亚 | 0.6953 | 0.8536 | 1.5669 | 1.0386 | 18 |
| 捷克 | 0.8557 | 1.0716 | 1.2103 | 1.0459 | 16 |
| 加拿大 | 1.0800 | 1.0766 | 1.1195 | 1.0920 | 10 |
| 荷兰 | 0.8048 | 1.0608 | 1.2526 | 1.0394 | 17 |
| 韩国 | 1.0777 | 1.3878 | 0.7257 | 1.0637 | 14 |
| 芬兰 | 0.8310 | 0.9562 | 1.5878 | 1.1250 | 7 |
| 法国 | 0.8545 | 1.0880 | 1.3481 | 1.0969 | 9 |
| 俄罗斯 | 0.4709 | 1.6718 | 1.0733 | 1.0720 | 11 |
| 德国 | 0.9504 | 1.3248 | 0.7965 | 1.0239 | 20 |
| 波兰 | 0.7940 | 1.6207 | 1.7551 | 1.3899 | 2 |
| 白俄罗斯 | 0.8663 | 1.2990 | 1.8240 | 1.3298 | 4 |
| 澳大利亚 | 0.9126 | 1.0262 | 1.2585 | 1.0658 | 13 |
| 奥地利 | 0.6439 | 0.8711 | 1.5052 | 1.0067 | 22 |

表 7.4 的第 2～4 列给出了从 2006 年都灵冬奥会到 2018 年平昌冬奥会 22 个参赛国家在两个连续时间之间的 PEC 的值。22 个国家中有 15 个国家的整体纯技术效率上升，7 个国家的整体纯技术效率下降。在任意连续两届冬奥会之间纯技术效率均上升的国家只有日本，而纯技术效率均下降的国家只有拉脱维亚。MPI 整体上升的 17 个国家中，波兰、澳大利亚、拉脱维亚、捷克以及斯洛伐克 5 个国家的整体纯技术效率下降，说明这 5 个参赛国家整体生产率水平的提升不是由纯技术效率的提升带来的。而在 MPI 整体下降的 5 个国家中，德国、奥地利和美国的纯技术效率整体上升。此外，德国的纯技术效率上升最为显著，拉脱维亚的纯技术效率下降最为明显。

表 7.5 的第 2～4 列给出了从 2006 年都灵冬奥会到 2018 年平昌冬奥会 22 个参赛国家在两个连续时间之间的 SC 的值。在 22 个参赛国家中，有 16 个国家的规模效率整体呈上升趋势，6 个国家的规模效率整体呈下降趋势。在任意连续两届冬奥会之间规模效率均上升的国家只有斯洛伐克，而只有美国的规模效率均下降。MPI 整体上升的 17 个国家中，挪威、加拿大、韩国以及法国 4 个国家的规模效率整体下降，说明这 4 个参赛国家规模效率变化未对整体生产率水平提升做出贡献。而在 MPI 整体下降的 5 个国家中，中国、芬兰和奥地利的规模效率整体上升。另外，奥地利的规模效率上升最为显著，规模效率下降最明显的是美国。

表 7.6 的第 2～4 列给出了从 2006 年都灵冬奥会到 2018 年平昌冬奥会 22 个参赛国家在两个连续时间之间的 TC 的值。22 个国家的技术进步变化均呈现上升的趋势。说明各个参赛国家的整体生产率水平的提升都受到了技术进步变化的正向影响。在任意连续两届冬奥会之间技术进步变化均上升的国家为英国和加拿大两个国家，没有国家技术进步均下降。此外，挪威的技术进步变化上升趋势最为显著。

综上，由 22 个参赛国家从 2006 年都灵冬奥会到 2018 年平昌冬奥会的动态效率变化分析可以看出，参赛国家的技术进步变化均为正向，而整体生产率水平主要受到纯技术效率变化和规模效率变化的负向影响，因此参赛国家应根据本国国情，提升技术效率和规模效率，才能使整体生产率水平得到提升。

### 7.4.2　基于非期望固定和产出 MPI 的我国省级碳排放效率分析

自改革开放 40 多年以来，中国经济经历了高速增长阶段。然而，快速的经济增长也导致了大量污染物的排放，如二氧化碳排放。近年来，环境问题在中国越来越受到重视。为了实现可持续发展的目标，需要在不断提高环境效率的同时对温室气体的排放进行控制，中国政府还提出了建设环境友好型和资源节约型社会的目标。具体而言，在第十一个五年规划（2006～2010 年）、第十二个五年规划（2011～2015 年）和第十三个五年规划（2016～2020 年）中，中国将环境保护列为其最高优先级的政策之一。这些都说明了解二氧化碳排放效率和监测中国各省排放效率的必要性。因此，本节应用所提出的方法来评价中国 30 个省级地区（由于数据的可获得性和数据缺失问题，本节研究未考虑香港、澳门、台湾、西藏四个地区）的二氧化碳排放效率。本节将 7.3.2 节提出的基于非期望固定和产出的 Malmquist-DEA 产出导向型模型应用于中国 30 个省区市的二氧化碳排放效率评价。

为了更好地分析二氧化碳排放效率，我们参考了之前的相关研究文献来选择我们的模型的投入和产出。以前的一些研究的投入和产出的选择情况如表 7.7 所示。

表 7.7　相关研究的投入和产出指标选取情况

| 相关研究 | 指标类型 | 选取的变量 |
| --- | --- | --- |
| Wu 等（2012） | 投入 | 工业资本存量、工业劳动力、工业能耗 |
| | 产出 | 工业产值增加量、工业二氧化碳排放量 |
| Zhou 等（2010） | 投入 | 资本存量、劳动力总量、一次能源消费总量 |
| | 产出 | GDP、二氧化碳排放量 |
| Xie 等（2019） | 投入 | 二氧化碳排放量、能源消耗、人口 |
| | 产出 | GDP |

根据之前的相关研究指标选取情况，我们选取了三种投入（资本存量 $K$、劳动力 $L$、能源消耗 $E$）和两种产出（地区生产总值 $Y$、二氧化碳排放量 $C$）。此外，地区生产总值是期望产出，且为可变产出，而二氧化碳排放量是非期望产出，由于政府的环境保护法规，中国各个省区市的二氧化碳排放量应该受到固定和约束。我们从《中国统计年鉴》收集了各个省区市的资本存量、劳动力和地区生产总值数据，从《中国能源统计年鉴》中获取了能源消耗的数据，以及从碳核算数据库（Carbon Emission Accounts and Datasets）网站（www.ceads.net）上收集到了二氧化碳排放量数据。数据涵盖 2009～2015 年中国 30 个省区市。表 7.8 显示了描述性统计数据，包括 2009～2015 年 30 个省区市的相关指标。其中包含了资本存量、劳动力、能源消耗以及地区生产总值、二氧化碳排放量的最小值、最大值、平均值和标准差。

表 7.8　30 个省区市的投入指标和产出指标的描述性统计

| 指标 | | 最小值 | 最大值 | 平均值 | 标准差 |
| --- | --- | --- | --- | --- | --- |
| 投入指标 | $K$/万元 | 798.20 | 48 312.40 | 12 677.00 | 9 016.08 |
| | $L$/万人 | 107.70 | 4 968.40 | 1 209.20 | 899.74 |
| | $E$/（$10^4$tce） | 1 233.00 | 38 899.00 | 13 937.60 | 8 368.34 |
| 产出指标 | $Y$/亿元 | 1081.27 | 72 812.55 | 18 725.97 | 14 694.80 |
| | $C$/（$10^4$t） | 35.40 | 1 553.80 | 347.52 | 264.30 |

我们在不考虑时间变化的情况下，利用模型（7.22）和模型（7.24）计算了中国 30 个省区市 2009～2015 年的二氧化碳排放效率值，不考虑时间变化指的是构建均衡有效生产前沿面的决策单元和被评价的决策单元来自同一时期。表 7.9 的第 2～8 列展示了 30 个省区市的二氧化碳排放效率得分。表 7.9 中给出的二氧化碳排放效率可以视为静态二氧化碳排放效率，因为它们仅仅是根据每一年的横截面数据进行计算得来的。表 7.9 还展示了各省区市按平均二氧化碳排放效率的排

名情况，表 7.9 的倒数第二列给出了 2009～2015 年的平均二氧化碳排放效率，最后一列列出了平均二氧化碳排放效率排名结果。

**表 7.9　30 个省区市的二氧化碳排放效率得分**

| 省区市 | 2009 年 | 2010 年 | 2011 年 | 2012 年 | 2013 年 | 2014 年 | 2015 年 | 平均值 | 排名 |
|---|---|---|---|---|---|---|---|---|---|
| 北京 | 1.1927 | 1.1315 | 1.3087 | 1.4991 | 1.6540 | 1.8074 | 2.1875 | 1.5401 | 5 |
| 天津 | 1.8147 | 1.9602 | 1.8920 | 2.0090 | 1.9521 | 2.0527 | 2.1013 | 1.9689 | 3 |
| 河北 | 0.8101 | 0.9899 | 1.0000 | 0.9533 | 1.0000 | 1.0000 | 0.9095 | 0.9518 | 22 |
| 山西 | 0.6854 | 0.6995 | 0.7469 | 0.6754 | 0.6148 | 0.5904 | 0.5688 | 0.6545 | 30 |
| 内蒙古 | 1.0005 | 0.9731 | 1.0000 | 0.9530 | 0.8938 | 0.8343 | 0.8715 | 0.9323 | 26 |
| 辽宁 | 0.8198 | 0.8759 | 0.9090 | 0.9091 | 0.9663 | 0.9887 | 0.9929 | 0.9231 | 27 |
| 吉林 | 1.2307 | 1.1293 | 1.1181 | 1.1659 | 1.1446 | 1.1741 | 1.2340 | 1.1710 | 9 |
| 黑龙江 | 0.8997 | 0.8383 | 0.8761 | 0.8800 | 0.9431 | 1.0338 | 1.1742 | 0.9493 | 23 |
| 上海 | 1.2817 | 1.2645 | 1.2874 | 1.3670 | 1.5906 | 1.7161 | 2.0896 | 1.5138 | 6 |
| 江苏 | 0.9104 | 0.9402 | 0.9530 | 0.9591 | 0.9349 | 0.9940 | 1.0000 | 0.9559 | 20 |
| 浙江 | 0.8827 | 0.9171 | 0.9222 | 0.9200 | 0.8987 | 0.8997 | 0.9075 | 0.9068 | 29 |
| 安徽 | 0.9701 | 0.9365 | 0.9874 | 0.9836 | 0.9908 | 0.9957 | 0.9586 | 0.9747 | 17 |
| 福建 | 1.1478 | 1.1265 | 1.0626 | 1.0825 | 1.1860 | 1.1784 | 1.1345 | 1.1312 | 13 |
| 江西 | 1.2335 | 1.0333 | 1.0209 | 1.1875 | 1.1048 | 1.0676 | 1.3198 | 1.1382 | 11 |
| 山东 | 1.0000 | 1.0000 | 1.0000 | 1.0000 | 1.0000 | 1.0000 | 1.0000 | 1.0000 | 15 |
| 河南 | 0.9000 | 0.8911 | 0.8602 | 0.8991 | 0.9821 | 0.9875 | 0.9026 | 0.9175 | 28 |
| 湖北 | 0.9806 | 0.9745 | 0.9400 | 0.9484 | 0.9300 | 0.9077 | 0.9333 | 0.9449 | 25 |
| 湖南 | 1.0983 | 1.0738 | 1.0572 | 1.0947 | 1.1346 | 1.1401 | 1.0877 | 1.0981 | 14 |
| 广东 | 1.0175 | 1.4260 | 1.3857 | 1.1354 | 1.0000 | 1.0000 | 1.0000 | 1.1378 | 12 |
| 广西 | 1.2016 | 1.1450 | 1.1724 | 1.1884 | 1.1632 | 1.1930 | 1.2284 | 1.1846 | 8 |
| 海南 | 4.7344 | 3.9096 | 3.6108 | 4.0648 | 3.8749 | 3.8096 | 4.5414 | 4.0779 | 2 |
| 重庆 | 1.2281 | 1.1976 | 1.0895 | 1.1012 | 1.0619 | 1.0227 | 1.3528 | 1.1505 | 10 |
| 四川 | 0.8638 | 0.9075 | 0.9949 | 1.0000 | 0.9560 | 0.9935 | 0.9134 | 0.9470 | 24 |
| 贵州 | 1.0788 | 1.0000 | 0.9836 | 0.9905 | 0.9127 | 0.9158 | 1.0000 | 0.9831 | 16 |
| 云南 | 0.9538 | 0.8854 | 0.8964 | 0.9408 | 0.9072 | 0.9300 | 1.1551 | 0.9527 | 21 |
| 陕西 | 1.0000 | 0.9816 | 0.9969 | 0.9911 | 0.9735 | 0.9190 | 0.8965 | 0.9655 | 18 |
| 甘肃 | 1.5218 | 1.2579 | 1.2244 | 1.3871 | 1.1672 | 1.1333 | 1.4202 | 1.3017 | 7 |
| 青海 | 5.1563 | 4.5215 | 4.0655 | 4.3039 | 3.6247 | 3.4344 | 4.2997 | 4.2009 | 1 |
| 宁夏 | 1.9736 | 1.7046 | 1.4963 | 1.7437 | 1.7800 | 1.6608 | 1.9682 | 1.7610 | 4 |
| 新疆 | 1.0786 | 1.0356 | 1.0342 | 1.0000 | 0.9396 | 0.8280 | 0.8006 | 0.9595 | 19 |
| 平均值 | 1.3556 | 1.2909 | 1.2631 | 1.3111 | 1.2761 | 1.2736 | 1.3983 | 1.3098 | — |

根据表 7.9，我们可以得出以下重要结论。

（1）我国二氧化碳排放效率总体上是相对有效的，平均效率得分为 1.2631～1.3983，且各年间变化不大。从表 7.9 可以看出，2009～2015 年，我国二氧化碳排放效率平均得分为 1.3098。这一数字表明，在这一段时期内，我国的二氧化碳排放效率是相对有效的，因为该值大于 1。表 7.9 还表明，二氧化碳排放效率得分逐年变化很小。事实上，2009～2015 年，我国的平均二氧化碳排放效率得分在 1.2631～1.3983 略有变化，增长率最高的年份是 2015 年，平均二氧化碳排放效率从 1.2736 增长到 1.3983。

（2）2009～2015 年，青海和海南是二氧化碳排放效率最高的两个省份，二氧化碳排放效率最低的三个省份分别是山西、浙江和河南。这一结果符合人们对中国地区环境的普遍印象。青海和海南分别位于中国西部和南部，两省都有丰富的自然环境条件，产业结构以第三产业为主。这两个省在样本期间的环境保护政策取得了显著成效。青海和海南的平均二氧化碳排放效率均大于 3，但在其他省区市中，最高的二氧化碳排放效率仅为 2.1875，这是北京在 2015 年实现的。排在最后的三个省份分别是山西、浙江和河南。一个可能的原因是，第二产业是这三个省的支柱产业，而第二产业包括很多重工业，污染相对严重。

（3）我们进一步将这些省区市划分为东部、中部和西部地区，并计算这三个地区的二氧化碳排放效率得分。这些区域的划分情况如表 7.10 所示。

**表 7.10　各地区省区市分布**

| 地区 | 省区市 |
|---|---|
| 东部 | 北京、天津、河北、上海、江苏、浙江、福建、山东、广东、海南、辽宁 |
| 中部 | 山西、吉林、黑龙江、安徽、江西、河南、湖北、湖南 |
| 西部 | 内蒙古、广西、重庆、四川、贵州、云南、陕西、甘肃、青海、宁夏、新疆 |

图 7.1 展示了 2009～2015 年东部、西部和中部地区的二氧化碳排放效率。从图 7.1 我们可以得到以下发现：除 2009 年和 2010 年外，三个地区中，二氧化碳排放效率最高的是东部地区，二氧化碳排放效率最低的是中部地区。从图 7.1 可以看出，2009 年和 2010 年西部地区的二氧化碳排放效率较东部地区有明显的优势。然而，2011 年东部地区二氧化碳排放效率却赶上并超过了西部地区。而中部地区的二氧化碳排放效率始终最低。中部地区大部分省区市大力发展经济，重点发展重工业，在样本期间，工业生产的能源结构以煤炭为主，而燃烧煤炭会对环境造成很大的影响，并带来严重的环境污染。

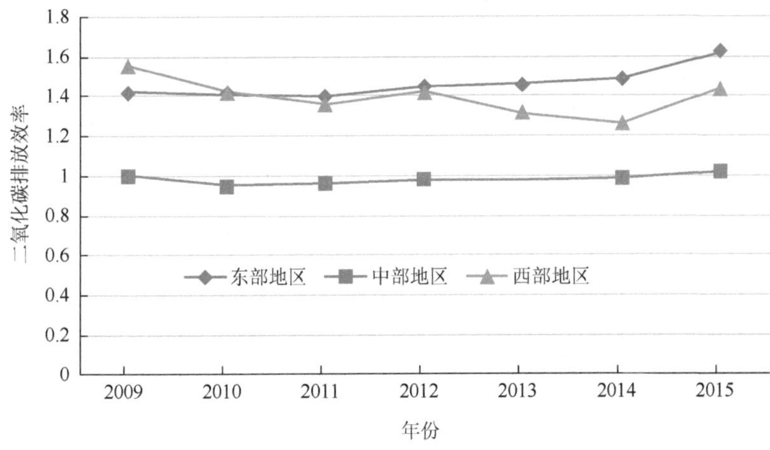


图 7.1　不同地区的平均二氧化碳排放效率得分

（4）中部和东部地区二氧化碳排放效率总体呈上升趋势，西部地区二氧化碳排放效率总体呈下降趋势。中部地区二氧化碳排放效率 2010 年有所下降，东部地区二氧化碳排放效率 2011 年才有所下降。相比之下，西部地区的二氧化碳排放效率仅在 2012 年和 2015 年有所提高。这可能是因为西部地区越来越重视经济发展，不可避免地牺牲了环境质量。为了评价多时期二氧化碳排放效率的变化，我们使用 7.3.2 节中提出的模型计算了 30 个省区市的 MPI。对于每个连续两年的时间段，需要求解六个线性规划模型。表 7.11 展示了 2009～2015 年 30 个省区市在任意两个连续年份间的 MPI 值。表 7.11 的第 2～7 列是 MPI 值，如果 MPI 值大于（小于）1，则表示二氧化碳排放效率水平上升（下降）。

**表 7.11　30 个省区市的 MPI 值**

| 省区市 | 2009/2010 | 2010/2011 | 2011/2012 | 2012/2013 | 2013/2014 | 2014/2015 | 平均值 |
|---|---|---|---|---|---|---|---|
| 北京 | 0.8987 | 0.9281 | 0.9322 | 1.0421 | 0.8623 | 1.1122 | 0.9626 |
| 天津 | 0.8957 | 0.9258 | 0.9685 | 1.0103 | 1.0038 | 0.9886 | 0.9655 |
| 河北 | 0.8942 | 0.9327 | 0.9676 | 1.0331 | 1.0071 | 0.9519 | 0.9644 |
| 山西 | 0.9256 | 0.9560 | 0.9823 | 1.0179 | 1.0091 | 1.0362 | 0.9879 |
| 内蒙古 | 0.9012 | 0.9665 | 0.9273 | 1.0145 | 1.0084 | 0.9795 | 0.9662 |
| 辽宁 | 0.8969 | 0.9283 | 0.9678 | 1.0174 | 1.0020 | 0.9713 | 0.9640 |
| 吉林 | 0.8967 | 0.9301 | 0.9650 | 1.0204 | 0.9941 | 0.9850 | 0.9652 |
| 黑龙江 | 0.8972 | 0.9429 | 0.9552 | 1.0320 | 0.9908 | 0.9563 | 0.9624 |
| 上海 | 0.9062 | 0.9385 | 0.9460 | 1.1324 | 0.7996 | 1.0451 | 0.9613 |
| 江苏 | 0.9041 | 0.9298 | 0.9598 | 1.0053 | 0.9822 | 1.0124 | 0.9656 |

续表

| 省区市 | 2009/2010 | 2010/2011 | 2011/2012 | 2012/2013 | 2013/2014 | 2014/2015 | 平均值 |
|---|---|---|---|---|---|---|---|
| 浙江 | 0.9053 | 0.9383 | 0.9484 | 1.0058 | 0.9738 | 1.0213 | 0.9655 |
| 安徽 | 0.8992 | 0.9267 | 0.9647 | 1.0149 | 0.9975 | 0.9794 | 0.9637 |
| 福建 | 0.9049 | 0.9296 | 0.9585 | 0.9980 | 0.9911 | 1.0099 | 0.9653 |
| 江西 | 0.9058 | 0.9268 | 0.9553 | 0.9954 | 0.9847 | 1.0172 | 0.9642 |
| 山东 | 0.8954 | 0.9351 | 0.9633 | 1.0253 | 0.9965 | 0.9721 | 0.9646 |
| 河南 | 0.8974 | 0.9339 | 0.9633 | 1.0174 | 0.9994 | 0.9836 | 0.9658 |
| 湖北 | 0.9025 | 0.9311 | 0.9602 | 1.0011 | 0.9848 | 1.0218 | 0.9669 |
| 湖南 | 0.9030 | 0.9288 | 0.9626 | 1.0021 | 0.9935 | 1.0093 | 0.9665 |
| 广东 | 0.9059 | 0.9378 | 0.9473 | 1.0585 | 0.8904 | 1.0263 | 0.9610 |
| 广西 | 0.9052 | 0.9256 | 0.9643 | 1.0041 | 0.9948 | 1.0043 | 0.9664 |
| 海南 | 0.9017 | 0.9361 | 0.9548 | 1.0129 | 0.9854 | 0.9907 | 0.9636 |
| 重庆 | 0.9022 | 0.9249 | 0.9606 | 0.9982 | 0.9835 | 1.0218 | 0.9652 |
| 四川 | 0.9033 | 0.9259 | 0.9638 | 0.9993 | 0.9905 | 1.0057 | 0.9648 |
| 贵州 | 0.9179 | 0.9523 | 0.9658 | 1.0449 | 0.9938 | 0.9573 | 0.9720 |
| 云南 | 0.9024 | 0.9364 | 0.9531 | 1.0100 | 0.9842 | 1.0071 | 0.9655 |
| 陕西 | 0.8961 | 0.9344 | 0.9643 | 1.0347 | 0.9999 | 0.9304 | 0.9600 |
| 甘肃 | 0.8973 | 0.9397 | 0.9599 | 1.0272 | 0.9950 | 0.9780 | 0.9662 |
| 青海 | 0.8987 | 0.9348 | 0.9655 | 1.0320 | 1.0077 | 0.9511 | 0.9650 |
| 宁夏 | 0.9320 | 0.9543 | 0.9768 | 1.0074 | 1.0066 | 1.0019 | 0.9798 |
| 新疆 | 0.9006 | 0.9517 | 0.9666 | 1.0523 | 1.0024 | 0.9516 | 0.9709 |
| 平均值 | 0.9031 | 0.9361 | 0.9597 | 1.0222 | 0.9805 | 0.9960 | 0.9663 |

（5）2009～2015 年间，中国整体平均二氧化碳排放效率水平呈现下降趋势。样本期内，27.22%的省区市二氧化碳排放效率水平有所提高，72.78%的省区市二氧化碳排放效率水平有所下降。表 7.11 显示，除 2012/2013 年外，中国总体平均二氧化碳排放效率水平表现为下降趋势（MPI 小于 1）。在整个样本期内，中国总体二氧化碳排放效率水平呈下降趋势（最后一栏，平均 MPI = 0.9663）。在省级层面，2009～2015 年，所有省区市平均二氧化碳排放效率水平均呈现下降趋势（平均 MPI 均小于 1）。

（6）2009～2015 年，三个地区二氧化碳排放效率水平在多数年份呈下降趋势（MPI 小于 1）。图 7.2 展示了各地区的平均 MPI，从图 7.2 可以看出，除 2012/2013 年外，西部地区的二氧化碳排放效率水平呈下降趋势（MPI＜1），但下降幅度逐年递减。也就是说，西部地区二氧化碳排放效率水平下降的速度越来越慢。同样，除 2012/2013 年外，中部和东部地区二氧化碳排放效率水平在其他年份都有所下降。

我们使用 VRS 下 MPI 的分解方式将 MPI 分解为 TC、PEC 和 SC。如果纯技术效率变化值大于（小于）1，则表明纯技术效率变化与上年相比为正（负），规模变化和技术进步变化类似。表 7.12～表 7.14 分别给出了由 MPI 分解得到的 PEC、SC 和 TC。

图 7.2　三大地区的平均 MPI

**表 7.12　MPI 分解的 PEC**

| 省区市 | 2009/2010 | 2010/2011 | 2011/2012 | 2012/2013 | 2013/2014 | 2014/2015 | 平均值 |
|---|---|---|---|---|---|---|---|
| 北京 | 0.9487 | 1.1565 | 1.1456 | 1.1033 | 1.0927 | 1.2103 | 1.1095 |
| 天津 | 1.0802 | 0.9652 | 1.0618 | 0.9717 | 1.0515 | 1.0237 | 1.0257 |
| 河北 | 1.2219 | 1.0102 | 0.9533 | 1.0490 | 1.0000 | 0.9095 | 1.0240 |
| 山西 | 1.0206 | 1.0677 | 0.9042 | 0.9103 | 0.9603 | 0.9634 | 0.9711 |
| 内蒙古 | 0.9726 | 1.0277 | 0.9530 | 0.9379 | 0.9334 | 1.0446 | 0.9782 |
| 辽宁 | 1.0684 | 1.0379 | 1.0000 | 1.0629 | 1.0232 | 1.0042 | 1.0328 |
| 吉林 | 0.9176 | 0.9901 | 1.0427 | 0.9817 | 1.0258 | 1.0510 | 1.0015 |
| 黑龙江 | 0.9317 | 1.0451 | 1.0045 | 1.0717 | 1.0962 | 1.1358 | 1.0475 |
| 上海 | 0.9866 | 1.0180 | 1.0619 | 1.1636 | 1.0789 | 1.2176 | 1.0878 |
| 江苏 | 1.0327 | 1.0136 | 1.0065 | 0.9748 | 1.0632 | 1.0060 | 1.0161 |
| 浙江 | 1.0390 | 1.0056 | 0.9976 | 0.9768 | 1.0011 | 1.0087 | 1.0048 |
| 安徽 | 0.9653 | 1.0544 | 0.9962 | 1.0073 | 1.0049 | 0.9627 | 0.9985 |

续表

| 省区市 | 2009/2010 | 2010/2011 | 2011/2012 | 2012/2013 | 2013/2014 | 2014/2015 | 平均值 |
|---|---|---|---|---|---|---|---|
| 福建 | 0.9815 | 0.9433 | 1.0187 | 1.0956 | 0.9936 | 0.9627 | 0.9992 |
| 江西 | 0.8377 | 0.9880 | 1.1632 | 0.9303 | 0.9663 | 1.2362 | 1.0203 |
| 山东 | 1.0000 | 1.0000 | 1.0000 | 1.0000 | 1.0000 | 1.0000 | 1.0000 |
| 河南 | 0.9901 | 0.9653 | 1.0452 | 1.0923 | 1.0055 | 0.9140 | 1.0021 |
| 湖北 | 0.9938 | 0.9645 | 1.0090 | 0.9806 | 0.9760 | 1.0282 | 0.9920 |
| 湖南 | 0.9777 | 0.9845 | 1.0354 | 1.0365 | 1.0048 | 0.9540 | 0.9988 |
| 广东 | 1.4015 | 0.9717 | 0.8194 | 0.8808 | 1.0000 | 1.0000 | 1.0122 |
| 广西 | 0.9529 | 1.0240 | 1.0136 | 0.9788 | 1.0256 | 1.0297 | 1.0041 |
| 海南 | 0.8258 | 0.9236 | 1.1258 | 0.9533 | 0.9831 | 1.1921 | 1.0006 |
| 重庆 | 0.9752 | 0.9097 | 1.0107 | 0.9643 | 0.9631 | 1.3228 | 1.0243 |
| 四川 | 1.0506 | 1.0963 | 1.0052 | 0.9560 | 1.0392 | 0.9194 | 1.0111 |
| 贵州 | 0.9270 | 0.9836 | 1.0071 | 0.9214 | 1.0034 | 1.0919 | 0.9891 |
| 云南 | 0.9283 | 1.0124 | 1.0495 | 0.9643 | 1.0251 | 1.2420 | 1.0369 |
| 陕西 | 0.9816 | 1.0156 | 0.9942 | 0.9823 | 0.9440 | 0.9755 | 0.9822 |
| 甘肃 | 0.8266 | 0.9734 | 1.1328 | 0.8415 | 0.9710 | 1.2532 | 0.9998 |
| 青海 | 0.8769 | 0.8991 | 1.0587 | 0.8422 | 0.9475 | 1.2520 | 0.9794 |
| 宁夏 | 0.8637 | 0.8778 | 1.1654 | 1.0208 | 0.9330 | 1.1851 | 1.0076 |
| 新疆 | 0.9602 | 0.9986 | 0.9669 | 0.9396 | 0.8812 | 0.9669 | 0.9522 |
| 平均值 | 0.9845 | 0.9974 | 1.0249 | 0.9864 | 0.9998 | 1.0688 | 1.0103 |

**表 7.13　MPI 分解的 SC**

| 省区市 | 2009/2010 | 2010/2011 | 2011/2012 | 2012/2013 | 2013/2014 | 2014/2015 | 平均值 |
|---|---|---|---|---|---|---|---|
| 北京 | 1.1085 | 0.9274 | 0.8697 | 1.0451 | 0.8482 | 0.9848 | 0.9640 |
| 天津 | 1.0557 | 1.0140 | 1.0194 | 1.1092 | 1.0396 | 1.1628 | 1.0668 |
| 河北 | 0.9430 | 1.0058 | 1.0463 | 1.0404 | 1.0313 | 0.9989 | 1.0110 |
| 山西 | 1.0071 | 0.9963 | 0.9941 | 1.0055 | 0.9836 | 0.9945 | 0.9969 |
| 内蒙古 | 1.0151 | 1.0343 | 0.9606 | 0.9793 | 1.0193 | 1.0421 | 1.0084 |
| 辽宁 | 0.9755 | 0.9991 | 1.0389 | 0.9976 | 1.0128 | 1.0162 | 1.0067 |
| 吉林 | 1.0348 | 1.0113 | 0.9953 | 1.0602 | 1.0012 | 0.9300 | 1.0055 |
| 黑龙江 | 1.0128 | 1.0204 | 0.9779 | 1.0246 | 1.0089 | 0.9691 | 1.0023 |
| 上海 | 0.9927 | 0.9690 | 0.9243 | 0.9557 | 0.8406 | 0.8793 | 0.9269 |

续表

| 省区市 | 2009/2010 | 2010/2011 | 2011/2012 | 2012/2013 | 2013/2014 | 2014/2015 | 平均值 |
|---|---|---|---|---|---|---|---|
| 江苏 | 0.9462 | 1.0088 | 1.0125 | 0.9043 | 0.9856 | 1.0545 | 0.9853 |
| 浙江 | 0.9693 | 0.9875 | 0.9819 | 1.0430 | 0.9750 | 0.9683 | 0.9875 |
| 安徽 | 1.0329 | 1.0021 | 0.9981 | 0.9979 | 1.0118 | 1.0317 | 1.0124 |
| 福建 | 1.0209 | 0.9910 | 0.9841 | 1.0116 | 0.9975 | 1.0322 | 1.0062 |
| 江西 | 1.1760 | 1.0109 | 0.8582 | 1.1006 | 1.0202 | 0.8154 | 0.9969 |
| 山东 | 0.9621 | 1.0090 | 1.0081 | 1.0657 | 1.0069 | 0.9595 | 1.0019 |
| 河南 | 0.9517 | 0.9950 | 1.0408 | 0.9593 | 1.0223 | 1.1072 | 1.0127 |
| 湖北 | 1.0087 | 1.0040 | 1.0097 | 1.0057 | 0.9869 | 1.0351 | 1.0084 |
| 湖南 | 1.0176 | 0.9964 | 1.0074 | 1.0115 | 1.0033 | 1.0932 | 1.0216 |
| 广东 | 0.7226 | 1.0133 | 1.1835 | 1.1147 | 0.8587 | 1.0267 | 0.9866 |
| 广西 | 1.0654 | 0.9881 | 0.9707 | 1.0631 | 1.0113 | 0.9962 | 1.0158 |
| 海南 | 1.2296 | 1.1025 | 0.8962 | 1.0279 | 1.0651 | 0.8110 | 1.0221 |
| 重庆 | 1.0756 | 1.0313 | 0.9720 | 1.0361 | 1.0171 | 0.7684 | 0.9834 |
| 四川 | 1.0071 | 0.9962 | 1.0157 | 1.0124 | 0.9895 | 1.0364 | 1.0096 |
| 贵州 | 1.0441 | 0.9960 | 1.0062 | 1.1607 | 1.0513 | 0.9185 | 1.0295 |
| 云南 | 1.0628 | 1.0245 | 0.9658 | 1.1070 | 1.0028 | 0.8917 | 1.0091 |
| 陕西 | 1.0280 | 1.0192 | 1.0060 | 0.9912 | 0.9995 | 0.9698 | 1.0023 |
| 甘肃 | 1.1985 | 1.0460 | 0.9003 | 1.1931 | 1.0350 | 0.7388 | 1.0186 |
| 青海 | 1.2193 | 1.0711 | 0.9371 | 1.2533 | 1.1170 | 0.9410 | 1.0898 |
| 宁夏 | 1.1364 | 1.2055 | 0.8109 | 0.9503 | 1.0000 | 0.8332 | 0.9894 |
| 新疆 | 1.1006 | 1.0261 | 0.9856 | 1.1974 | 0.9574 | 0.9236 | 1.0318 |
| 平均值 | 1.0374 | 1.0167 | 0.9792 | 1.0475 | 0.9967 | 0.9643 | 1.0070 |

**表 7.14　MPI 分解的 TC**

| 省区市 | 2009/2010 | 2010/2011 | 2011/2012 | 2012/2013 | 2013/2014 | 2014/2015 | 平均值 |
|---|---|---|---|---|---|---|---|
| 北京 | 0.8545 | 0.8653 | 0.9357 | 0.9037 | 0.9304 | 0.9331 | 0.9038 |
| 天津 | 0.7854 | 0.9459 | 0.8947 | 0.9373 | 0.9182 | 0.8305 | 0.8853 |
| 河北 | 0.7760 | 0.9179 | 0.9701 | 0.9465 | 0.9765 | 1.0478 | 0.9391 |
| 山西 | 0.9005 | 0.8987 | 1.0928 | 1.1120 | 1.0683 | 1.0815 | 1.0256 |
| 内蒙古 | 0.9128 | 0.9093 | 1.0130 | 1.1045 | 1.0598 | 0.8998 | 0.9832 |

续表

| 省区市 | 2009/2010 | 2010/2011 | 2011/2012 | 2012/2013 | 2013/2014 | 2014/2015 | 平均值 |
|---|---|---|---|---|---|---|---|
| 辽宁 | 0.8606 | 0.8953 | 0.9316 | 0.9595 | 0.9669 | 0.9518 | 0.9276 |
| 吉林 | 0.9443 | 0.9289 | 0.9299 | 0.9804 | 0.9679 | 1.0078 | 0.9599 |
| 黑龙江 | 0.9508 | 0.8842 | 0.9724 | 0.9399 | 0.8960 | 0.8688 | 0.9187 |
| 上海 | 0.9253 | 0.9514 | 0.9638 | 1.0183 | 0.8817 | 0.9762 | 0.9528 |
| 江苏 | 0.9253 | 0.9094 | 0.9419 | 1.1404 | 0.9373 | 0.9544 | 0.9681 |
| 浙江 | 0.8989 | 0.9449 | 0.9683 | 0.9872 | 0.9977 | 1.0457 | 0.9738 |
| 安徽 | 0.9018 | 0.8770 | 0.9703 | 1.0096 | 0.9810 | 0.9860 | 0.9543 |
| 福建 | 0.9031 | 0.9945 | 0.9561 | 0.9005 | 1.0000 | 1.0163 | 0.9618 |
| 江西 | 0.9195 | 0.9279 | 0.9569 | 0.9721 | 0.9989 | 1.0091 | 0.9641 |
| 山东 | 0.9307 | 0.9268 | 0.9556 | 0.9621 | 0.9896 | 1.0131 | 0.9630 |
| 河南 | 0.9523 | 0.9722 | 0.8855 | 0.9710 | 0.9723 | 0.9719 | 0.9542 |
| 湖北 | 0.9003 | 0.9616 | 0.9424 | 1.0151 | 1.0224 | 0.9601 | 0.9670 |
| 湖南 | 0.9076 | 0.9468 | 0.9229 | 0.9559 | 0.9855 | 0.9677 | 0.9477 |
| 广东 | 0.8945 | 0.9524 | 0.9769 | 1.0781 | 1.0369 | 0.9996 | 0.9897 |
| 广西 | 0.8916 | 0.9149 | 0.9801 | 0.9650 | 0.9591 | 0.9791 | 0.9483 |
| 海南 | 0.8880 | 0.9193 | 0.9464 | 1.0337 | 0.9410 | 1.0247 | 0.9589 |
| 重庆 | 0.8601 | 0.9858 | 0.9778 | 0.9991 | 1.0040 | 1.0053 | 0.9720 |
| 四川 | 0.8538 | 0.8478 | 0.9440 | 1.0324 | 0.9633 | 1.0555 | 0.9495 |
| 贵州 | 0.9484 | 0.9721 | 0.9531 | 0.9770 | 0.9421 | 0.9546 | 0.9579 |
| 云南 | 0.9146 | 0.9029 | 0.9404 | 0.9462 | 0.9574 | 0.9093 | 0.9285 |
| 陕西 | 0.8880 | 0.9027 | 0.9642 | 1.0628 | 1.0597 | 0.9835 | 0.9768 |
| 甘肃 | 0.9057 | 0.9230 | 0.9412 | 1.0231 | 0.9902 | 1.0564 | 0.9733 |
| 青海 | 0.8406 | 0.9706 | 0.9731 | 0.9777 | 0.9521 | 0.8073 | 0.9202 |
| 宁夏 | 0.9496 | 0.9018 | 1.0337 | 1.0385 | 1.0789 | 1.0147 | 1.0029 |
| 新疆 | 0.8522 | 0.9288 | 1.0142 | 0.9354 | 1.1882 | 1.0655 | 0.9974 |
| 平均值 | 0.8946 | 0.9260 | 0.9616 | 0.9962 | 0.9874 | 0.9792 | 0.9575 |

（7）中国整体的纯技术效率在样本期内有所提升（平均 PEC = 1.0103）。在省级层面，除山东省外，其他省区市的纯技术效率都呈现出上升或下降的趋势。在地区层面，东部地区整体纯技术效率变化趋势优于中、西部地区，中部地区优于西部地区。表 7.12 显示，2011/2012 年和 2014/2015 年，中国 30 个省区市

的总体纯技术效率有所提高，但其余四个时期有所下降。省级的结果表明，山东省的纯技术效率没有随着时间的推移而变化，PEC 保持在 1.0000。图 7.3 显示了不同地区的平均纯技术效率随时间的变化。样本期内，东部地区的平均纯技术效率值总是大于 1，所以整体纯技术效率变化为正。同样，尽管 2009/2010 年纯技术效率有所下降，但中部地区其余年份的纯技术效率都有所提高。而西部地区的纯技术效率变化不如东部和中部地区，只在 2011/2012 年和 2014/2015 年出现了积极变化。

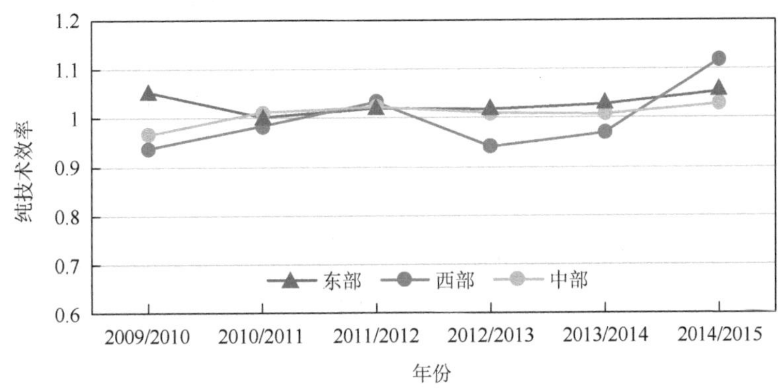


图 7.3　不同地区的平均纯技术效率变化

（8）中国二氧化碳排放效率的总体规模变化在这一时期呈现出积极的趋势（平均 SC = 1.0070）。在省级层面，各省区市的规模变化都有正向或负向的趋势。在区域层面上，西部地区规模正向变化的年份与中部地区相同，且均高于东部地区。从表 7.13 中可以看出，我国二氧化碳排放效率的总体规模变化呈正向趋势（平均 SC = 1.0070）。具体来看，2009/2010 年、2010/2011 年、2012/2013 年，我国平均规模变化呈上升趋势，2011/2012 年、2013/2014 年以及 2014/2015 年期间则呈下降趋势。在省级层面，9 个省区市的平均规模变化呈负趋势，21 个省区市的平均规模变化呈正趋势。在地区层面，图 7.4 显示了不同地区的平均规模效率随时间的变化。中、西部地区的规模变化在样本期内呈现出相同的趋势，仅在 2011/2012 年和 2014/2015 年呈下降趋势，其他时期呈上升趋势。而在东部地区，2010/2011 年和 2012/2013 年的规模变化有所上升，但其他年份平均规模效率变化值始终小于 1，因此规模变化为负。

（9）中国二氧化碳排放效率的总体技术进步变化在样本期间呈现出下降趋势（平均 TC = 0.9575）。在省级层面，79.44%出现技术性下降，20.56%出现技术性上升。在地区层面，中部地区的技术变化呈下降趋势，西部地区在 2012/2013 年和 2014/2015 年期间呈现出技术变化上升趋势。从表 7.14 可以看出，中国二氧化碳排放效率的总体技术变化呈下降趋势（平均 TC = 0.9575）。结果显示，在 180 个（30×6）被评价单元中，143 个技术进步变化呈下降趋势。换句话说，有 79.44% 的被评价单元显示技术下降。此外，图 7.5 还显示出了三个地区的平均技术进步变化情况。此外，东部地区的技术水平在整个期间有所下降，但在 2013/2014 年之后，出现技术水平连续上升的现象。

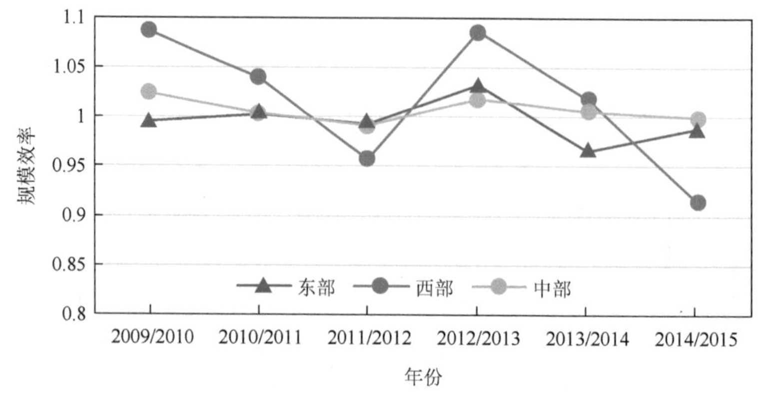


图 7.4　不同地区的平均规模效率变化

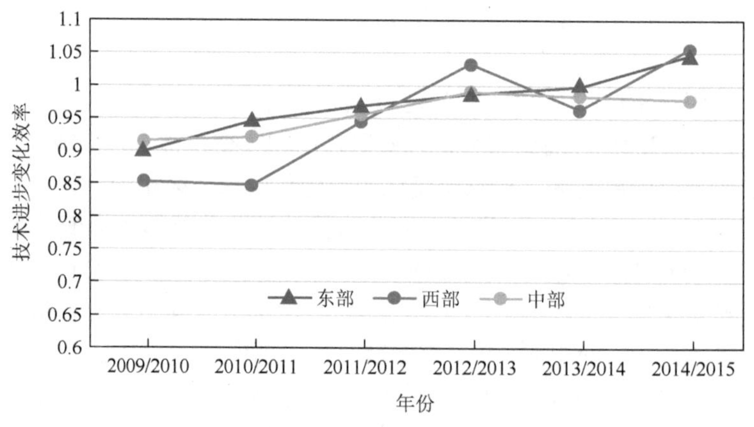


图 7.5　不同地区的平均技术进步变化情况

（10）2009～2015 年，中国总体二氧化碳排放生产率水平下降了 19.14%。纯技术效率变化和规模效率变化减缓了整体二氧化碳排放生产率水平的下降趋势，但技术进步变化加剧了其下降趋势。累积 PEC 和 SC 均在 1 以上，而累积 TC 均在 1 以下，表明 2009～2015 年中国总体二氧化碳排放效率受到了技术效率的正向变化和技术进步的负向变化的影响。然而，在省级层面，一些省区市的二氧化碳排放效率受到技术效率变化的负面影响，受到技术进步变化的正面影响。还有一些省区市受到这两方面的负面影响。

（11）省级 MPI 与纯技术效率变化呈负相关，与规模效率变化和技术进步变化均呈正相关。为了更好地了解 MPI 的变化，我们还进行了相关分析，如表 7.15 所示。我们使用的是斯皮尔曼相关系数，这种相关性系数是一种非参数指数，用于衡量统计中两个变量之间的相关性。斯皮尔曼相关系数介于–1（完全负相关）和 1（完全正相关）之间。表 7.15 显示，MPI、PEC、SC 和 TC 之间存在相关性，所有相关性在 0.10 水平上具有统计显著性。由表 7.15 可知，MPI 与 PEC 负相关（–0.445），与 SC 正相关（0.321），与 TC 正相关（0.401）。此外，SC 与 PEC（–0.371）和 TC（–0.362）均呈负相关，而 PEC 与 TC 也呈负相关（–0.598），其相关程度更高。因此，我们得出本条结论，即结论（11）。

**表 7.15　斯皮尔曼相关系数**

| 指标 | MPI | PEC | SC | TC |
|---|---|---|---|---|
| MPI | 1.000 | –0.445<br>（0.014**） | 0.321<br>（0.084*） | 0.401<br>（0.028**） |
| PEC | | 1.0000 | –0.371<br>（0.044**） | –0.598<br>（0.000***） |
| SC | | | 1.0000 | –0.362<br>（0.049**） |
| TC | | | | 1.0000 |

注：括号内的数值为显示统计显著性水平的 $p$ 值。

*、**和***表示这些指标之间的相关系数分别在 0.10、0.05 和 0.01 水平上具有统计学显著性。

## 7.5　本 章 小 结

DEA 是一种非参数评价模型，用来评价具有多个投入和多个产出的同质决策单元之间的相对效率。由于 DEA 方法与其他的效率评价工具相比具有明显的优越性，因此，自第一个 DEA 模型——CCR 提出以来，DEA 模型就被广泛研究应用。传统的 DEA 方法是针对同一时期的不同决策单元进行横向比较，通过构建有效生产前沿面将决策单元向前沿面进行投影进而得出决策单元的相对效率，测算的是静态相对效率。然而，在实际的生产生活中，一些效率评价工作还需要研究生产率随时间的变化。因此，在研究中，还需要对混合时期的决策单元进行跨期比较。MPI 是对各个决策单元不同时期数据的动态效率分析，包括综合技术效率变化以及技术进步变化。对于不同时期的效率变化比较，使用传统的 DEA 方法会忽略技术进步对全要素生产率的贡献，因此需要使用 MPI 多时期的决策单元进行效率评价。MPI 是一种时间序列分析方法，通过求解一些 DEA 模型对决策单元的生产率水平进行多时期比较，来衡量决策单元生产率随时间的变化。自 1994 年被 Färe 等提出以来，MPI 就被国内外许多著名学者进行了广泛的研究，Malmquist-DEA 方法也得到了很大程度的扩展，并且被应用到很多领域。此外，对于 Malmquist-DEA 方法的研究中，很少有考虑到固定和产出的情况。但是在实际的生产生活中，经常会出现决策单元的某些产出和是固定的情况，这与传统 DEA 方法的投入、产出是相互独立的假设是相悖的，忽视固定和产出的约束会影响评价结果的公正性和客观性。因此有一大批学者致力于研究固定和产出决策单元的效率评价方法，目前取得了一定的成果。然而对于固定和产出的研究大多数都集中在期望固定和产出上，对于非期望固定和产出的研究比较少，而且对于具有固定和产出决策单元的评价大多数是静态评价，缺少不同时期的决策单元的动态效率变化分析。

本章针对目前 Malmquist-DEA 方法存在的问题，对固定和产出决策单元的动态效率评价进行了进一步的拓展。

（1）在期望固定和产出决策单元的动态效率评价上，我们首先将 GEEFDEA 方法根据实际应用的需要扩展到产出导向型模型，并针对出现的 VRS 框架下产出导向型模型出现的无可行解问题，对 GEEFDEA 方法的产出导向型模型进行了改进，用从两个方向上同时投影的方法来代替传统的只从投入或产出方向进行投影的方法。其次将改进的 GEEFDEA 方法与 MPI 结合，提出一种考虑期望固定和产出决策单元的 Malmquist-DEA 方法，用来评价具有固定和产出决策单元的多时期动态效率评价。最后将方法运用到冬奥会参赛国家的动态效率评价中。

（2）在非期望固定和产出决策单元的动态效率评价上，本章着眼于区域二氧化碳排放效率分析的实际问题，提出了一种基于非期望固定和产出决策单元的 Malmquist-DEA 方法。由于 GEEFDEA 模型针对的是期望固定和产出，因此我们首先将其扩展到非期望固定和产出决策单元的效率评价中，其次将所提出的基于非期望固定和产出的 GEEFDEA 方法与 MPI 相结合，提出了一种考虑非期望固定和产出决策单元的 Malmquist-DEA 方法。最后，我们应用该方法对中国 30 个省区市 2009～2015 年的二氧化碳排放效率进行了评价，分析了二氧化碳排放效率的静态变化和动态变化，并将 MPI 分解为 PEC、SC 和 TC，逐个进行分析。

## 7.6　本 章 思 考

（1）Malmquist 指数和传统 DEA 效率有何异同点？

（2）考虑固定和产出的 Malmquist 指数 DEA 模型如何解决碳排放约束问题？

（3）Malmquist 指数 DEA 模型在现实中还有哪些应用场景？

## 参 考 文 献


陈妮，王笑涵，于洋，等. 2021. 中国生态型企业经营绩效实证研究：基于 15 家上市公司面板数据[J]. 生态经济，37（1）：70-76.

蒲小川，张宇，江松. 2021. 中国采矿业上市公司经营效率的实证分析：基于 DEA 模型和 Malmquist 指数模型[J]. 中国矿业，30（2）：36-42.

姚平，黄文杰. 2012.基于 DEA-Malquist 模型对煤炭企业全要素生产率的分析[J].资源开发与市场，28（12）：1078-1082.

张月明，蒋元涛. 2021. 中国省际高技术产业创新效率评价研究：基于超效率 DEA 模型和 Malmquist 指数法[J]. 科技和产业，21（1）：1-7.

Bian Y W，Lv K J，Yu A Y. 2017. China's regional energy and carbon dioxide emissions efficiency evaluation with the presence of recovery energy：An interval slacks-based measure approach[J]. Annals of Operations Research，255（1）：301-321.

Caves D W，Christensen L R，Diewert W E. 1982. The economic theory of index numbers and the measurement of input，output，and productivity[J]. Econometrica，50（6）：1393.

Charnes A，Cooper W W. 1962. Programming with linear fractional functionals[J]. Naval Research Logistics Quarterly，9（3/4）：181-186.

Chen C M，Delmas M A. 2012. Measuring eco-inefficiency：A new frontier approach[J]. Operations Research，60（5）：1064-1079.

Chung Y H，Färe R，Grosskopf S. 1997. Productivity and undesirable outputs：A directional distance function approach[J]. Journal of Environmental Management，51（3）：229-240.

Cook W D，Liang L，Zha Y，et al. 2009. A modified super-efficiency DEA model for infeasibility[J]. Journal of the Operational Research Society，60（2）：276-281.

Färe R，Grosskopf S. 2003. Nonparametric productivity analysis with undesirable outputs：Comment[J]. American Journal of Agricultural Economics，85（4）：1070-1074.

Färe R，Grosskopf S，Lovell C A K，et al. 1989. Multilateral productivity comparisons when some outputs are undesirable：A nonparametric approach[J]. The Review of Economics and Statistics，71（1）：90-98.

Färe R，Grosskopf S，Norris M，et al. 1994. Productivity growth，technical progress，and efficiency change in industrialized countries[J]. The American Economic Review，84（1）：66-83.

Farrell M J. 1957. The measurement of productive efficiency [J]. Journal of the Royal Statistical Society：Series A（General），120（3）：253-281.

Guo X D，Zhu L，Fan Y，et al. 2011. Evaluation of potential reductions in carbon emissions in Chinese Provinces based on environmental DEA[J]. Energy Policy，39（5）：2352-2360.

Hailu A，Veeman T S. 2001. Non-parametric productivity analysis with undesirable outputs：An application to the Canadian pulp and paper industry[J]. American Journal of Agricultural Economics，83（3）：605-616.

Halkos G，Petrou K N. 2019. Treating undesirable outputs in DEA：A critical review[J]. Economic Analysis and Policy，62：97-104.

Kao C A. 2010. Malmquist productivity index based on common-weights DEA：The case of Taiwan forests after reorganization [J]. Omega，38（6）：484-491.

Li F，Emrouznejad A，Yang G L，et al. 2020. Carbon emission abatement quota allocation in Chinese manufacturing industries：An integrated cooperative game data envelopment analysis approach[J]. Journal of the Operational Research Society，71（8）：1259-1288.

Li F，Zhu Q Y，Liang L. 2019. A new data envelopment analysis based approach for fixed cost allocation[J]. Annals of Operations Research，274（1）：347-372.

Li F，Zhu Q Y，Zhuang J. 2018. Analysis of fire protection efficiency in the United States：A two-stage DEA-based approach[J]. OR Spectrum，40（1）：23-68.

Li J L，Lin B Q. 2017. Does energy and $CO_2$ emissions performance of China benefit from regional integration?[J]. Energy Policy，101：366-378.

Lins M P E，Gomes E G，Soares de Mello J C C B，et al. 2003. Olympic ranking based on a zero sum gains DEA model[J]. European Journal of Operational Research，148（2）：312-322.

Malmquist S. 1953. Index numbers and indifference surfaces[J]. Trabajos De Estadistica，4（2）：209-242.

Pastor J T，Lovell C K. 2005. A global Malmquist productivity index [J]. Economics Letters，88（2）：266-271.

Seiford L M，Zhu J. 1999. Infeasibility of super-efficiency data envelopment analysis models[J]. INFOR：Information Systems and Operational Research，37（2）：174-187.

Seiford L M，Zhu J. 2002. Modeling undesirable factors in efficiency evaluation[J]. European Journal of Operational Research，142（1）：16-20.

Sueyoshi T，Goto M. 2011. DEA approach for unified efficiency measurement：Assessment of Japanese fossil fuel power generation[J]. Energy Economics，33（2）：292-303.

Wang K Y，Wu M，Sun Y P，et al. 2019. Resource abundance，industrial structure，and regional carbon emissions efficiency in China[J]. Resources Policy，60：203-214.

Wang Y M，Lan Y X. 2011. Measuring Malmquist productivity index：A new approach based on double frontiers data envelopment analysis[J]. Mathematical and Computer Modelling，54（11/12）：2760-2771.

Wu F，Fan L W，Zhou P，et al. 2012. Industrial energy efficiency with $CO_2$ emissions in China：A nonparametric analysis[J]. Energy Policy，49：164-172.

Xie Q W，Hu P，Jiang A，et al. 2019. Carbon emissions allocation based on satisfaction perspective and data envelopment analysis[J]. Energy Policy，132：254-264.

Yang F，Wu D D，Liang L，et al. 2011. Competition strategy and efficiency evaluation for decision making units with fixed-sum outputs[J]. European Journal of Operational Research，212（3）：560-569.

Yang M，Li Y J，Chen Y，et al. 2014. An equilibrium efficiency frontier data envelopment analysis approach for evaluating decision-making units with fixed-sum outputs[J]. European Journal of Operational Research，239（2）：479-489.

Yang M，Li Y J，Liang L. 2015. A generalized equilibrium efficient frontier data envelopment analysis approach for evaluating DMUs with fixed-sum outputs[J]. European Journal of Operational Research，246（1）：209-217.

Yu S W，Wei Y M，Wang K. 2014. Provincial allocation of carbon emission reduction targets in China：An approach based on improved fuzzy cluster and Shapley value decomposition[J]. Energy Policy，66：630-644.

Zhang Y J，Da Y B. 2015. The decomposition of energy-related carbon emission and its decoupling with economic growth in China[J]. Renewable and Sustainable Energy Reviews，41：1255-1266.

Zhang Y J，Hao J F. 2017. Carbon emission quota allocation among China's industrial sectors based on the equity and efficiency principles[J]. Annals of Operations Research，255（1）：117-140.

Zhang Y J，Wang A D，Da Y B. 2014. Regional allocation of carbon emission quotas in China：Evidence from the Shapley value method[J]. Energy Policy，74：454-464.

Zhou P，Ang B W，Han J Y. 2010. Total factor carbon emission performance：A Malmquist index analysis[J]. Energy Economics，32（1）：194-201.

# 附录一：相关定理证明

**定理 2.1** 模型（2.3）总是有可行解的。

**证明**：假设$(v_i^*,u_r^*,w_t^*,\mu_0^*,f_{tj}^{p^*})(\forall i,r,t,j)$是模型（2.3）在上一轮计算的一组最优解，其中$f_{tj}^{p^*}(\forall t,j)$表示经前一轮调整后的新的固定和产出。显然，最优解$(v_i^*,u_r^*,w_t^*,\mu_0^*,f_{tj}^{p^*})(\forall i,r,t,j)$一定存在，因为它的初始值是传统 BCC 模型的最优解。在本轮中，效率表现最差的是$\mathrm{DMU}_k$，因此其产出需要提高。假设$(v_i^*,u_r^*,w_t,\mu_0^*,\alpha_{tk},\delta_{tj})$ $(\forall i,r,t,j\neq k)$是这一轮的一组可行解。为了满足约束$\alpha_{tk}=\sum_{\substack{j=1\\ j\neq k}}^{n}\delta_{tj}$ $(\forall t)$，令$\delta_{tj}=\dfrac{f_{tj}^{p^*}}{\sum_{j\neq k}f_{tj}^{p^*}}\alpha_{tk}$ $(\forall t,j\neq k)$。自然地，$\alpha_{tk}\leqslant\sum_{j\neq k}f_{tk}^{p^*}$，那么$\delta_{tj}\leqslant f_{tj}^{p^*}$ $(\forall t,j\neq k)$，因此，满足了模型（2.3）的最后一组约束。为了满足第一组约束，我们假设下面的等式成立：

$$\frac{\sum_{r=1}^{s}u_r^*y_{rk}+\sum_{t=1}^{l}w_t\,(f_{tk}^{p^*}+\alpha_{tk})+\mu_0^*}{\sum_{i=1}^{m}v_i^*x_{ik}}=1 \tag{F1}$$

$$\frac{\sum_{r=1}^{s}u_r^*y_{rj_1}+\sum_{t=1}^{l}w_t\left(f_{tj}^{l^*}-\dfrac{f_{tj}^{l^*}}{\sum_{j\neq k}f_{tj}^{l^*}}\alpha_{tk}\right)+\mu_0^*}{\sum_{i=1}^{m}v_i^*x_{ij}}=\frac{\sum_{r=1}^{s}u_r^*y_{rj}+\sum_{t=1}^{l}w_t^*f_{tj}^{l^*}+\mu_0^*}{\sum_{i=1}^{m}v_i^*x_{ij}},\quad \forall j\neq k \tag{F2}$$

式（F1）和式（F2）可以由下面的等式推导出：

$$\frac{\sum_{t=1}^{l}w_t\,(f_{tk}^{p^*}+\alpha_{tk})}{\sum_{i=1}^{m}v_i^*x_{ik}}=1-\frac{\sum_{r=1}^{s}u_r^*y_{rk}+\mu_0^*}{\sum_{i=1}^{m}v_i^*x_{ik}} \tag{F3}$$

$$w_t\left(1-\frac{1}{\sum_{j\neq k}f_{tj}^{p^*}}\alpha_{tk}\right)=w_t^*,\quad \forall t \tag{F4}$$

为了便于描述，我们令 $\theta_k^* = \dfrac{\sum_{r=1}^{s} u_r^* y_{rk} + \sum_{t=1}^{l} w_t^* f_{tk}^{p*} + \mu_0^*}{\sum_{i=1}^{m} v_i^* x_{ik}}$， $\tilde{\theta}_k^* = \dfrac{\sum_{t=1}^{l} w_t^* f_{tk}^{p*}}{\sum_{i=1}^{m} v_i^* x_{ik}}$， …，

$\rho_t^* = \dfrac{1}{\sum_{j\neq k} f_{tj}^{p*}} (\forall t)$。那么，我们得到

$$\frac{\sum_{t=1}^{l} w_t \left(f_{tk}^{p*} + \alpha_{tk}\right)}{\sum_{t=1}^{l} w_t^* f_{tk}^{p*}} = \frac{\tilde{\tilde{\theta}}_k^*}{\tilde{\theta}_k^*} \tag{F5}$$

$$w_t \left(1 - \rho_t^* \alpha_{tk}\right) = w_t^*, \quad \forall t \tag{F6}$$

式（F5）可以由式（F7）推导出：

$$\frac{w_t \left(f_{tk}^{p*} + \alpha_{tk}\right)}{w_t^* f_{tk}^{p*}} = \frac{\tilde{\tilde{\theta}}_k^*}{\tilde{\theta}_k^*} \tag{F7}$$

根据式（F6）和式（F7），我们得到

$$\alpha_{tk} = \frac{\tilde{\tilde{\theta}}_k^* - \tilde{\theta}_k^*}{\tilde{\theta}_k^* + \rho_t^* f_{tk}^{p*} \tilde{\tilde{\theta}}_k^*} f_{tk}^{p*} = \frac{1 - \theta_k^*}{\tilde{\theta}_k^* + \rho_t^* f_{tk}^{p*} \tilde{\tilde{\theta}}_k^*} f_{tk}^{p*}$$

$$w_t = \frac{w_t^*}{1 - \rho_t^* \alpha_{tk}} = \frac{\tilde{\theta}_k^* + \rho_t^* f_{tk}^{p*} \tilde{\tilde{\theta}}_k^*}{\tilde{\theta}_k^* + \rho_t^* f_{tk}^{p*} \tilde{\theta}_k^*} w_t^*, \quad \forall t$$

此外，有

$$\delta_{tj} = \frac{f_{tj}^{p*}}{\sum_{j\neq k} f_{tj}^{p*}} \alpha_{tk} = \rho_t^* f_{tj}^{p*} \alpha_{tk} = \frac{1 - \theta_k^*}{\tilde{\theta}_k^* + \rho_t^* f_{tk}^{p*} \tilde{\tilde{\theta}}_k^*} \rho_t^* f_{tj}^{p*} f_{tk}^{p*}, \quad \forall t, \forall j \neq k$$

显然，$\alpha_{tk} \geqslant 0$，$w_t \geqslant 0$，$\delta_{tj} \geqslant 0 (\forall t, j \neq k)$。因此，下面一组解：

$$\left( v_i^*, u_r^*, \frac{\tilde{\theta}_k^* + \rho_t^* f_{tk}^{p*} \tilde{\tilde{\theta}}_k^*}{\tilde{\theta}_k^* + \rho_t^* f_{tk}^{p*} \tilde{\theta}_k^*} w_t^*, \mu_0^*, \frac{1 - \theta_k^*}{\tilde{\theta}_k^* + \rho_t^* f_{tk}^{p*} \tilde{\tilde{\theta}}_k^*} f_{tk}^{p*}, \frac{1 - \theta_k^*}{\tilde{\theta}_k^* + \rho_t^* f_{tk}^{p*} \tilde{\tilde{\theta}}_k^*} \rho_t^* f_{tj}^{p*} f_{tk}^{p*} \right) (\forall i, r, t, j \neq k)$$

满足模型（2.3）的所有约束，它是模型（2.3）的一组可行解。

类似地：

$$\left( v_i^*, u_r^*, \frac{\tilde{\theta}_k^* + \rho_t^* f_{tk}^{p*} \tilde{\tilde{\theta}}_k^*}{\tilde{\theta}_k^* + \rho_t^* f_{tk}^{p*} \tilde{\theta}_k^*} w_t^*, \frac{1 - \theta_k^*}{\tilde{\theta}_k^* + \rho_t^* f_{tk}^{p*} \tilde{\tilde{\theta}}_k^*} f_{tk}^{p*}, \frac{1 - \theta_k^*}{\tilde{\theta}_k^* + \rho_t^* f_{tk}^{p*} \tilde{\tilde{\theta}}_k^*} \rho_t^* f_{tj}^{p*} f_{tk}^{p*} \right) (\forall i, r, t, j \neq k)$$

是对应的模型在 CRS 框架下的一组可行解。其中 $(v_i^*, u_r^*, w_t^*, f_{tj}^{p*})$ $(\forall i, r, t, j)$ 是模型（2.3）在 CRS 框架下在前一轮计算中的一组最优解。

总之，模型（2.3）一定是有可行解的。定理得证。

**定理 2.2** 假设根据模型（2.4）求得的 $\mathrm{DMU}_k$ 最小产出增加量为 $\alpha_{tk}^*$，那么我

们可以得出以下结论。

（1）如果$\mathrm{DMU}_k$是无效且不是弱有效的，那么$\alpha_{tk}^* \neq 0\,(\exists\ t)$。

（2）如果$\mathrm{DMU}_k$是有效的，那么$\alpha_{tk}^* = 0(\forall\ t)$。

**证明：**（1）如果$\mathrm{DMU}_k(\forall k)$是无效的且不是弱有效的（即$\mathrm{DMU}_k(\forall k)$的传统DEA效率值小于1），也就是说，传统DEA模型的最优目标值小于1。假设乘数BCC（或CCR）的最优解为（$u_r^*, v_i^*, w_t^*, u_0^*$），则有$\dfrac{\sum_{r=1}^{s} u_r^* y_{rk} + \sum_{t=1}^{l} w_t^* f_{tk} + \mu_0^*}{\sum_{i=1}^{m} v_i^* x_{ik}} < 1$。为了满足模型（2.3）的第一个约束$\dfrac{\sum_{r=1}^{s} u_r y_{rk} + \sum_{t=1}^{l} w_t (f_{tk} + \alpha_{tk}) + \mu_0}{\sum_{i=1}^{m} v_i x_{ik}} = 1$，我们得到$\alpha_{tk}^* \neq 0\,(\exists t)$，此时，定理2.2（1）得证。

下面来证明结论（2）。我们假设乘数BCC（或CCR）的最优解为（$u_r^*, v_i^*, w_t^*, u_0^*$）。如果$\mathrm{DMU}_k(\forall k)$是强有效的，那么$\mathrm{DMU}_k(\forall k)$的传统DEA效率值等于1，即$\dfrac{\sum_{r=1}^{s} u_r^* y_{rk} + \sum_{t=1}^{l} w_t^* f_{tk} + \mu_0^*}{\sum_{i=1}^{m} v_i^* x_{ik}} = 1$。这就意味着$\mathrm{DMU}_k(\forall k)$不需要再增加任何产出就能达到强有效。因此，$\alpha_{tk}^* = 0(\forall t, k)$，则结论（2）得证。

**定理 2.3** 如果$(v_i^*, u_r^*, w_t^*, \mu_0^*, \beta_{tk}^*, \gamma_{tj}^*)$是模型（2.4）基于给定正常数$\varepsilon$的一组最优解，那么$\dfrac{\varepsilon'}{\varepsilon}(v_i^*, u_r^*, w_t^*, \mu_0^*, \beta_{tk}^*, \gamma_{tj}^*)$ $(\forall i, r, t, j \neq k)$是同一轮优化中模型（2.4）基于给定正常数$\varepsilon'$的一组最优解。

**证明：**首先，我们证明$\dfrac{\varepsilon'}{\varepsilon}(v_i^*, u_r^*, w_t^*, \mu_0^*, \beta_{tk}^*, \gamma_{tj}^*)$ $(\forall i, r, t, j \neq k)$是模型（2.4）的一组可行解。为了书写方便，我们令$\lambda = \dfrac{\varepsilon'}{\varepsilon}(\lambda > 0)$，那么，根据这组最优解$(v_i^*, u_r^*, w_t^*, \mu_0^*, \beta_{tk}^*, \gamma_{tj}^*)$ $(\forall i, r, t, j \neq k)$，我们将$(\lambda v_i^*, \lambda u_r^*, \lambda w_t^*, \lambda \mu_0^*, \lambda \beta_{tk}^*, \lambda \gamma_{tj}^*)$ $(\forall i, r, t, j \neq k)$代入模型（2.4）取正常数$\varepsilon'$时的所有约束，显然，在取任意给定的正常数$\varepsilon'$下，$(\lambda v_i^*, \lambda u_r^*, \lambda w_t^*, \lambda \mu_0^*, \lambda \beta_{tk}^*, \lambda \gamma_{tj}^*)$ $(\forall i, r, t, j \neq k)$满足模型（2.4）的所有约束条件，因此，解的可行性得证。

接下来，我们证明$(\lambda v_i^*, \lambda u_r^*, \lambda w_t^*, \lambda \mu_0^*, \lambda \beta_{tk}^*, \lambda \gamma_{tj}^*)$ $(\forall i, r, t, j \neq k)$是模型（2.4）在取$\varepsilon'(> 0)$时的最优解。假设上述可行解不是最优解，那么我们至少可以找到模

型(2.4)一组非负可行解$(\lambda v_i,\lambda u_r,\lambda w_t,\lambda\mu_0,\lambda\beta_{tk},\lambda\gamma_{tj})$ $(\forall i,r,t,j\neq k)$使得$\sum_{t=1}^{l}\lambda\beta_{tk}<\sum_{t=1}^{l}\lambda\beta_{tk}^*$。因此，很容易验证$(v_i,u_r,w_t,\mu_0,\beta_{tk},\gamma_{tj})$ $(\forall i,r,t,j\neq k)$也是模型（2.4）在取$\varepsilon'(>0)$时的一组可行解。这与我们之前的假设相矛盾。到目前为止，定理得证。

**推论 2.1** 当不等式$\max_{1\leqslant j\leqslant n}f_{tj}>\max_{1\leqslant j\leqslant n}(f_{tj}+\Delta_{tj}^*)$成立时，投入导向型的对偶 VRS 假设下的 EEFDEA 模型将会出现无可行解的情况。

**证明**：投入导向型 VRS 假设下的 EEFDEA 模型为

$$e_k^{\text{EEFDEA}}=\max\frac{\sum_{r=1}^{s}u_r y_{rk}+\sum_{t=1}^{l}w_t f_{tk}+\mu_0}{\sum_{i=1}^{m}v_i x_{ik}}$$

$$\text{s.t.}\frac{\sum_{r=1}^{s}u_r y_{rj}+\sum_{t=1}^{l}w_t(f_{tj}-\Delta_{tj}^*)+\mu_0}{\sum_{i=1}^{m}v_i x_{ij}}\leqslant 1,\quad \forall j \tag{F8}$$

$$u_r,v_i,w_t\geqslant 0,\quad \mu_0 \text{ is free}$$

将模型（F8）经 Charnes-Cooper 变换转化为线性规划问题：

$$e_k^{\text{EEFDEA}}=\max\sum_{r=1}^{s}\mu_r y_{rk}+\sum_{t=1}^{l}\omega_t f_{tk}+u_0$$

$$\text{s.t.}\quad \sum_{r=1}^{s}\mu_r y_{rj}+\sum_{t=1}^{l}\omega_t(f_{tj}+\Delta_{tj}^*)+u_0-\sum_{i=1}^{m}\upsilon_i x_{ij}\leqslant 0,\quad \forall j \tag{F9}$$

$$\sum_{i=1}^{m}\upsilon_i x_{ik}=1$$

$$\mu_r,\upsilon_i,\omega_t\geqslant 0,\quad \forall r,i,t;\quad u_0\text{ 是自由变量}$$

模型（F9）的对偶模型为

$$e_k^{\text{EEFDEA}}=\min\theta$$

$$\text{s.t.}\sum_{j=1}^{n}\lambda_j y_{rj}\geqslant y_{rk},\quad \forall r \tag{F10}$$

$$\sum_{j=1}^{n}\lambda_j(f_{tj}+\Delta_{tj}^*)\geqslant f_{tk},\quad \forall t$$

接下来，我们证明当不等式$e_k^{\text{EEFDEA-CCR}}(\forall k)e_k^{\text{EEFDEA-CCR}}\geqslant e_k^{\text{CCR}}=1$成立时，上述模型（F10）没有可行解。令$f_{t^*j^*}=\max_{1\leqslant j\leqslant n}f_{tj}>\max_{1\leqslant j\leqslant n}(f_{tj}+\Delta_{tj}^*)$ $(1\leqslant t^*\leqslant t, 1\leqslant j^*\leqslant n)$，那么当$\text{DMU}_{j^*}$被评价时就会出现无可行解的情况。因为在这种情况

下，不存在一组可行集 $\{(\lambda_1,\lambda_2,\cdots,\lambda_n)\mid\sum_{j=1}^{n}\lambda_j=1,\lambda_j\geqslant 0\}$ 使 $\sum_{j=1}^{n}\lambda_j(f_{t^{\bullet}j}+\varDelta^*_{t^{\bullet}j})\geqslant f_{t^{\bullet}j^{\bullet}}$ 成立。所以，模型（F10）没有可行解。根据线性规划的强对偶定理，模型（F9）没有最优解，即模型（F8）也没有最优解。推论得证。

**定理 2.4**　$\mathrm{DMU}_k$ 在传统 CCR 模型下的效率 $e_k^{\mathrm{CCR}}$ 与 EEFDEA 模型下的效率 $e_k^{\text{EEFDEA-CCR}}$ 的关系存在如下两种情况：

（1）$e_k^{\mathrm{CCR}}\leqslant e_k^{\text{EEFDEA-CCR}}$。

（2）如果 $e_k^{\mathrm{CCR}}=1$，那么 $\begin{cases}e_k^{\text{EEFDEA-CCR}}\geqslant 1, & \mathrm{DMU}_k\text{ 为CCR弱有效}\\ e_k^{\text{EEFDEA-CCR}}>1, & \mathrm{DMU}_k\text{ 为CCR强有效}\end{cases}$。

**证明**：（1）根据定理 2.2 及其补充，我们可以将有效和无效的集合重新写为 $E_1=\{j\mid\mathrm{DMU}_j\text{ 满足 }\alpha_{tj}^*=0\,(\forall t)\}$ 和 $E_2=\{j\mid\mathrm{DMU}_j\text{ 满足 }\alpha_{tj}^*\neq 0\,(\exists t)\}$。

根据定理 2.2，$k\in E_2$，我们需要 $\alpha_{tk}^*\neq 0\,(\exists t)$ 单位的产出使等式 $\dfrac{\sum_{r=1}^{s}u_r y_{rk}+\sum_{t=1}^{l}w_t(f_{tk}+\alpha_{tk}^*)}{\sum_{i=1}^{m}v_i x_{ik}}=1$ 成立，否则，$\alpha_{tk}^*=0\,(\forall t,\forall k\in E_1)$。假设我们至少需要 $n_2$（集合 $E_2$ 的势）轮调整到达均衡有效生产前沿面，且第 $i$ 轮的第 $t$ 个最优的产出增加量为 $\alpha_{tk}^{*(i)}$，减少量 $\delta_{tj1}^{*(i)}$ 为 $\delta_{tj1}^{*(i)}(\forall j_1\in E_1, j_1\neq k)$ 和 $\delta_{tj2}^{*(i)}(\forall j_2\in E_2, j_2\neq k)$，那么 $\varDelta_{tj_2}^*=\alpha_{tj_2}^{*(i)}-\sum_{d=1,d\neq i}^{n_2}\delta_{tj_2}^{*(d)}(\forall t,\forall j_2\in E_2)$ 和 $\varDelta_{tj_1}^*=-\sum_{d=1,d\neq i}^{n_2}\delta_{tj_1}^{*(d)}\quad(\forall t,\forall j_1\in E_1)$。显然，对所有的 $t$，$\varDelta_{tj_1}^*\leqslant 0$ 成立，并且至少存在一个 $t$ 满足 $\varDelta_{tj_1}^*<0$。

对于 $\forall j_1\in E_1,\forall j_2\in E_2$，我们令 $\mathrm{DMU}_{j_2}$ 为运用模型（2.3）在第 $i(1\leqslant i\leqslant n_2)$ 轮的目标决策单元。那么，根据模型（2.3）的约束，对于一组给定的满足约束条件的（$u_r,v_i,w_t,u_0$），在第一轮中我们可以得到如下不等式：

$$\frac{\sum_{r=1}^{s}u_r y_{rj_2}+\sum_{t=1}^{l}w_t(f_{tj_2}-\delta_{tj_2}^{*(1)})}{\sum_{i=1}^{m}v_i x_{ij_2}}\leqslant 1=\frac{\sum_{r=1}^{s}u_r y_{rj_1}+\sum_{t=1}^{l}w_t(f_{tj_1}-\delta_{tj_1}^{*(1)})}{\sum_{i=1}^{m}v_i x_{ij_1}}$$

……

在第 $i-1$ 轮我们可以得到如下不等式：

$$\frac{\sum_{r=1}^{s}u_r y_{rj_2}+\sum_{t=1}^{l}w_t\left(f_{tj_2}-\sum_{d=1}^{i-1}\delta_{tj_2}^{*(d)}\right)}{\sum_{i=1}^{m}v_i x_{ij_2}}\leqslant 1=\frac{\sum_{r=1}^{s}u_r y_{rj_1}+\sum_{t=1}^{l}w_t\left(f_{tj_1}-\sum_{d=1}^{i-1}\delta_{tj_1}^{*(d)}\right)}{\sum_{i=1}^{m}v_i x_{ij_1}}$$

在第 $i$ 轮我们可以得到如下等式：

$$\frac{\sum_{r=1}^{s}u_r y_{rj_2}+\sum_{t=1}^{l}w_t\left(f_{tj_2}+\alpha_{tj_2}^{*(i)}-\sum_{d=1}^{i-1}\delta_{tj_2}^{*(d)}\right)}{\sum_{i=1}^{m}v_i x_{ij_2}}=1=\frac{\sum_{r=1}^{s}u_r y_{rj_1}+\sum_{t=1}^{l}w_t\left(f_{tj_1}-\sum_{d=1}^{i}\delta_{tj_1}^{*(d)}\right)}{\sum_{i=1}^{m}v_i x_{ij_1}}$$

在下一轮调整中，$\mathrm{DMU}_{j_2}$ 已经是强有效了，最终我们得到：

$$\frac{\sum_{r=1}^{s}u_r y_{rj_2}+\sum_{t=1}^{l}w_t\left(f_{tj_2}+\alpha_{tj_2}^{*(i)}-\sum_{d=1,d\neq i}^{n_2}\delta_{tj_2}^{*(d)}\right)}{\sum_{i=1}^{m}v_i x_{ij_2}}=1=\frac{\sum_{r=1}^{s}u_r y_{rj_1}+\sum_{t=1}^{l}w_t\left(f_{tj_1}-\sum_{d=1,d\neq i}^{n_2}\delta_{tj_1}^{*(d)}\right)}{\sum_{i=1}^{m}v_i x_{ij_1}}$$

即

$$\frac{\sum_{r=1}^{s}u_r y_{rj_2}+\sum_{t=1}^{l}w_t\left(f_{tj_2}+\varDelta_{tj_2}^{*}\right)}{\sum_{i=1}^{m}v_i x_{ij_2}}=1=\frac{\sum_{r=1}^{s}u_r y_{rj_1}+\sum_{t=1}^{l}w_t\left(f_{tj_1}+\varDelta_{tj_1}^{*}\right)}{\sum_{i=1}^{m}v_i x_{ij_1}}$$

假设传统 BCC 模型的最优解为（$u_r^*,v_i^*,w_t^*$），那么，对于任一决策单元有

$$\frac{\sum_{r=1}^{s}u_r^* y_{rj}+\sum_{t=1}^{l}w_t^* f_{tj}}{\sum_{i=1}^{m}v_i^* x_{ij}}\leqslant 1,\quad \forall j$$

又因为 $\varDelta_{tj_1}^{*}\leqslant 0$，所以有

$$\frac{\sum_{r=1}^{s}u_r^* y_{rj_1}+\sum_{t=1}^{l}w_t^*(f_{tj_1}+\varDelta_{tj_1}^{*})}{\sum_{i=1}^{m}v_i^* x_{ij_1}}\leqslant\frac{\sum_{r=1}^{s}u_r^* y_{rj_1}+\sum_{t=1}^{l}w_t^* f_{tj_1}}{\sum_{i=1}^{m}v_i^* x_{ij_1}}\leqslant 1,\quad \forall j$$

从而可得（$u_r^*,v_i^*,w_t^*$）是模型（2.5）的一组可行解，所以定理 2.4（1）得证。

下面证明结论（2），如果 $\mathrm{DMU}_k$（$\forall k$）的 CCR 效率值为 $e_k^{\mathrm{CCR}}=1$，那么，我们可以得到下面两种结果：① $\mathrm{DMU}_k$ 是强有效的；② $\mathrm{DMU}_k$ 是弱有效的。从定理 2.4 的结论（1），我们得知 $e_k^{\mathrm{CCR}}\leqslant e_k^{\text{EEFDEA-CCR}}(\forall k)$，因此无论 $\mathrm{DMU}_k$ 属于结果①还是②，均有 $e_k^{\text{EEFDEA-CCR}}\geqslant e_k^{\mathrm{CCR}}=1$ 成立。接下来我们只要证明 $e_k^{\mathrm{EEFDEA}}>1$ $(\forall k\in E_1)$。假设（$u_r^*,v_i^*,w_t^*$）是模型（2.5）的一组最优解，那么，它满足约束条件 $\frac{\sum_{r=1}^{s}u_r^* y_{rk}+\sum_{t=1}^{l}w_t^*(f_{tk}+\varDelta_{tk}^{*})}{\sum_{i=1}^{m}v_i^* x_{ik}}=1$，即 $e_k^{\mathrm{EEFDEA}}=\frac{\sum_{r=1}^{s}u_r^* y_{rk}+\sum_{t=1}^{l}w_t^* f_{tk}}{\sum_{i=1}^{m}v_i^* x_{ik}}=1-\frac{\sum_{t=1}^{l}w_t^*\varDelta_{tk}^{*}}{\sum_{i=1}^{m}v_i^* x_{ik}}$，又因

为 $\Delta_{tk}^{*} \leqslant 0\,(\forall t, \forall k \in E_1)$ 且 $\Delta_{tk}^{*} < 0\,(\exists t, \forall k \in E_1)$，因此有 $e_k^{\text{EEFDEA}} > 1 \quad (\forall k \in E_1)$，所以定理 2.4 的结论（2）得证。

**定理 3.1**　模型（3.1）一定有可行解。

**证明：**根据定理 2.1 的结论，我们得知模型（2.3）总是存在可行解的。所以我们假设 $(v_i^*, u_r^*, w_t, \mu_0^*, \Delta_{tj}^*)(\forall i, r, t, j)$ 是模型（2.3）在均衡状态下的一个最优解。自然，它满足在均衡状态下模型（2.3）的所有约束。即

$$\frac{\sum_{r=1}^{s} u_r^* y_{rj} + \sum_{t=1}^{l} w_t^* (f_{tj} + \Delta_{tj}^*) + \mu_0^*}{\sum_{i=1}^{m} v_i^* x_{ij_1}} = 1, \quad \forall j$$

$$\sum_{\substack{j=1 \\ j \neq k}}^{n} \Delta_{tj}^* = 0, \quad 0 \leqslant \Delta_{tj}^* \leqslant f_{tj}, \quad \forall t, j$$

由上可知，我们可得 $(v_i^*, u_r^*, w_t, \mu_0^*, \Delta_{tj}^*)(\forall i, r, t, j)$ 同样满足模型（3.1）的所有约束。因此，$(v_i^*, u_r^*, w_t, \mu_0^*, \Delta_{tj}^*)(\forall i, r, t, j)$ 也是模型（3.1）的一个可行解，定理 3.1 得证。

**定理 4.1**　模型（4.5）总是可行的。

**证明：**通过 Yang 等（2015）的研究，我们知道模型（4.1）总是可行的，最优解 $(v_i^*, u_r^*, w_t^*, \delta_{tj}^*)(\forall i, r, t, j)$ 是存在的。在最优条件下，目标函数取得其最大值，同时模型（4.1）中所有的式子都成立：

$$\sum_{j=1}^{n} \sum_{t=1}^{l} w_t^* \,|\, \delta_{tj}^* \,| = \text{opti}^*$$

$$\frac{\sum_{r=1}^{s} u_r^* y_{rj} + \sum_{t=1}^{l} w_t^* (f_{tj}^* + \delta_{tj}^*)}{\sum_{i=1}^{m} v_i^* x_{ij}} = 1, \quad \forall j$$

$$\sum_{j=1}^{n} \delta_{tj}^* = 0, \quad \forall t$$

$$f_{tj}^* + \delta_{tj}^* \geqslant 0, \quad \forall t, j$$

$$u_r^*, v_i^*, w_t^* \geqslant 0, \quad \delta_{tj}^* \text{ 是自由变量}$$

将上述模型与模型（4.5）进行对比可看到，它们具有相同的约束，$(v_i^*, u_r^*, w_t^*, \delta_{tj}^*)$ $(\forall i, r, t, j)$ 满足模型（4.5）的所有约束。因此，$(v_i^*, u_r^*, w_t^*, \delta_{tj}^*)(\forall i, r, t, j)$ 同样也是模型（4.5）的一个可行解。

**定理 4.2** 每个决策单元 $k$ 的效率在区间$[e_k^{\min}, e_k^{\max}]$内都是连续的。

**证明**：对于决策单元 $k$ 在所有可行均衡有效生产前沿面下的任何效率值 $e=e_0$，$\forall e_0 \in [e_k^{\min}, e_k^{\max}]$，模型（4.5）的最优解表示为$(v_i^*, u_r^*, w_t^*, \delta_{tj}^*)$ $(\forall i,r,t,j)$。

这里，$e_0 = \dfrac{\sum_{r=1}^{s} u_r^* y_{rk} + \sum_{t=1}^{l} w_t^* f_{tk}}{\sum_{i=1}^{m} v_i^* x_{ik}}$。

我们通过以下三步来证明这个定理。

（1）$e_0 = e_k^{\min}$。令 $e' = e_0 + \Delta e,\ \Delta e > 0,\ e' \in [e_k^{\min}, e_k^{\max}]$，$u_r' = u_r^*(e_0 + \Delta e)/e_0$，$w_t' = w_t^*(e_0 + \Delta e)/e_0$，$\delta_{tj}' = \delta_{tj}^*(e_0 + \Delta e)/e_0$，则对于 $e=e'$，当 $\Delta e \to 0$ 时，$(v_i^*, u_r', w_t', \delta_{tj}')$ $(\forall i,r,t,j)$是模型（4.5）的可行解，因为$e' = \dfrac{\sum_{r=1}^{s} u_r' y_{rk} + \sum_{t=1}^{l} w_t' f_{tk}}{\sum_{i=1}^{m} v_i^* x_{ik}}$，解满足模型（4.5）的所有约束，如下：

$$\sum_{j=1}^{n}\sum_{t=1}^{l} w_t' \,|\, \delta_{tj}' \,| = \sum_{j=1}^{n}\sum_{t=1}^{l} w_t^* \,|\, \delta_{tj}^* \,| = \text{opti}^*$$

$$\sum_{j=1}^{n} \delta_{tj}' = \sum_{j=1}^{n} \delta_{tj}^* \frac{e_0}{e_0 - \Delta e} = 0, \quad \forall t$$

$$f_{tj} + \delta_{tj}' = f_{tj} + \delta_{tj}^* \frac{e_0}{e_0 - \Delta e} \xrightarrow{\Delta e \to 0} f_{tj} + \delta_{tj}^* \geqslant 0, \quad \forall t, j$$

$$\begin{aligned}
&\sum_{r=1}^{s} u_r' y_{rj} - \sum_{i=1}^{m} v_i^* x_{ij} + \sum_{t=1}^{l} w_t' (f_{tj} + \delta_{tj}') \\
&= \sum_{r=1}^{s} u_k^* y_{rj} \left(1 - \frac{\Delta e}{e_0}\right) - \sum_{i=1}^{m} v_i^* x_{ij} + \sum_{t=1}^{l} w_t^* f_{tj} \left(1 - \frac{\Delta e}{e_0}\right) + \sum_{t=1}^{l} w_t^* \delta_{tj}^* \\
&= \sum_{r=1}^{s} (u_{rk}^* y_{rk} + w_t^* \ f_{tj}) \frac{\Delta e}{e_0} + \sum_{r=1}^{s} u_{rk}^* y_{rk} - \sum_{i=1}^{m} v_i^* x_{ij} + \sum_{t=1}^{l} w_t^* (f_{tj} + \delta_{tj}^*) \\
&= \sum_{r=1}^{s} (u_{rk}^* y_{rk} + w_t^* \ f_{tj}) \frac{\Delta e}{e_0} \xrightarrow{\Delta e \to 0} 0, \quad \forall j
\end{aligned}$$

因此，每个决策单元 $k$ 在所有均衡有效生产前沿面下的效率在点 $e_k^{\min}$ 上都是右连续的。

（2）$e_0 = e_k^{\max}$。首先，令 $e' = e_0 + \Delta e,\ \Delta e > 0,\ e' \in [e_k^{\min}, e_k^{\max}]$，$u_r' = u_r^*(e_0 + \Delta e)/e_0$，$w_t' = w_t^*(e_0 + \Delta e)/e_0$，$\delta_{tj}' = \delta_{tj}^*(e_0 + \Delta e)/e_0$，则对于 $e=e'$，当 $\Delta e \to 0$ 时，

$(v_i^*, u_r', w_t', \delta_{tj}')(\forall i, r, t, j)$ 是模型（4.5）的可行解，因为 $e' = \dfrac{\sum_{r=1}^{s} u_r' y_{rk} + \sum_{t=1}^{l} w_t' f_{tk}}{\sum_{i=1}^{m} v_i^* x_{ik}}$，解满足模型（4.5）的所有约束，如下：

$$\sum_{j=1}^{n}\sum_{t=1}^{l} w_t' |\delta_{tj}'| = \sum_{j=1}^{n}\sum_{t=1}^{l} w_t^* |\delta_{tj}^*| = \text{opti}^*$$

$$\sum_{j=1}^{n} \delta_{tj}' = \sum_{j=1}^{n} \delta_{tj}^* \frac{e_0}{e_0 - \Delta e} = 0, \quad \forall t$$

$$f_{tj} + \delta_{tj}' = f_{tj} + \delta_{tj}^* \frac{e_0}{e_0 - \Delta e} \xrightarrow{\Delta e \to 0} f_{tj} + \delta_{tj}^* \geqslant 0, \quad \forall t, j$$

$$\begin{aligned}
&\sum_{r=1}^{s} u_r' y_{rj} - \sum_{i=1}^{m} v_i^* x_{ij} + \sum_{t=1}^{l} w_t' (f_{tj} + \delta_{tj}') \\
&= \sum_{r=1}^{s} u_k^* y_{rj} \left(1 - \frac{\Delta e}{e_0}\right) - \sum_{i=1}^{m} v_i^* x_{ij} + \sum_{t=1}^{l} w_t^* f_{tj} \left(1 - \frac{\Delta e}{e_0}\right) + \sum_{t=1}^{l} w_t^* \delta_{tj}^* \\
&= \sum_{r=1}^{s} (u_{rk}^* y_{rk} + w_t^* \ f_{tj}) \frac{\Delta e}{e_0} + \sum_{r=1}^{s} u_{rk}^* y_{rk} - \sum_{i=1}^{m} v_i^* x_{ij} + \sum_{t=1}^{l} w_t^* (f_{tj} + \delta_{tj}^*) \\
&= \sum_{r=1}^{s} (u_{rk}^* y_{rk} + w_t^* \ f_{tj}) \frac{\Delta e}{e_0} \xrightarrow{\Delta e \to 0} 0, \quad \forall j
\end{aligned}$$

因此，每个决策单元 $k$ 在所有均衡有效生产前沿面下的效率在点 $e_k^{\max}$ 上都是左连续的。

（3）$e_k^{\min} < e_0 < e_k^{\max}$。首先，令 $e' = e_0 + \Delta e$，$\Delta e > 0$，$e' \in [e_k^{\min}, \ e_k^{\max}]$，$u_r' = u_r^* (e_0 + \Delta e) / e_0$，$w_t' = w_t^* (e_0 + \Delta e) / e_0$，$\delta_{tj}' = \delta_{tj}^* (e_0 + \Delta e) / e_0$，则对于 $e = e'$，当 $\Delta e \to 0$ 时，$(v_i^*, u_r', w_t', \delta_{tj}')(\forall i, r, t, j)$ 是模型（4.5）的可行解，因为 $e' = \dfrac{\sum_{r=1}^{s} u_r' y_{rk} + \sum_{t=1}^{l} w_t' f_{tk}}{\sum_{i=1}^{m} v_i^* x_{ik}}$，解满足模型（4.5）的所有约束，如下：

$$\sum_{j=1}^{n}\sum_{t=1}^{l} w_t' |\delta_{tj}'| = \sum_{j=1}^{n}\sum_{t=1}^{l} w_t^* |\delta_{tj}^*| = \text{opti}^*$$

$$\sum_{j=1}^{n} \delta_{tj}' = \sum_{j=1}^{n} \delta_{tj}^* \frac{e_0}{e_0 + \Delta e} = 0, \quad \forall t$$

$$f_{tj} + \delta_{tj}' = f_{tj} + \delta_{tj}^* \frac{e_0}{e_0 + \Delta e} \xrightarrow{\Delta e \to 0} f_{tj} + \delta_{tj}^* \geqslant 0, \quad \forall t, j$$

$$\begin{aligned}&\sum_{r=1}^{s}u_r^* y_{rk}-\sum_{i=1}^{m}v_i^* x_{ij}+\sum_{t=1}^{l}w_t'(f_{tj}+\delta_{tj}')\\&=\sum_{r=1}^{s}u_r^* y_{rj}\left(1+\frac{\Delta e}{e_0}\right)-\sum_{i=1}^{m}v_i^* x_{ij}+\sum_{t=1}^{l}w_t^* f_{tj}\left(1+\frac{\Delta e}{e_0}\right)+\sum_{t=1}^{l}w_t^*\delta_{tj}^*\\&=\sum_{r=1}^{s}(u_{rk}^* y_{rk}+w_t^*\ f_{tj})\frac{\Delta e}{e_0}+\sum_{r=1}^{s}u_{rk}^* y_{rk}-\sum_{i=1}^{m}v_i^* x_{ij}+\sum_{t=1}^{l}w_t^*(f_{tj}+\delta_{tj}^*)\\&=\sum_{r=1}^{s}(u_{rk}^* y_{rk}+w_t^*\ f_{tj})\frac{\Delta e}{e_0}\xrightarrow{\Delta e\to 0}0,\quad\forall j\end{aligned}$$

然后，令 $e'=e_0-\Delta e,\ \Delta e>0,\ e'\in[e_k^{\min},\ e_k^{\max}]$，$u_r'=u_r^*(e_0-\Delta e)/e_0$，$w_t'=w_t^*(e_0-\Delta e)/e_0$，$\delta_{tj}'=\delta_{tj}^*(e_0-\Delta e)/e_0$，则对于 $e=e'$，当 $\Delta e\to 0$ 时，$(v_i^*,u_r',w_t',\delta_{tj}')$ $(\forall i,r,t,j)$ 是模型（4.5）的可行解，因为 $e'=\dfrac{\sum_{r=1}^{s}u_r' y_{rk}+\sum_{t=1}^{l}w_t' f_{tk}}{\sum_{i=1}^{m}v_r^* x_{ik}}$，解满足模型（4.5）的所有约束，如下：

$$\sum_{j=1}^{n}\sum_{t=1}^{l}w_t'\,|\,\delta_{tj}'\,|=\sum_{j=1}^{n}\sum_{t=1}^{l}w_t^*\,|\,\delta_{tj}^*\,|=\text{opti}^*$$

$$\sum_{j=1}^{n}\delta_{tj}'=\sum_{j=1}^{n}\delta_{tj}^*\ \ \frac{e_o}{e_o-\Delta e}=0,\quad\forall t$$

$$f_{tj}+\delta_{tj}'=f_{tj}+\delta_{tj}^*\frac{e_0}{e_0-\Delta e}\xrightarrow{\Delta e\to 0}f_{tj}+\delta_{tj}^*\geqslant 0,\quad\forall t,j$$

$$\begin{aligned}&\sum_{r=1}^{s}u_r' y_{rj}-\sum_{i=1}^{m}v_i^* x_{ij}+\sum_{t=1}^{l}w_t'(f_{tj}+\delta_{tj}')\\&=\sum_{r=1}^{s}u_k^* y_{rj}\left(1-\frac{\Delta e}{e_0}\right)-\sum_{i=1}^{m}v_i^* x_{ij}+\sum_{t=1}^{l}w_t^* f_{tj}\left(1-\frac{\Delta e}{e_0}\right)+\sum_{t=1}^{l}w_t^*\delta_{tj}^*\\&=\sum_{r=1}^{s}(u_r^* y_{rk}+w_t^* f_{tj})\frac{\Delta e}{e_0}+\sum_{r=1}^{s}u_{rk}^* y_{rk}-\sum_{i=1}^{m}v_i^* x_{ij}+\sum_{t=1}^{l}w_t^*(f_{tj}+\delta_{tj}^*)\\&=\sum_{r=1}^{s}(u_{rk}^* y_{rk}+w_t^* f_{tj})\frac{\Delta e}{e_0}\xrightarrow{\Delta e\to 0}0,\quad\forall j\end{aligned}$$

因此，每个决策单元 $k$ 在所有均衡有效生产前沿面下的效率在区间 $[e_k^{\min},\ e_k^{\max}]$ 内每一点都是连续的。

综上，每个决策单元 $k$ 的效率在区间 $[e_k^{\min},\ e_k^{\max}]$ 内都是连续的，定理 4.2 得证。

**定理 5.1** 模型（5.1）一定有可行解。

**证明：** 令 $\overline{y}_s = \max\{y_{s1}, y_{s2}, \cdots, y_{sn}\}$，$F_t^u = \sum_{j=1}^{n} f_{tj}^u, \forall t$，将 $\eta = (v_i = 0, i = 1,2,\cdots,m; u_r = 0, r = 1,2,\cdots,s-1,\ u_s = 1/[y_{sd} + (n-1)\overline{y}_s]; w_t = 0, t = 1,2,\cdots,l-1,\ w_l = 1; \mu_0 = 0; \delta_{tj}^u = 0, t = 1,2,\cdots,l-1, \forall j, \delta_{ld}^u = y_{sd}F_l^u/[y_{sd} + (n-1)\overline{y}_s] - f_{ld}^u,\ \delta_{lj}^u = \overline{y}_s F_l^u/[y_{sd} + (n-1)\overline{y}_s] - f_{lj}^u, j \neq d)$ 代入模型（5.1）的所有约束条件如下：

$$\frac{\sum_{r=1}^{s} u_r y_{rj} + \mu_0}{\sum_{i=1}^{m} v_i x_{ij} + \sum_{t=1}^{l} w_t (f_{tj}^u + \delta_{tj}^u)} = \frac{u_s y_{sj}}{f_{lj}^u + \delta_{lj}^u}$$

$$= \begin{cases} \dfrac{u_s y_{sd}}{f_{ld}^u + \delta_{ld}^u} = \dfrac{y_{sd}F_l^u/[y_{sd} + (n-1)\overline{y}_s]}{y_{sd}F_l^u/[y_{sd} + (n-1)\overline{y}_s]} = 1, & j = d \\ \dfrac{u_s y_{sj}}{f_{lj}^u + \delta_{lj}^u} = \dfrac{\overline{y}_s F_l^u/[y_{sd} + (n-1)\overline{y}_s]}{\overline{y}_s F_l^u/[y_{sd} + (n-1)\overline{y}_s]} = 1, & j \neq d \end{cases}$$

$$\sum_{j=1}^{n} \delta_{tj}^u = 0, \quad t = 1,2,\cdots,l-1$$

$$\sum_{j=1}^{n} \delta_{lj}^u = \delta_{ld}^u + \sum_{\substack{j=1 \\ j\neq d}}^{n} \delta_{lj}^u$$

$$= y_{sd}F_l^u/[y_{sd} + (n-1)\overline{y}_s] - f_{ld}^u + \sum_{\substack{j=1 \\ j\neq d}}^{n} (\overline{y}_s F_l^u/[y_{sd} + (n-1)\overline{y}_s] - f_{lj}^u)$$

$$= (y_{sd}F_l^u/[y_{sd} + (n-1)\overline{y}_s] + (n-1)\overline{y}_s F_l^u/[y_{sd} + (n-1)\overline{y}_s]) - F_l^u$$

$$= F_l^u - F_l^u = 0$$

$$f_{tj}^u + \delta_{tj}^u = 0, \quad t = 1,2,\cdots,l-1, \forall j$$

$$f_{ld}^u + \delta_{ld}^u = y_{sd}F_l^u/[y_{sd} + (n-1)\overline{y}_s] \geqslant 0$$

$$f_{lj}^u + \delta_{lj}^u = \overline{y}_s F_l^u/[y_{sd} + (n-1)\overline{y}_s] \geqslant 0, \quad \forall j \neq d$$

$$u_r, v_i, w_t \geqslant 0$$

由上可知，向量 $\eta$ 满足模型（5.1）的所有约束条件，因此向量 $\eta$ 是模型（5.1）的一组可行解。故定理 5.1 得证。

# 附录二：相关章节程序代码

1. 投入型 CCR、BCC 模型 MATLAB 程序

CCR：

```
function [e w]=CCR_I(X,Y)
[n m]=size(X);
[n s]=size(Y);
for i=1:n
    Aeq=[zeros(1,s)X(i,:)];
    beq=1;
    f=-[Y(i,:)zeros(1,m)];
    A=[Y -X];
    b=zeros(n,1);
    LB=[zeros(1,s+m)]';
    w(:,i)=linprog(f,A,b,Aeq,beq,LB);
    e(i,1)=-f*w(:,i);
end
```

BCC：

```
function [e w]=ABCC_I(X,Y)

[n m]=size(X);
[n s]=size(Y);

for i=1:n
    Aeq=[zeros(1,s)0 0 X(i,:)];
    beq=1;
    f=-[Y(i,:)1 -1 zeros(1,m)];
    A=[Y ones(n,1)-ones(n,1)-X
       -Y -ones(n,1)ones(n,1)zeros(n,m)];
    b=zeros(2*n,1);
```

```
    LB=[zeros(1,s+m+2)]';
    w(:,i)=LINPROG(f,A,b,Aeq,beq,LB);
    e(i,1)=-f*w(:,i);
end
```

2. 产出型 CCR、BCC 模型 MATLAB 程序

CCR：

```
function [e w]=CCR_O(X,Y)

[n m]=size(X);
[n s]=size(Y);

for i=1:n
    Aeq=[Y(i,:)zeros(1,m)];
    beq=1;
    f=[zeros(1,s)X(i,:)];
    A=[Y -X];
    b=zeros(n,1);
    LB=[zeros(1,s+m)]';
    w(:,i)=linprog(f,A,b,Aeq,beq,LB);
    e(i,1)=f*w(:,i);
end
```

BCC：

```
function [e w]=ABCC_O(X,Y)

[n m]=size(X);
[n s]=size(Y);

for i=1:n
    Aeq=[Y(i,:)0 0 zeros(1,m)];
    beq=1;
    f=[zeros(1,s)1 -1 X(i,:)];
    A=[Y -ones(n,1)ones(n,1)-X
       zeros(n,s)-ones(n,1)ones(n,1)-X
```

```
      -Y  zeros(n,1)zeros(n,1)zeros(n,m)];
    b=zeros(3*n,1);
    LB=[zeros(1,s+m+2)]';
    w(:,i)=LINPROG(f,A,b,Aeq,beq,LB);
    e(i,1)=1/(f*w(:,i));
end
```

3. 效率区间、排名区间和占优关系代码

数据：

```
X=[1
1
1
1
1
1];

Y1=[3
   1
    3
    5
    2
    5];
Y2=[3
4
1
1
2
2];

[n m]=size(X);
[n s]=size(Y1);
[n l]=size(Y2);
C=eye(l);
a=-1*ones(n,1);
```

```
saveymatrix={};
for i=1 :n
    for k=1 :l
        %C1=C;
        C1(k,k)=Y2(i,k);
    end
    saveymatrix{end+1,1}=C1;
end

CC=[];
D=[];
for i=1:n
    CC((i-1)*l+1:(i-1)*l+l,1:l)=-saveymatrix{i,1};
    D(1:l,(i-1)*l+1:(i-1)*l+l)=C;
    Z(i,(i-1)*l+1:(i-1)*l+l)=ones(1,l);
end
```

（1）目标函数最小值的求解。

```
 A=[zeros(n,s) -X,zeros(n,(2*n+1)*l)
      zeros(n*l,s+m) CC -eye(l*n) eye(l*n)];
    b=[a;zeros(l*n,1)];
    Aeq=[Y1 -X Y2 Z -Z
    zeros(l,s+m+l) D -D];   beq=[zeros(n+l,1)];
    LB=zeros(1,s+m+l+2*n*l)';
    f=[zeros(1,s+m+l) ones(1,2*n*l)];
    [w,fval,exitflag]=linprog(f,A,b,Aeq,beq,LB);
    opti=f*w;
```

（2）效率区间的求解。

```
for i=1:n
    A=[zeros(n*l,s+m) CC -eye(l*n) eye(l*n) zeros(n*l,1)];
    b=[zeros(l*n,1)];
    Aeq=[Y1 -X Y2 Z -Z zeros(n,1)
        zeros(l,s+m+l) D -D zeros(l,1)
        zeros(1,s+m+l) ones(1,2*n*l) -opti
        zeros(1,s) X(i,:) zeros(1,l) zeros(1,2*n*l)
        zeros(1,1)];
```

```
    beq=[zeros(n+1,1)
        0
        1];
    LB=zeros(1,s+m+l+2*n*l+1)';
    f=-[Y1(i,:) zeros(1,m) Y2(i,:) zeros(1,2*n*l+1)];
    g=[Y1(i,:) zeros(1,m) Y2(i,:) zeros(1,2*n*l+1)];
    w1(:,i)=linprog(f,A,b,Aeq,beq,LB);
    v1(:,i)=linprog(g,A,b,Aeq,beq,LB);
    emaxmin(i,1)=-f*w1(:,i);
    emaxmin(i,2)=g*v1(:,i);
    eminmax(i,2)=-f*w1(:,i);
    eminmax(i,1)=g*v1(:,i);
   end
```

（3）排名区间的求解。

```
M=1000;
H=M*eye(n);
ic=[s+m+l+2*n*l+1:s+m+l+2*n*l+n];
LB=zeros(1,s+m+l+2*n*l+n+1)';
ub(1:s+m+l+2*n*l)=Inf;
ub(s+m+l+2*n*l+n+1)=Inf;
ub(s+m+l+2*n*l+1:s+m+l+2*n*l+n)=ones(n,1);
f=[zeros(1,s+m+l+2*n*l) ones(1,n) zeros(1,1)];
g=-[zeros(1,s+m+l+2*n*l) ones(1,n) zeros(1,1)];
for i=1:n
    emax=emaxmin(i,1);
    emin=emaxmin(i,2);
    rankmin=600;
    rankmax=1;
    for k=0:100
        h=emin+k*(emax-emin)/100;
        b=[zeros(l*n+n,1)];
        bg=[zeros(n*l,1);M*ones(n,1)];
        Aeq=[Y1 -X Y2 Z -Z zeros(n,n) zeros(n,1)
            zeros(1,s+m+l) D -D zeros(1,n) zeros(1,1)
            zeros(1,s+m+l) ones(1,2*n*l) zeros(1,n) -opti
```

```
            Y1(i,:) zeros(1,m) Y2(i,:) zeros(1,2*n*l+n)
zeros(1,1)
            zeros(1,s) X(i,:) zeros(1,l) zeros(1,2*n*l+n)
zeros(1,1)];
        beq=[zeros(n+l,1)
            0
            h
            1];
        A=[zeros(n*l,s+m) CC -eye(l*n) eye(l*n) zeros (n*l,
          n)zeros(n*l,1)Y1 -h*X Y2 zeros(n,2*n*l)-H zeros
          (n,1)];
        Ag=[zeros(n*l,s+m) CC -eye(l*n) eye(l*n) zeros(n*l,
            n)zeros(n*l,1)-Y1 h*X -Y2 zeros(n, 2*n*l)H zeros
            (n,1)];
        w=intlinprog(f,ic,A,b,Aeq,beq,LB,ub);
        ex=[zeros(n,s) X zeros(n,l) zeros(n,2*n*l)zeros
            (n,n)zeros(n,1)]*w;
        ey=[Y1 zeros(n,m) Y2 zeros(n,2*n*l)zeros(n,n)zeros
            (n,1)]*w;
        e=ey./ex
        w;
        A3=[Y1 -h*X Y2 zeros(n,2*n*l) -H zeros(n,1)];
        wg=intlinprog(g,ic,Ag,bg,Aeq,beq,LB,ub);
        rankmin=min(rankmin,1+f*w);
        rankmax=max(rankmax,-g*wg);
    end
    rank(i,1)=rankmin;
    rank(i,2)=rankmax;
end
```

（4）占优关系的求解。

```
for i=1:n
    emax=emaxmin(i,1);
    emin=emaxmin(i,2);
    for j=1:n
        domimax=0;
```

```
        domimin=100;
        for k=0:100
            h=emin+k*(emax-emin)/100;
            A=[zeros(n*l,s+m) CC -eye(l*n) eye(l*n)zeros
            (n*l,1)];
            b=[zeros(l*n,1)];
            Aeq=[Y1 -X Y2 Z -Z zeros(n,1)
                zeros(l,s+m+l) D -D zeros(l,1)
                zeros(1,s+m+l) ones(1,2*n*l) -opti
                zeros(1,s) X(j,:) zeros(1,l) zeros(1,2*n*l)
                zeros(1,1)
                Y1(i,:) -h*X(i,:) Y2(i,:) zeros(1,2*n*l)
                zeros(1,1)];
            beq=[zeros(n+l,1)
                0
                1
                0];
            f=[(1/h)*Y1(j,:) zeros(1,m)(1/h)*Y2(j,:)
            zeros(1,2*n*l+1)];
            g=-[(1/h)*Y1(j,:) zeros(1,m)(1/h)*Y2(j,:)
            zeros(1,2*n*l+1)];
            LB=zeros(1,s+m+l+2*n*l+1)';
            w=linprog(f,A,b,Aeq,beq,LB);
            v=linprog(g,A,b,Aeq,beq,LB);
            domimax=max(domimax,1/(f*w));
            domimin=min(domimin,1/(-g*v));
        end
        domi(j,(i-1)*2+1)=domimax;
        domi(j,(i-1)*2+2)=domimin;
    end
end
```

4. 两阶段固定和产出 DEA 代码

```
    function[w,absdeltaw,deltaw,absdelta,delta,Y2new,optima
lvalue, e2,e2_1]=minimum_twostage_delta_frontier(X,Z,Y1,Y2)
```

```
%两阶段固定和求 delta
[n,m]=size(X);
q=size(Z,2);%中间变量
s=size(Y1,2);
l=size(Y2,2);
C=eye(l);
a=-1*ones(n,1);
p=-1*ones(n,1);
saveymatrix={};
for i=1:n
    for k=1:l
        %C1=C;
        C1(k,k)=Y2(i,k);
    end
    saveymatrix{end+1,1}=C1;
end
CC=[];
D=[];
for i=1:n
    CC((i-1)*l+1:(i-1)*l+l,1:l)=-saveymatrix{i,1};
    D(1:l,(i-1)*l+1:(i-1)*l+l)=C;
    ZZ(i,(i-1)*l+1:(i-1)*l+l)=ones(1,l);
end
    A=[zeros(n,s+m) -Z zeros(n,(2*n+1)*l+4)
    %zeros(n,s) -X zeros(n,q) zeros(n,(2*n+1)*l+4)
    %-Y1 zeros(n,m+q) -Y2 -ZZ ZZ zeros(n,4)
    zeros(n,s) -X Z zeros(n,(2*n+1)*l) ones(n,1) -ones(n,1)
zeros(n,2)%
    zeros(n*l,s+m+q) CC -eye(l*n) eye(l*n) zeros(n*l,4)];
    b=[a;zeros(n,1);zeros(l*n,1)];
    %b=[a;p;zeros(n,1);zeros(l*n,1)];
    Aeq=[Y1 zeros(n,m) -Z Y2 ZZ -ZZ zeros(n,2) ones(n,1)
-ones(n,1)
    zeros(l,s+m+q+l) D -D zeros(l,4)];   beq=zeros(n+l,1);
    LB=zeros(1,s+m+q+l+2*n*l+4)';
```

```
    f=[zeros(1,s+m+q+l) ones(1,2*n*l) zeros(1,4)];
    w=linprog(f,A,b,Aeq,beq,LB);
    optimalvalue=f*w;
  %%%%%%%%
  for i=1:l*n
     absdeltaw(i,1)=w(s+m+q+l+i,1)+w(s+m+q+l+l*n+i,1);
     deltaw(i,1)=w(s+m+q+l+q+i,1)-w(s+m+q+l+l*n+i,1);
  end
  for j=1:n

absdelta(j,1:l)=absdeltaw((j-1)*l+1:(j-1)*l+l,1)./w(s+m+q+
1:s+m+q+l,1);

delta(j,1:l)=deltaw((j-1)*l+1:(j-1)*l+l,1)./w(s+m+q+1:s+m+
q+l,1);
  end
 Y2new=Y2+delta;
 e2=minimum_stage2_e2_test(Z,[Y1 Y2new]);%%第二阶段
 e2_1=minimum_stage2_e2_test_2(X,[Y1 Y2new],Z);%%第二阶段

 function [e1CCRmax theta1min w h]=outputtwostagemodel5
(X,Z,Y1,Y2,Y2new)
 %计算子阶段 1 的产出导向的 CCR 效率值
 h=0;
 [n,m]=size(X);
 q=size(Z,2);
 s=size(Y1,2);
 l=size(Y2,2);
 for i=1 :n
    Aeq=[zeros(1,m) Z(i,:) zeros(1,s+l)];
    beq=1;
    A=[-X Z zeros(n,s+l);...
       zeros(n,m) -Z Y1 Y2new;...
       %AR 约束
       zeros(1,m+q+s) -1 1 0;...
```

```
        zeros(1,m+q+s) 0 -1 1;...
        zeros(1,m+q+s) -1 2 -1];
    b=[zeros(n*2,1);zeros(3,1)];
    LB=zeros(m+q+s+1,1);
    f=[X(i,:) zeros(1,q+s+1)];
    [w(:,i),flva,exitflag]=linprog(f,A,b,Aeq,beq,LB);
    if exitflag < 0
        theta1min(i,1)=10000;
        h=h+1;
    else
        theta1min(i,1)=f * w(:,i);
    end
end
e1CCRmax=1./ theta1min;

function [ev1max thetav1min theta1v1min theta1v1mink
thetav1mink e1max e2min thetav1cell ev1 t1]=
outputtwostagemodel7(X,Z,Y1,Y2,Y2new,theta1min,epsilon)
%ev1max 是将子阶段 1 的效率倒数看作变量时计算得到的总系统最大效率
%thetav1min 是将子阶段 1 的效率倒数看作变量时计算得到的总系统最小
%的 theta 值
%theta1v1min 是将子阶段 1 的效率倒数看作变量时计算得到子阶段 1 最
%小的 theta 值
%theta1v1mink 是将子阶段 1 的效率倒数看作变量时计算得到子阶段 1 最
%小的 theta 值时对应的最大 k 值
%thetav1mink 是将子阶段 1 的效率倒数看作变量时计算得到的总系统最
%小的 theta 值时对应的 k 的取值
%e1max 是将子阶段 1 的效率倒数看作变量时计算得到的子阶段 1 的最大效
%率值
%e2min 是将子阶段 1 的效率倒数看作变量时计算得到的子阶段 2 的最小效
%率值
%thetav1cell 是将子阶段 1 的效率倒数看作变量时对应于不同的 k 的取
%值总系统的所有 theta 取值
%ev1 是将子阶段 1 的效率倒数看作变量时总系统效率的所有取值
[n,m]=size(X);
```

```
    q=size(Z,2);%中间变量
    s=size(Y1,2);
    l=size(Y2,2);

    alpha=[];
    t1=[];
    kmax=[];
    for i=1 :n
        i
        p=0;
        alpha(i,1)=(theta1min(i,1)-1)/epsilon;
        kmax(i,1)=floor(alpha(i,1));
        for k=0 :kmax(i,1)+1
            p=p+1;
            theta1(i,p)=theta1min(i,1)-k*epsilon;
            Aeq=[X(i,:) -theta1(i,p)*Z(i,:) zeros(1,s+l) 1 -1
0 0;...
                zeros(1,m+q) Y1(i,:) Y2(i,:) zeros(1,4)];
            beq=[0;1];
            A=[-X Z zeros(n,s+l) -ones(n,1) ones(n,1)
zeros(n,2);...
                zeros(n,m) -Z Y1 Y2new zeros(n,2) -ones(n,1)
ones(n,1);...
                %AR 约束
                zeros(1,m+q+s) -1 1 0 zeros(1,4);...
                zeros(1,m+q+s) 0 -1 1 zeros(1,4);...
                zeros(1,m+q+s) -1 2 -1 zeros(1,4)
                ];
            b=[zeros(n*2,1);zeros(3,1)];
            LB=zeros(m+q+s+l+4,1);
            f=[zeros(1,m) theta1(i,p)*Z(i,:) zeros(1,s+l) 0 0
theta1(i,p) -theta1(i,p)];
            [w flav exitflag]=linprog(f,A,b,Aeq,beq,LB);
            if exitflag<0
                thetav1(1,p)=10000;
```

```
            t1(i,p)=1;
        else
            thetav1(1,p)=f * w;
            t1(i,p)=0;
        end
        if thetav1(1,p)>0
            thetav1(1,p)=thetav1(1,p);
        else
            thetav1(1,p)=10000;
        end
    end
    thetav1min(i,1)=min(thetav1(1,:))
    thetav1mink{i,1}=find(thetav1(1,:)==thetav1min
(i,1));
    theta1v1mink(i,1)=max(thetav1mink{i,1});
    if 0<theta1min(i,1)<1
        theta1v1min(i,1)=theta1min(i,1)-(theta1v1mink
(i,1)-0)*epsilon;
    else
        theta1v1min(i,1)=theta1min(i,1)-(theta1v1mink
(i,1)-1)*epsilon;
    end
    ev1max(i,1)=1/thetav1min(i,1);
    ev1{i,1}=1./ thetav1(1,:);
    e1max(i,1)=1./theta1v1min(i,1);
    e2min(i,1)=ev1max(i,1)/e1max(i,1);
    thetav1cell{i,1}=thetav1;
    thetav1=[];

end
```